四川省“十二五”普通高等教育本科规划教材　保险系列教材

保险学基础

BAOXIANXUE JICHU

(第五版)

兰虹　主编

西南财经大学出版社
中国·成都

图书在版编目(CIP)数据

保险学基础/兰虹主编．—5 版．—成都:西南财经大学出版社,2018.11
(2022.1 重印)
ISBN 978-7-5504-3662-6

Ⅰ.①保…　Ⅱ.①兰…　Ⅲ.①保险学　Ⅳ.①F840

中国版本图书馆 CIP 数据核字(2018)第 189714 号

保险学基础(第五版)
兰虹　主编

责任编辑:李晓嵩
助理编辑:王琳
责任校对:田园
封面设计:张姗姗
责任印制:朱曼丽

出版发行	西南财经大学出版社(四川省成都市光华村街 55 号)
网　　址	http://cbs.swufe.edu.cn
电子邮件	bookcj@swufe.edu.cn
邮政编码	610074
电　　话	028-87353785
照　　排	四川胜翔数码印务设计有限公司
印　　刷	郫县犀浦印刷厂
成品尺寸	185mm×260mm
印　　张	18.75
字　　数	390 千字
版　　次	2018 年 11 月第 5 版
印　　次	2022 年 1 月第 2 次印刷
印　　数	2001— 4000 册
书　　号	ISBN 978-7-5504-3662-6
定　　价	45.00 元

第五版前言

近年来，中国保险业进入了快速发展阶段。“十二五”期间，全国保险费收入从2010年的1.3万亿元增长到2015年的2.4万亿元，保险业总资产从2010年的5万亿元增长到2015年的12万亿元。截至2015年年底，全国保险深度为3.59%，保险密度为1 766.49元/人。2014年，国务院印发《关于加快发展现代保险服务业的若干意见》（别称“新国十条”），提出了“由保险大国向保险强国”转变的保险业发展目标，并对保险业在现代社会中的角色做了重新定位。原保监会2016年印发的《中国保险业发展“十三五”规划纲要》提出“十三五”期间保险业发展目标：2020年，保险费收入争取达到4.5万亿元左右，保险深度达到5%，保险密度达到3 500元/人，保险业总资产争取达到25万亿元左右。中国保险业市场规模先后赶超德国、法国、英国、日本，2016年跃居全球第二位。保险在我国社会经济中将发挥越来越重要的作用。

保险学是一门新兴的边缘性学科，涉及的内容很多。本书之所以叫作《保险学基础》，是因为本书的主要内容是向读者介绍保险学的基本原理、基础知识和主要业务。本书可作为保险专业和非保险专业的学生学习保险学的入门教材，也可作为保险从业人员及自学者的参考用书。

本书由兰虹拟订大纲并负责全书总纂。全书共九章，参加编写的人员有：兰虹、孙蓉、韦生琼、李虹、何茜。各章节具体编写分工如下：

兰虹：第四章，第五章，第七章，第九章第一、二节；

孙蓉：第一章第一、二、三、四节，第三章；

韦生琼：第二章，第六章，第九章第三节；

李虹：第一章第五节，第八章；

何茜：第二章第三节。

感谢保险学院张运刚教授对本书“保险费率的计算原理”部分的修正。

本书在编著和出版过程中，得到西南财经大学保险学院和西南财经大学出版社的大力支持，在此深表感谢！

由于编著者水平有限，时间仓促，书中难免存在不足之处，请各位同仁指正。

编 者

2018 年 7 月

目 录

第一章 风险与保险

第一节 风险的含义、要素和种类 …… (1)
第二节 风险管理概述 …… (6)
第三节 保险的本质 …… (9)
第四节 保险的职能与作用 …… (13)
第五节 保险的分类 …… (17)

第二章 保险的产生与发展

第一节 古代保险思想和原始形态的保险 …… (23)
第二节 世界保险的起源与发展 …… (26)
第三节 中国保险业的产生与发展 …… (36)

第三章 保险合同

第一节 保险合同概述 …… (52)
第二节 保险合同的主体、客体 …… (55)
第三节 保险合同的内容 …… (59)
第四节 保险合同的订立、变更、中止、复效和终止 …… (64)

第四章 保险合同的基本原则

第一节 最大诚信原则 …… (71)
第二节 保险利益原则 …… (77)
第三节 近因原则 …… (81)
第四节 损失补偿原则 …… (83)
第五节 代位原则和分摊原则 …… (85)

第五章　保险业务经营

第一节　保险业务经营概述 …………………………（91）
第二节　直接保险业务的经营环节 …………………………（95）
第三节　再保险 …………………………（101）
第四节　保险投资 …………………………（107）

第六章　人身保险

第一节　人身保险概述 …………………………（111）
第二节　人寿保险的形态 …………………………（116）
第三节　人寿保险的常用条款 …………………………（123）
第四节　意外伤害保险 …………………………（132）
第五节　健康保险 …………………………（137）
第六章附录 1 …………………………（143）
第六章附录 2 …………………………（157）

第七章　财产保险

第一节　财产保险概述 …………………………（169）
第二节　财产保险的种类 …………………………（176）
第三节　火灾保险 …………………………（178）
第四节　机动车辆保险 …………………………（188）
第五节　责任保险 …………………………（194）
第七章附录 1 …………………………（200）
第七章附录 2 …………………………（216）
第七章附录 3 …………………………（221）

第八章　国际贸易保险

第一节　国际货物运输与海运风险 …………………………（223）
第二节　海上货物运输保险 …………………………（233）
第三节　出口信用保险 …………………………（243）

第九章　保险费率的计算原理

第一节　保险费率及其厘定原则 ………………………………………… (254)
第二节　财产保险费率计算原理 ………………………………………… (256)
第三节　人寿保险保费计算原理 ………………………………………… (259)

附录 …………………………………………………………………… (269)

主要参考文献 ………………………………………………………… (294)

第一章 风险与保险

内容提要：风险是保险的逻辑起点。保险理论中的风险，通常是指损害发生的不确定性。风险由风险因素、风险事故和损害构成。风险有不同的类别。风险管理包括管理和决策两个方面。可保风险、大量同质风险的集合与分散、保险费率的制定、保险基金的建立和保险合同的订立等构成了保险的要素。保险可从法律和经济角度定义。保险与储蓄等经济行为相似但不相同。保险具有基本职能和派生职能，保险有积极作用，也有消极作用。保险可分为不同的类型。

第一节 风险的含义、要素和种类

风险的存在是保险业产生的基础。没有风险也就不可能产生保险。因此，研究保险需从风险开始。

一、风险的含义

从一般的意义上讲，风险是指未来结果的不确定性。只要某一事件的发生结果与预期的不同，就存在着风险。风险的不确定性体现为某一事件的发生可能导致三种结果：损害、无损害或收益。如果未来结果低于预期价值就称为损失或伤害；如果未来结果高于预期价值就称为收益。在未来不确定的三种结果中，损害尤其值得我们注意。因为，如果事件发生的结果不会有损害，就没有必要谈论风险。换言之，正是因为损害发生的不确定性可能在将来引起不利结果，才需要对风险进行管理，作为风险管理重要方式之一的保险才会产生与发展。因此，保险理论中的风险，通常是指损害发生的不确定性。

只要风险存在，就一定有发生损害的可能。在风险存在的情况下，损害可能发生，也可能不发生。但如果发生损害的可能性为零或百分之百，则不存在风险。因为无论发生损害的可能性为零，还是发生损害的可能性为百分之百，其结果都是确定的，与风险的含义相 违背。

根据概率论，风险取决于损害的概率，若损害的概率是0或1，就不存在不确定性，而当损害的概率在（0，1）时，概率越大，则风险越大。从概率论的角度来分析认识问题，就不难理解风险的含义。

风险具有下列特征：

（一）风险的客观性

风险是客观存在的，自然界的地震、台风、洪水，人类社会中的瘟疫、意外事故等风险，都是不以人的意志为转移的，它们是独立于人的意识之外客观存在的。人们只能在一定的时间和空间内改变风险存在和发生的条件，降低风险发生的频率和损害程度，却难以彻底消除风险。

（二）风险的普遍性

人类社会自产生以来就面临着各种各样的风险。随着科学技术的发展、生产力的提高、社会的进步，新的风险不断产生，且风险事故造成的损害也越来越大。在现代社会，个人及家庭、企事业单位、机关团体乃至国家都面临着各种各样的风险，风险渗入到社会经济生活的方方面面。风险的发生具有普遍性，风险无时不在、无处不在。

（三）风险的可变性

在一定的条件下，风险可能发生变化。随着科学技术的发展与普及，可能产生一些新的风险，而有些风险会发生性质的变化；随着人们对风险认识程度的增强和风险管理方法的完善，有些风险在一定程度上得到控制，人们可设法降低其发生频率和损害幅度，使风险的量发生变化；还有一些风险可能在一定的时间和空间范围内被消除。总之，人类社会的进步与发展，既可能使新的风险产生，也可能使原有的风险发生变化。

（四）风险的社会性

风险具有社会属性，而不具有自然属性。就自然现象本身而言是无所谓风险的，各种自然灾害、意外事故可能只是大自然自身运动的表现形式，或者是自然界自我平衡的必要条件。然而，当灾害事故与人类相联系，对人类的财产、生命等造成损害时，对人类而言就成了风险。因此，没有人类社会，就没有风险可言，这正体现出风险的社会性。

二、风险的要素

风险是由多种要素构成的，这些要素的相互作用，共同决定了风险的存在、发展和变化。一般认为，风险的组成要素包括风险因素、风险事故和损害。

（一）风险因素

风险因素又称风险条件，是指那些隐藏在损害事件后面，增加损害可能性和损失程度的条件。风险因素是风险事故发生的潜在原因，是造成损害的间接的、内在的原因。风险因素的存在，有可能增加风险事故发生的频率，增大风险损害的程度。风险因素可分为实质风险因素、道德风险因素和心理风险因素。

1. 实质风险因素

它是指在社会生活中客观存在并能引起事物变化的种种物理因素。实质风险因素一般表现为有形的风险因素。有形风险因素是指那些看得见的、影响损害频率和程度的环境条件。例如汽车的用途及刹车系统，建筑物的位置、构造及占有形式，甚至人体的免疫力等，都可以归入实质风险因素。实质风险因素与人为因素无关，故又称为物质风险因素。

2. 道德风险因素

它是与人的道德修养及品行有关的无形的因素。即由于个人行为不端、不诚实、居心不良或有不轨企图，故意促使风险事故发生，以致引起社会财富损毁和人身伤害的原因和条件。如欺诈、纵火等恶意行为，都属于道德风险因素。

3. 心理风险因素

它是与人的心理状态有关的无形因素。即人的主观原因，如疏忽、过失、侥幸心理或依赖保险心理等，造成风险事故发生的机会增大。如外出未锁门的行为会增加盗窃事故发生的可能性，就属于心理风险因素。

道德风险因素和心理风险因素都是无形风险因素，由于它们都与人的行为密不可分，因而，可以统称为人为因素。

（二）风险事故

风险事故是指造成生命财产损害的偶发事件，是造成损害的直接的、外在的原因，是损害的媒介物。即只有发生风险事故，才会导致损失或伤害。例如，在汽车刹车失灵酿成车祸导致车毁人亡这一事件中，刹车失灵是风险因素，车祸是风险事故。如果仅有刹车失灵而无车祸，就不会造成人员的伤亡。风险事故意味着风险的可能性转化为现实性，即风险的发生。

就某一事件来说，在一定条件下，它可能是造成损失的直接原因，则它成为风险事故；而在其他条件下，它又可能是造成损失的间接原因，则它又成为风险因素。比如，冰雹导致路滑而引起车祸，造成房屋被撞毁，这时冰雹是风险因素，车祸是风险事故；若冰雹直接砸伤行人，则它是风险事故。

（三）损害

风险是指损害发生的不确定性，因而风险的存在，意味着损害发生的可能。一般而言，损害包括损失和伤害，是指非故意的、非预期的和非计划的经济价值的减少或人身的伤害。例如，折旧、记忆力减退等，都不能称为损害。在保险实务中，将损害分为直接损害和间接损害，前者是指实质性的、直接引起的损害；后者是指额外费用损失、收入损失、责任损失、信誉损失、精神损害等。

风险是由风险因素、风险事故和损失三者构成的统一体。一方面，风险与损害机会之间存在着密切的关系。损害机会的大小在一定程度上反映了风险的程度，损害机会越大，风险越大；而损害机会越有规律，越易被人们把握，那么风险的程度也就越低。但是它们之间的关系并不是绝对的，也就是说并不是所有风险都必然造成损害，损害不完全以风险为因。比如财产的折旧损失，就是一种可以预计后果的损失。另一方面，风险因素、风险事故以及损害之间存在着因果关系：风险因素的增加或产生，可能导致风险事故发生并引起损害，从而产生实际结果与预期结果之间的差异，这就是风险。

三、风险的分类

人类在日常的生产与生活中，面临着各种各样的风险。为了对风险进行管理，需要对风险进行分类。按照不同的分类方式，可将风险分为不同的类别。

（一）按风险的性质分类，可将风险分为纯粹风险与投机风险

1. 纯粹风险

这是指可能造成损害的风险，其所导致的结果有两种，即损害和无损害。或者说纯粹风险是指只有损害机会而无获利可能的风险。例如，房屋所有者的房屋遭遇火灾，会造成房屋所有者经济上的损失。各种自然灾害、意外事故的发生，都可能导致社会财富的损失或人员的伤害，因此，都属于纯粹风险。纯粹风险的变化较为规则，有一定的规律性，可以通过大数法则加以测算。发生纯粹风险的结果往往是社会的净损害。因而，保险人通常将纯粹风险视为可保风险。

2. 投机风险

这是指既有损害机会又有获利可能的风险。投机风险是相对于纯粹风险而言的。投机风险所导致的结果有三种，即损害、无损害和收益。比如，赌博、买卖股票等风险，都可能导致赔钱、赚钱和不赔不赚三种结果。投机风险的变化往往是不规则的，无规律可循，难以通过大数法则加以测算；而且，发生投机风险的结果往往是社会财富的转移，而不一定是社会的净损失或净增加。因而，保险人通常将投机风险视为不可保风险。

（二）按风险对象分类，可将风险分为财产风险、责任风险、信用风险和人身风险

1. 财产风险

这是指导致一切有形财产发生损毁、灭失或贬值的风险。例如，火灾、爆炸、雷击、洪水等事故，可能引起财产的直接损失及相关的利益损失，因而都是财产风险。财产风险既包括财产的直接损失风险，又包括财产的间接损失风险。

2. 责任风险

这是指个人或团体因疏忽、过失造成他人的财产损失或人身伤害，根据法律规定或合同约定，应负经济赔偿责任的风险。比如，驾驶汽车不慎撞伤行人，构成车主的第三者责任风险；专业技术人员的疏忽、过失造成第三者的财产损失或人身伤亡，构成职业责任风险等。责任风险较为复杂和难以控制，其发生的赔偿金额也可能是巨大的。

3. 信用风险

这是指在经济交往中，权利人与义务人之间，因一方违约或违法给对方造成经济损失的风险。例如，借款人不按期还款，就可能影响到贷款人资金的正常周转，从而使贷款人因借款人的不守信用而遭受损失。

4. 人身风险

这是指由于人的生理生长规律及各种灾害事故的发生导致的人的生、老、病、死、残的风险。人生的过程离不开生、老、病、死，部分人还会遭遇残疾。这些风险一旦发生可能给本人、家庭或其抚养者等造成难以预料的经济困难乃至精神痛苦等。人身风险所导致的损害包括损失和伤害，即人的生、老、病、死、残引起的收入损失或额外费用损失或灾害事故的发生导致的人的身体的伤害。

（三）按风险产生的原因分类，可将风险分为自然风险、社会风险、政治风险、经济风险和技术风险

1. 自然风险

这是指自然力的不规则变化引发的种种现象所造成的财产损失及人身伤害的风险。如洪灾、旱灾、火灾、风灾、雹灾、地震、虫灾等，都属于自然风险。自然风险是客观存在的，不以人的意志为转移，但是，其形成与发生具有一定的周期性。自然风险是人类社会普遍面临的风险，它一旦发生，波及面可能很大，使社会蒙受莫大的损失。

2. 社会风险

这是指个人或团体的故意或过失行为、不当行为等所导致的损害风险。例如，盗窃、玩忽职守等引起的财产损失或人身伤害。

3. 政治风险

这是指在对外投资和经济贸易过程中，因政治因素或其他订约双方所不能控制的原因所致的债权人损失的风险。例如，因战争、暴动、罢工、种族冲突等原因致使货物进出口合同无法履行的风险。

4. 经济风险

这是指个人或团体的经营行为或者经济环境变化所导致的经济损失的风险。例如，在生产或销售过程中，由于市场预期失误、经营管理不善、消费需求变化、通货膨胀、汇率变动等致使产量增加或减少、价格涨跌等的风险。

5. 技术风险

这是指伴随着科学技术的发展、生产方式的改变而发生的风险，例如核辐射、空气污染、噪音等风险。

（四）按风险的影响程度分类，可将风险分为基本风险与特定风险

1. 基本风险

这是指非个人行为引起的风险。基本风险是一种团体风险，可能影响到整个社会及其主要生产部门，且不易防止。例如，政局变动、经济体制改革、巨灾

等，都属于基本风险。

2. 特定风险

这是指风险的产生及其后果，只会影响特定的个人或组织。此风险一般可以通过个人或组织对其采取某种措施加以控制。特定风险事件发生的原因多属个别情形，其结果局限于较小范围，本质上较易控制及防范。例如，盗窃可能导致财产损失，属于特定风险；又如，某企业生产的产品因质量不佳引起经济赔偿责任的风险，可列入特定风险范畴。

第二节 风险管理概述

风险管理作为一门系统的管理科学，是20世纪30年代在美国兴起的。1931年，美国的管理协会保险部最先倡导风险管理，并在以后的若干年中，以学术会议和研究班的形式，集中研究风险管理与保险问题。此后，风险管理逐渐引起美国社会的普遍关注并在20世纪50年代末得到推广。到了70年代，风险管理开始蓬勃发展。时至今日，风险管理的理论与实践，已在世界各国广为传播、广泛应用。

一、风险管理的概念

风险管理是各经济单位在对风险进行识别、估测、评价的基础上，优化组合各种风险管理技术，对风险实施有效的控制，妥善处理风险所导致的后果，以期达到以最小的成本获得最大的安全保障的目标的过程。

风险管理包括管理和决策两个方面。

从管理的角度上讲，风险管理常被定义为一门管理科学。例如，《保险原理与实务》一书认为：风险管理是研究风险发生规律和风险控制技术的一门新兴管理科学。[①] 风险管理所强调的管理过程，包含了计划、组织、控制和协调等管理的职能，其目的在于以最小的费用支出最大限度地减轻意外损害的后果。风险管理与企业战略管理及经营管理共同构成企业管理的核心。

从决策的角度来看，风险管理还被定义为一门决策科学。风险管理的过程被认为是一个决策过程。例如，特瑞斯·普雷切特等在其所著的《风险管理与保险》一书中提出：风险管理是一个组织或个人用以降低风险的负面影响的决策过程。[②] 这一过程包括为达到特定目标而进行的对风险的防范、控制以致消除的全部过程。

---

① 吴小平. 保险原理与实务［M］. 北京：中国金融出版社，2002：28.

② 特瑞斯·普雷切特，等. 风险管理与保险［M］. 孙祁祥，等译. 北京：中国社会科学出版社，1998：18.

实际上，风险管理的过程既是一个管理过程，又是一个决策过程。

风险管理的主体是经济单位。这里所指的经济单位可以是个人、家庭、企业、社会团体乃至政府。因此，风险管理的范围涉及各种形式的经济单位：对于个人，可以就人身、财产和责任等方面实施风险管理；对于企业，可以就生产、市场、财务、技术、人事等方面实施风险管理；对于国家，则可以对社会经济诸方面实施风险管理。

二、风险管理的目标

风险管理的基本目标是以最小的经济成本获得最大的安全保障效益，即风险管理就是要以最少的费用支出达到最大限度地分散、转移、消除风险，以实现保障人们经济利益和社会稳定的基本目的。

风险管理目标的确定取决于不同社会、企业乃至个人的不同需要，取决于在何种程度上运用风险管理技术。比如，企业风险管理的目标可以是在巨灾中求生存，可以是稳定企业生产规模并保持一定的增长势头，可以是减少费用开支，可以是改善安全生产环境等。选择何种风险管理目标，对整个风险管理计划的实施，尤其是进行风险管理决策具有重要的意义。

风险管理的具体目标可以分为损失前目标和损失后目标。

在风险管理中，应事先确定风险事故发生前要达到的目标，这一目标被称为损失前目标。例如，通过对各种风险管理方式的比较及财务分析，谋求最经济合理的风险处置方式；减少经济单位对风险损失的忧虑和恐惧，提供一个相对安全的、稳定的环境；尽可能消除风险损失的隐患，减少经济单位自身的损害及社会财富的损失，以履行风险管理的社会责任等。

由于风险管理既不能消灭风险，又难以完全避免损失，因而，经济单位不仅应事先确定风险事故发生前要达到的目标，还应确定风险事故发生后要达到的目标，后者被称为损失后目标。例如，通过风险管理措施的实施，使经济单位在风险损失发生后仍然能够继续维持生存；保证正常的生产、生活秩序的尽快恢复；尽快实现原有的稳定的收益；促使企业尽快实现持续增长的计划；减少风险损失对社会造成的不利影响，为经济单位自身的发展创造一个良好的环境。①

三、风险管理的基本程序

风险管理的基本程序是风险的识别、风险的估测、风险管理方式的选择、风险管理的实施及效果评价。

（一）风险的识别

在确定了风险管理目标的条件下，应该根据某种科学方法全面系统地认识并

① 林义. 风险管理［M］. 成都：西南财经大学出版社，1988：28-31.

区别种种风险，这就产生了风险的识别。

风险的识别是对经济单位面临的风险加以判断、归类和对风险性质进行分析的过程。经济单位所面临的风险是多种多样的，有潜在的，也有已经发生的；有静态的，也有动态的；有经济单位内部的，也有经济单位外部的。所有这些风险，在一定的时期和一定的条件下是否客观存在、存在的条件是什么以及损害发生的可能性等，都是风险识别阶段应予以解决的问题。风险的识别需对尚未发生的、潜在的和客观存在的各种风险，系统地、连续地进行认识和归类，并分析产生风险事故的原因。

风险的识别是风险管理中的首要环节和基础程序。没有风险的识别，就难以准确地估测风险，难以选择风险处理的方式，甚至会丧失对未知风险进行管理的机会。因而，风险的识别在整个风险管理中具有重要意义。

风险的识别主要包括感知风险和分析风险两方面内容。感知风险就是通过对风险的调查、了解，对风险进行判断；分析风险是指通过对风险的类别进行归纳、区分，认识风险产生的原因和条件，掌握风险所具有的性质。

风险的识别是一个连续的、不间断的过程，只有使风险的识别经常化、制度化，才能使风险管理顺畅进行。

（二）风险的估测

风险的估测，又称风险的衡量。也就是说，在风险识别的基础上，需要对该经济单位的风险发生情况及其可能造成的损害进行估计及测算。在这一阶段，风险管理者通过对所收集的大量资料进行分析并利用概率统计理论，估计和预测风险发生的可能性、危害程度及其对经济单位产生的影响等。风险估测主要包括损害概率的估测和损害程度的估测。风险估测不仅使风险管理建立在科学的基础上，而且使风险分析定量化，为风险管理者进行风险决策、选择最佳的风险管理方式提供了可靠的科学依据。

（三）风险管理方式的选择

在风险识别与估测的基础上，根据风险管理目标选择最佳的风险管理方式，是风险管理中最为重要的环节。

风险管理方式分为控制型风险管理方式和财务型风险管理方式两大类。

控制型风险管理方式主要包括回避、预防、分散和抑制等方法，其目的是降低损失频率和减少损失幅度，重点在于改变引起意外事故和扩大损失的各种条件。

财务型风险管理方式的目的是以提供基金的方式，降低发生损失的成本，即对无法控制的风险进行一些财务上的安排。财务型的风险管理方式主要有自留风险和转移风险。而转移风险又包括非保险转移和保险转移两种形式。

风险管理的关键就在于选择风险管理方式，而选择必须建立在对费用支出和可能效益进行详尽分析的基础上，必须建立在对企业或家庭等经济单位现有财务基础和所选择的风险管理目标进行分析的基础上。因此，风险管理方式的选择过程也就是风险管理的决策过程。

（四）风险管理的实施及效果评价

在选择风险管理方式的基础上，需要实施风险管理的决策及评价风险管理的效果。实施风险管理的决策就是将风险管理的各个方面贯彻落实。比如，实施损失控制需要购买防灾设施和安全装置；购买保险，需要选择保险公司、保险险种、考虑保险费的合理性等。风险管理效果的好坏，取决于是否能以最小的风险成本取得最大的安全保障，在实务中还要考虑风险管理与企业整体管理目标是否一致等。风险管理决策总是与未来的不确定性相联系的，所以应该将风险管理的实施结果，反馈到上述各个阶段，对风险管理方式的适用性及有效性情况进行分析和评估，及时发现风险管理决策与目标的差异程度，并根据不断变化的内部条件和外部环境进行调整，以实现风险管理目标、达到风险管理的最佳效果。

第三节　保险的本质

一、保险的定义

按照《中华人民共和国保险法》[①]（以下简称《保险法》）第二条的规定，保险是指投保人根据合同约定，向保险人支付保险费，保险人对于合同约定的可能发生的事故因其发生所造成的财产损失承担赔偿保险金责任，或者当被保险人死亡、伤残、疾病或者达到合同约定的年龄、期限等条件时承担给付保险金责任的商业保险行为。

对保险可以从两个不同的角度进行定义：

（一）保险的法律定义

从法律的意义上解释，保险是一种合同行为，体现的是一种民事法律关系。保险关系是保险双方当事人以签订保险合同的方式建立起来的一种民事法律关系。民事法律关系的内容体现为主体间的权利义务关系，而保险合同正是投保人与保险人约定保险权利义务关系的协议。根据保险合同的约定，投保人有交纳保险费的义务，保险人有收取保险费的权利，被保险人有在合同约定事故发生时获得经济补偿或给付的权利，而保险人有提供合同约定的经济补偿或给付的义务。这种保险主体间的权利义务关系正是保险这种民事法律关系的体现。

（二）保险的经济学定义

从经济学的角度来看，保险是一种经济关系，是分摊意外损害的一种财务安

① 以下凡未特别指明时，均是指2009年2月28日第十一届全国人大常委会第七次会议通过的《保险法》修订后，2015年4月24日第十二届全国人大常委会第十四次会议修正案。

排。保险体现了保险双方当事人之间的一种经济关系。在保险关系中，投保人把损害风险以交付保险费的方式转移给保险人，由于保险人集中了大量同质的风险，因而能借助大数法则来预测损害发生的概率，并据此制定保险费率，通过向大量投保人收取保险费形成保险基金来补偿其中少数被保险人的意外损害。因此，保险既是一种经济关系，又是一种有效的财务安排，它使少数不幸的被保险人遭受的损害，以保险人为中介，得以在全体被保险人（包括受损者）中进行分摊。

二、保险的要素

保险的要素是从事保险活动所应具备的必要的因素。保险的要素主要有可保风险、大量同质风险的集合与分散、保险费率的制定、保险基金的建立和保险合同的订立等。

（一）可保风险

风险的存在是保险业产生和发展的自然基础，没有风险就不可能有保险，但保险人并非承保一切风险，而是只对可保风险承保。因此，可保风险也就成了保险的第一要素。

可保风险，从广义上讲，是指可以利用风险管理技术来分散、减轻或转移的风险；从狭义上看，则是指可以用保险方式来处理的风险。这种风险应该是不可抗力的风险，其所致的损害应该是实质损害。换言之，可保风险是保险人愿意并能够承保的风险，是符合保险人承保条件的特定风险。一般所言的可保风险是指狭义的可保风险。

可保风险一般具有以下条件：

1. 非投机性

保险人所承保的风险，应该是只有损失机会而无获利可能的纯粹风险。可保风险不具有投机性，保险人通常不能承保投机风险，因为，保险人如果承保投机风险，既难以确定承保条件，又与保险的经济补偿的性质职能相违背。

2. 偶然性和意外性

保险人所承保的风险，应该是偶然的。可保风险应该是既有发生的可能，又是不可预知的。因为如果风险不可能发生，就无保险的必要。同时，某种风险的发生情况又不具有必然性。

保险人所承保的风险，应该是意外发生的。风险的发生既不是被保险人及其关系人的故意行为所引起的，也不是被保险人及其关系人不采取合理的防范措施所引起的。

3. 可测性

个别风险的发生是偶然的，但是通过对大量风险的观察可以发现，风险往往呈现出明显的规律性，从而体现出风险是可以测定的这一特性。如果我们根据以往的大量资料，运用概率论及数理统计的方法，去处理大量相互独立的偶发风险事故，就可以测算出风险事故发生的概率及其损害范围，对风险损害的大小进行较为准确地预测，从而可以较为准确地反映风险发生的规律性。可见，通过对大量偶发事件的观测分析，可以揭示出风险潜在的规律性，使风险具有可测性。

4. 普遍性

保险人所承保的风险，应该是大量标的均有遭受损害的可能性。保险以大数法则作为保险人建立稳固的保险基金的数理基础，因此，可保风险必须是普遍存在的风险，即大量标的都有可能遭受损害。如果风险只是对于一个标的或几个标的而言，那么保险人承保这一风险等于是下赌注、进行投机。只有一个标的或少量标的面临潜在的或将要发生的风险，是不具备大数法则这一数理基础的。只有对大量标的遭受损害的可能性进行统计和观察，才能使保险人比较精确地测算出损失及伤害的概率，以作为制定保险费率的依据。

5. 严重性

保险人所承保的风险，应该是较为严重的，甚至有发生重大损害的可能性。风险的发生有导致重大或比较重大的损害可能性，才会产生保险需求，保险供给也才可能产生。

（二）大量同质风险的集合与分散

保险人分散风险、分摊损害的功能是通过大量的具有相同性质风险的经济单位的集合与分散来实现的。大量的投保人将其面临潜在的或将要发生的风险以参加保险的方式转嫁给保险人，保险人则通过承保形式，将同种性质的分散性风险集合起来，当发生保险合同约定的事故时，又将少数人遭遇的风险损失及伤害分摊给全体投保人。因此，保险的经济补偿和给付过程，既是风险的集合过程，又是风险的分散过程。

（三）保险费率的制定

保险关系体现了一种交换关系，投保人以交纳保险费为条件，换取保险人在保险事故发生时对被保险人的保险保障。而保险交易行为本身要求合理地制定保险商品的价格——保险费率。因此，保险费率的制定就成为保险的一个基本要素。保险费率的高低直接影响到保险的供求状况，保险人应该根据大数法则和概率论，合理地制定保险费率，以在保证保险人经营稳定性的同时，保障被保险人的合法权益。

（四）保险基金的建立

保险对风险的分摊及对损害的补偿，是在保险人将投保人交纳的保险费集中起来形成保险基金的前提下进行的。保险基金主要是由按照各类风险出险的概率和损害程度确定的保险费率所收取的保险费建立起来的货币基金。保险实际上是将在一定时期内可能发生的自然灾害和意外事故所导致的经济损害的总额，在有共同风险的投保人之间平均化了，使少数人遭受的经济损害，由所有的投保人平均分摊，从而使单个人难以承受的损失变成多数人可以承受的损害，这实际上是把损害均摊给了有相同风险的投保人。这种均摊损害的方法只是把损害平均化，但并没有减少损害。从全社会的角度来考察，“平均化的损害仍然是损害”。所以，保险对损害的分摊，必须通过保险基金的建立才能实现。显然，如果没有建立起保险基金，当保险事故发生时，保险人的赔偿或给付责任就无法履行。保险基金的存在形式是各种准备金，如未到期责任准备金等。当保险基金处于暂时闲置状态时，保险人可以将保险基金重新投入社会再生产过程加以运用。可见，保险基金既是保险人赔付保险金的基础，又是保险人从事资金运作活动的基础。保险基金的规模大小，制约着保险企业的业务发展规模。

（五）保险合同的订立

保险关系是通过保险双方当事人以签订保险合同的方式建立起来的。没有保险合同的订立，就没有保险关系的建立，就不可能明确地约定保险双方当事人、关系人各自的权利和义务。因而，保险合同是保险双方当事人各自享有权利和履行义务的法律依据，保险合同的订立是保险的一个基本要素。

三、保险与其他类似经济行为的比较

（一）保险与储蓄

有储蓄功能的保险产品与储蓄都是客户以现有的剩余资金用做将来需要的准备，都是应对经济不稳定的措施。由于大部分寿险具有储蓄性，因此，人们往往习惯于将两者进行比较。实际上，具有储蓄功能的保险产品与储蓄存在着较大的区别，这主要体现在：

1. 目的不同

保障功能是保险产品独有的功能。对投保人而言，除积累资金外，参加保险的目的是以小额的保费支出将不确定的风险转嫁给保险人，使被保险人获得生产、生活安定的保障；而对储户而言，参加储蓄的目的则是多种多样的，但储蓄不具备保险功能和分摊损害的机制。

2. 性质不同

大量同质风险的集合与分散，是保险的要素之一，保险人将大量的投保人交纳的保险费集中起来，对其中少数遭遇保险事故的被保险人进行补偿或给付，从而实现了被保险人之间的损害分摊，因此，保险具有互助性质；储蓄则是单独地、个别地进行的行为，各储户之间没有什么关系，因而储蓄属于自助行为。

3. 权益不同

保险一般是以自愿为原则，投保人投保自愿、退保自由，但投保人退保会有一定的损失。然而一旦发生了保险事故，被保险人获得的保险金却又可能大大超过投保人所交纳的保险费；而在储蓄中，储户存款自愿、取款自由，对自己的存款有完全的随时主张权，到期所领取的是本金和利息之和。

（二）保险与赌博

由于保险与赌博都取决于偶然事件的发生，都有可能获得大大超过支出的收入，因此，有人将两者混为一谈。实际上，保险与赌博有着显著的区别：

1. 目的不同

如前所述，投保人参加保险是为了转嫁风险、获得保险保障；而赌博的目的则不同，赌博的参加者一般希望以小额的赌注博得大额的钱财，或者说，赌博的目的通常是图谋暴利。

2. 结果不同

保险的结果是分散风险，利己利人；赌博的结果往往是制造风险、损人利己，甚至损己损人、扰乱社会。

3. 法律地位不同

保险行为以法律为依据，有法律做保障；赌博一般属于非法行为，得不到法律的保障。

（三）保险与救济

保险与救济都是对风险损失的补偿方式。但两者也存在着区别：

1. 权利与义务不同

保险双方当事人按照保险合同的约定，都要享有相应的权利、承担相应的义务，从总体上讲，保险双方的权利和义务是对等的，双方都要受保险合同的约束；而救济是一种任意的、单方面的施舍行为，其出发点是基于人道主义精神，救济者提供的是无偿援助，救济双方没有对等的权利和义务可言。

2. 性质不同

保险是一种互助行为；而救济是依赖外来的援助，不是自助、更不是互助，只是一种他助行为。

3. 主体不同

在保险事故发生后，保险人一般是将保险金支付给保险合同约定的被保险人或者受益人；而在救济中，救济者和被救济者往往事先都无法确定，救济者可以是国家、社团组织或个人等，被救济者则可能是各种灾害事故的受灾者或贫困者等。

第四节　保险的职能与作用

一、保险的职能

保险的职能是由保险的本质和内容决定的，它是指保险的内在的、固有的功能。保险的职能包括基本职能和派生职能。保险的基本职能是保险的原始职能，是保险固有的职能，并且不会随着时间和外部环境的改变而改变。保险的派生职能是随着保险业的发展和客观环境的变化，在基本职能的基础上派生出来的职能。一般认为，保险的基本职能是经济补偿和经济给付，保险的派生职能是融通资金和防灾防损。

（一）保险的基本职能

1. 经济补偿职能

保险从产生时起，其目的就是对保险标的发生保险事故后导致的经济损失进行补偿，因而，经济补偿是保险的基本职能。保险发展到现在，这一职能仍然没有改变。在保险活动中，投保人根据保险合同的约定，向保险人支付保险费，保险人对于保险合同约定的可能发生的事故因其发生所造成的财产及其相关利益的损失承担赔偿保险金的责任。显然，经济补偿的职能主要适用于广义的财产保险，即适用于财产损失保险、责任保险和信用保证保险等。

2. 经济给付职能

对于人身保险而言，保险的基本职能不是经济补偿，而是经济给付。在人身保险中，由于人的价值无法用货币来衡量，人所遭受的伤害也难以用货币形式进行补偿，因此，人身保险的保险金额是由保险双方当事人在订立保险合同时通过协商确定的。根据保险合同的约定，人身保险的投保人应向保险人支付保险费，当被保险人死亡、伤残、疾病或者达到合同约定的年龄、期限时，保险人应承担给付保险金的责任。

保险人通过保险的经济补偿和给付的职能，为被保险人及其关系人提供经济保障。

（二）派生职能

1. 融资职能

融资职能是指保险人将保险资金中的暂时闲置部分，以有偿返还的方式重新投入社会再生产过程，以扩大社会再生产规模的职能。融资职能就是保险业进行资金融通的职能。

从保险公司收取保险费到赔付保险金之间存在着时间差和规模差，这使得保险资金中始终有一部分资金处于暂时闲置状态，从而为保险公司融通资金提供了可能性。

融资职能是在保险业实现基本职能的基础上顺应一定的社会经济条件而派生出来的特殊职能。它最初产生于市场经济较为发达的西方国家。在市场经济社会里，资金的闲置被认为是一种不能宽恕的浪费，为防止浪费，就需要将处于暂时闲置状态的保险资金加以运用，使之参与社会资金周转，通过对保险资金的运用产生收益，在扩大社会再生产规模的同时，增大保险资金总量，降低保险经营成本，稳定保险公司的经营。

经济补偿和经济给付的职能活动是保险人的负债业务，而利用包括负债业务形成的保险基金在内的保险资金进行的融资职能活动则是保险人的资产业务。保险资金的融通是保险公司收益的重要来源。

2. 防灾防损职能

保险业是经营风险的行业。保险人作为保险经营者，为了稳定经营，需要分析、预测、评估哪些风险可以作为承保风险，哪些风险可以进行分散，哪些风险不能承保。由于人为因素与风险发生的可能性具有相关性，通过人为的预防措施，可以减少损害的产生，因此，保险又派生出防灾防损的职能。在发达国家的保险经营活动中，该职能受到广泛重视，保险人通过分析潜在的损害风险，评价保险标的的风险管理计划，提出费用合理的替代方案和采取损害管理措施等风险管理服务来实现保险的防灾防损职能。保险的防灾防损职能，既具有社会效益，又具有经济效益。

二、保险的作用

保险的作用是保险职能发挥的结果，是指保险在实施其职能时所产生的客观效应。保险既有积极作用，又有消极作用。其积极作用又分别体现为在微观经济中的作用和宏观经济中的作用。

（一）保险的积极作用

1. 保险在微观经济中的作用

（1）有助于受灾企业及时恢复生产或经营

风险是客观存在的。自然灾害、意外事故的发生，尤其是重大灾害事故的出现，会破坏企业的资金循环，缩小企业的生产经营规模，甚至中断企业的生产经营过程，使企业蒙受经济损失。但是，如果企业参加了保险，在遭受了保险责任范围内的损失时，就能够按照保险合同的约定，从保险公司及时获得赔款，尽快地恢复生产或经营活动。

（2）有助于企业加强经济核算

财务型的风险管理方式之一是通过保险方式转移风险。如果企业参加了保险，就能够将企业面临的不确定的大额的损失，变为确定的小额的保险费支出，并摊入企业的生产成本或流通费用中，使企业以交纳保险费为代价，将风险损失转嫁给了保险公司。这既符合企业经营核算制度，又保证了企业财务成果的稳定。

（3）有助于促进企业加强风险管理

保险本身就是风险管理方式之一，而保险防灾防损职能的发挥，更促进了企业加强风险管理。保险公司常年与各种灾害事故打交道，积累了较为丰富的风险管理经验，可以帮助投保企业尽可能地消除风险的潜在因素，达到防灾防损的目的。保险公司还可以通过保险费率这一价格杠杆调动企业防灾防损的积极性，共同搞好风险管理工作。尽管保险能对自然灾害、意外事故造成的损失进行经济补偿，但是，风险一旦发生，就可能造成社会财富的损失，被保险企业也不可能从风险损失中获得额外的利益。因此，加强风险管理符合企业和保险公司的共同利益。

（4）有助于安定人民生活

灾害事故的发生对于个人及家庭而言都是不可避免的。参加保险不仅是企业风险管理的有效手段，也是个人及家庭风险管理的有效手段。家庭财产保险可以使受灾的家庭恢复原有的物质生活条件；人身保险可以转嫁被保险人的生、老、病、死、残等风险，对家庭的正常生活起到保障作用。也就是说，保险这种方式，可以通过保险人赔偿或给付保险金，帮助被保险人及其关系人重建家园，使获得保险保障的个人及家庭的生活，能够保持一种安定的状态。

（5）有助于保证民事赔偿责任的履行，保障受害的第三者的利益

在日常生活及社会活动中，难免发生因致害人等的过错或无过错导致受害的第三者遭受财产损失或人身伤亡引起的民事损害赔偿责任。致害人等可以作为被保险人，将这种责任风险通过责任保险转嫁给保险人。这样，既可以分散被保险人的意外的责任风险，又能切实保障受害的第三者的经济利益。

2. 保险在宏观经济中的作用

（1）有助于保障社会再生产的顺畅运行

社会再生产过程包括生产、分配、交换和消费四个环节，这四个环节互相联系、互为依存，在时间上继起，在空间上并存。但是，社会再生产过程会因遭遇各种自然灾害和意外事故而被迫中断和失衡。其中任何一个环节的中断和失衡，都将影响整个社会再生产过程的均衡发展。保险对经济损失的补偿，能及时和迅速地对这种中断和失衡发挥修补作用，从而保障社会再生产的延续及其顺畅运行。

（2）有助于推动科学技术转化为现实生产力

现代社会的商业竞争越来越趋向于高新技术的竞争，在商品价值方面，技术附加值的比重越来越大。但是，对于熟悉原有技术工艺的经济活动主体来说，新技术的采用，既可能提高劳动生产率，又意味着新的风险。而保险的作用正是在于通过对采用新技术风险提供保障，为企业开发新技术、新产品以及使用专利撑腰壮胆，以促进科学技术向现实生产力转化。

（3）有助于促进对外经济贸易的发展和国际收支的平衡

在对外贸易及国际经济交往中，保险是不可缺少的重要环节。保险业务的发展，如出口信用保险、投资保险、海洋货物运输保险、远洋船舶保险等险种的发展，既可以促进对外经济贸易，保障国际经济交往，又能带来无形的贸易收入，平衡国际收支。因此，外汇保费收入作为一项重要的非贸易收入，已成为许多国家积累外汇资金的重要来源。

（4）有助于促进社会稳定

社会是由千千万万的家庭和企业等构成的，家庭和企业是社会的组成细胞，家庭的安定和企业的稳定都是社会稳定的因素。保险通过对保险责任范围内的损失和伤害的补偿和给付，分散了被保险人的风险，使被保险人能够及时地恢复正常的生产和生活，从而为社会的稳定提供了切实有效的保障。

（二）保险可能产生的消极作用

保险既有积极作用，也可能产生消极作用。

1. 产生道德风险，出现保险欺诈

保险产生后，道德风险也随之出现，比如形形色色的保险欺诈现象。

2. 增大费用支出

一方面，伴随着保险业的产生，开设机构、开办业务、雇佣工作人员等，使社会支出中新增了一笔保险公司的业务费用支出；另一方面，其他职业的工作者借保险之机漫天要价。例如，有的原告律师在重大责任事故的案件中，索价高昂，可能大大超过原告的经济损失，以图在原告多得赔款的同时自己多得诉讼费用。此外，保险欺诈带来的查勘定损乃至侦破费用，事实上也使保险经营成本增大，费用开支增加。

可见，保险既给社会带来很大效益，也使社会付出一定代价。但对全社会而言，取得的效益大于所付出的代价，此代价是社会为获得保险效益而必须做出的一种牺牲。所谓有利必有弊，有得必有失，不能因噎废食，而应尽可能充分发挥其积极作用，同时尽可能避免或减少消极作用。

第五节　保险的分类

随着社会的进步和保险业的迅速发展，保险领域不断扩大，新的险种层出不穷。为了更好地对保险理论和实务进行研究和分析，按照一定的标准对保险业务进行分类十分必要。根据不同的要求，从不同的角度，对保险有不同的分类。这里介绍几种较常见的分类方法。

一、按保险的性质分类

（一）社会保险

社会保险是指以法律保证的一种基本社会权利，其职能是使劳动者在暂时或永久丧失劳动能力或劳动机会时，能利用这种权利来维持劳动者及其家属的生活。社会保险的主要项目包括养老保险、医疗保险、失业保险和工伤保险等。在现实生活中，有许多风险是商业保险不能解决的，如大规模的失业、贫困化等问题。如果对这些风险不加管理，就会造成社会动荡，直接影响经济发展和社会安定，所以只能依靠社会保险的办法来解决。社会保险一般是强制保险。

（二）商业保险

它是指投保人根据合同约定，向保险人支付保险费，保险人对于合同约定的风险导致的被保险人的财产损失承担赔偿责任；或当被保险人死亡、伤残、疾病，或者达到合同约定的年龄、期限时承担给付保险金责任。商业保险一般是自愿保险。

社会保险与商业保险的区别表现在：

（1）在实施方式上，社会保险一般是依据法律或行政法规规定，采取强制方式实施；商业保险大多采取自愿原则。

（2）在管理方式上，社会保险是维持国民基本生活需要的制度，在管理上，要求有权威性的机构进行统一管理，一般是由政府直接管理或政府的权威职能部门统一管理；商业保险则是保险公司根据投保方的需要和缴费能力所提供的保险，采用商业化管理方式，经营主体只要符合保险法要求的条件并得到保险监管部门的批准，就可以经营商业保险业务。

（3）在经营目的上，国家举办社会保险以社会安定为宗旨，社会保险不以营利为经营目的；而商业保险的经营主体在为社会提供丰富保险产品的同时，以营利作为经营的目的。

（4）在保障程度上，社会保险是政府为解决有关社会问题而对国民实行的一种基本经济保障，具有保障国民最基本生活的特点，保障程度低；商业保险采取市场经营原则，实行多投多保、少投少保的保险原则，可以提供充分的保障。

（5）在保险费负担上，社会保险的保险费一般是由国家、单位和个人三方共同负担；商业保险的保险费则是由投保方自己负担。

（6）在保障关系上，社会保险不完全遵循对等原则，而是有利于低收入阶层，相对于他们缴纳的保险费来说，低收入者获得了更高的保障，这实际上通过一定方式把高收入者的保障转移给低收入者，从这一点看，社会保险能起到一定的“转移支付”作用；商业保险遵循对等原则，被保险人获得的保障取决于投保人为其缴纳的保险费。

（三）政策保险

这是政府为了某种政策目的，委托商业保险公司或成立专门政策性保险经营机构，运用商业保险的技术开办的一种保险。如目前我国的出口信用保险就是由专门的出口信用保险公司来经营的。很多国家的农业保险也属于政策性保险业务。政策保险是国家实现其某种政策目的而举办的，体现了公共利益性和公共政策性，这就决定了政策保险在经营目标上与一般的商业保险不同，即不以营利为目标。实际上，很多国家政府都对政策性保险业务给予补贴。

二、按保险的实施方式分类

（一）自愿保险

自愿保险也称任意保险，这类保险由单位和个人自由决定是否参加，保险双方采取自愿方式签订保险合同。自愿保险的保险关系，是当事人之间自由决定、彼此合意后所成立的合同关系。保险人可以根据情况决定是否承保，以什么条件承保。投保人可以自行决定是否投保、向谁投保，也可以自由选择保障范围、保障程度和保险期限等。

（二）强制保险

强制保险一般是法定保险，其保险关系是保险人与投保人以法律、法规为依据而建立的保险关系。如为了保障交通事故受害者的利益，很多国家把汽车第三者责任保险规定为强制保险。强制保险具有全面性和统一性的特点，具体表现在：凡是在法令规定范围内的保险对象，不论法人或自然人，不管是否愿意，都必须依法参加保险。实施强制保险通常是为了满足政府某些社会政策、经济政策和公共安全方面的需要。

三、按保险标的分类

（一）财产保险

财产保险以财产及其有关利益为保险标的。按照保险保障范围的不同，财产保险业务可进一步分为财产损失保险、责任保险和信用保证保险。

1. 财产损失保险

这是狭义的财产保险，是以物质财产为保险标的的保险业务，其种类很多，主要险种包括火灾保险、货物运输保险、运输工具保险、工程保险等。

2. 责任保险

责任保险是以被保险人依法应负的民事赔偿责任或经过特别约定的合同责任为保险标的的保险业务，包括公众责任保险、产品责任保险、职业责任保险、雇主责任保险等。

3. 信用保证保险

信用保证保险是由保险人作为保证人为被保证人向权利人提供担保的一类保险业务。当被保证人的作为或不作为致使权利人遭受经济损失时，保险人负经济赔偿责任。

（二）人身保险

人身保险是以人的寿命和身体为保险标的的保险业务，根据保障范围的不同，人身保险分为人寿保险、意外伤害保险和健康保险等。

1. 人寿保险

人寿保险是以被保险人的生命为保险标的，以生存和死亡为给付保险金条件的人身保险。人寿保险是人身保险的主要组成部分，被保险人在保险期内死亡或期满生存，都可以作为保险事故，即当被保险人在保险期内死亡或达到保险合同约定的年龄、期限时，保险人按照合同约定给付死亡保险金或生存保险金。

2. 意外伤害保险

意外伤害保险是当被保险人因遭受意外伤害而身体残疾或死亡时，保险人依照合同规定给付保险金的人身保险业务。在意外伤害保险中，保险人承保的风险是意外伤害风险，保险人承担赔付责任的条件是被保险人因意外事故而残疾或死亡。

3. 健康保险

健康保险是以人的身体作为保险标的，在被保险人因疾病或意外事故产生医疗费用支出或收入损失时，保险人承担赔偿责任的一种人身保险业务。

国际上对保险业务有不同的划分方法，多数国家按照精算标准和财务处理原则将之分为寿险与非寿险。我国《保险法》第九十五条将保险公司的业务范围分为人身保险业务、财产保险业务和国务院保险监督管理机构批准的与保险有关的其他业务，保险人不得兼营人身保险业务和财产保险业务。但是，经营财产保险业务的保险公司经国务院保险监督管理机构批准，可以经营短期健康保险业务和意外伤害保险业务。因此，我国法律已开始允许财产保险公司经营“第三领域”业务。

由于意外伤害保险和健康保险都以人的生命和身体作为保险标的，按照我国1995年颁布和实施的《保险法》的规定，它们属于人身保险业务，所以只能由寿险公司经营，财产保险公司不得经营。然而，健康保险和意外伤害保险（尤其是短期性业务），都具有一定的补偿性质，而且在精算基础和财务处理方式上与财产保险相同，因此，在学术上被视为“第三领域”。在国际上，多数国家允许寿险公司和非寿险公司同时经营“第三领域”的业务。我国修订以后的《保险法》参照了国际通行的做法，允许财产保险公司进入“第三领域”。这为我国保险市场的竞争带来新的活力：

第一，有利于激活我国医疗保险市场。由于多方面的原因，我国医疗保险业务发展缓慢，远不适应公众的商业医疗保险需求。允许产险公司经营短期健康保险，可以借助其网络和人才优势，与寿险公司共同拓展医疗保险业务。

第二，有利于意外保险业务的发展。让财产保险公司进入到意外保险业务领域，可以促进竞争，丰富意外险品种，形成合理费率，提高服务质量，更好地满足公众的保险需求。

第三，财产保险业务范围的扩大，有利于财产保险公司优化产品结构，增加保费收入，加快业务发展。

四、按承保方式分类

（一）原保险

原保险是指投保人与保险人之间直接签订合同所确立的保险关系。当被保险人在保险期内因保险事故遭受损失时，保险人对被保险人负赔偿或给付责任。

（二）再保险

再保险也称分保，是指保险人将其承担的保险业务，部分转移给其他保险人承担的保险关系。《保险法》第二十八条第一款规定：“保险人将其承担的保险业务，以分保形式，部分转移给其他保险人的，为再保险。”分出业务的一方是原保险人，接受业务的一方是再保险人。原保险人转让部分保险业务的动机是避免过度承担风险责任，目的是稳定经营。再保险是保险人之间的一种业务活动，投保人与再保险人之间没有直接的业务关系。因此，《保险法》第二十九条规定：“再保险接受人不得向原保险的投保人要求支付保险费。原保险的被保险人或者受益人，不得向再保险接受人提出赔偿或者给付保险金的请求。再保险分出人不得以再保险接受人未履行再保险责任为由，拒绝履行或者迟延履行其原保险责任。”

（三）重复保险

重复保险是指投保人就同一保险标的、同一保险利益、同一风险事故分别与两个或两个以上的保险人订立保险合同，且保险期限重复。在这种情况下，若发生保险事故造成保险标的的损失需按一定方法在保险人之间进行赔款的分摊计算。

（四）共同保险

共同保险是指由两个或两个以上的保险人联合直接对同一标的、同一保险利益、同一风险事故提供保险保障，发生保险损失按照保险人各自的承保比例来进行赔款的支付。

（五）几种保险方式的比较

共同保险和再保险的区别：共同保险中，每一个保险人直接面对投保人，风险在各保险人之间被横向分散；再保险中，投保人直接面对的是原保险人，原保险人又与再保险人发生业务关系，投保人与再保险人之间没有直接的联系，两者通过原保险人发生间接关系，风险在各保险人之间被纵向分散。

共同保险与重复保险的区别：共同保险中，几家保险人事先达成协议，联合起来共同承保，投保人与各保险人之间只有一个保险合同；重复保险中，投保人与各保险人分别签订保险合同，因而存在多个保险合同。

再保险与原保险的区别：一是合同主体不同。原保险合同主体一方是保险人，另一方是投保人与被保险人；再保险合同主体双方均为保险人。二是保险标的不同。原保险合同中的保险标的既可以是财产及其利益、责任和信用，也可以是人的生命与身体；再保险合同中的保险标的只能是原保险人承保被保险人的保险合同责任的一部分。三是合同性质不同。原保险合同中的财产保险合同属于补偿性质，人寿保险合同属于给付性质；再保险合同全部属于补偿性质，再保险人按合同规定分摊原保险人所支付的赔款或保险金。

复习思考题

一、名词解释

风险　风险管理　保险　原保险　再保险　共同保险　重复保险

二、简要回答下列问题

1. 风险由哪些要素组成？
2. 纯粹风险与投机风险有何区别？
3. 简述风险管理的目标及其基本程序。
4. 你对保险是怎样认识的？
5. 保险的要素有哪些？
6. 什么是可保风险？可保风险需要具备哪些条件？
7. 概念比较：保险与储蓄；保险与赌博；保险与救济。
8. 保险有何职能？
9. 你怎样认识保险的作用？
10. 社会保险与商业保险有何区别？
11. 以保险标的为分类标准，可将保险业务分为哪些类别？
12. 原保险与再保险有何关系？
13. 共同保险与重复保险有何区别？

第二章 保险的产生与发展

内容提要： 本章在分析中外古代保险思想和原始形态保险的基础上，介绍了世界保险的起源与发展过程，分析了世界保险业发展的现状和趋势。对中国保险业发展过程，特别是国内保险业务恢复以来保险业的发展做了较为详细的介绍。

第一节 古代保险思想和原始形态的保险

从上古社会开始，人类就在探索如何弥补自然灾害和意外事故所造成的各种经济损失，使生产能够持续进行，生活有所保障。在数千年前，世界上就出现了后备与互助的古代保险思想和各种原始形态的保险。

一、国外古代保险思想和原始保险形态

国外最早出现保险思想的并不是现代保险业发达的资本主义大国，而是处在东西方贸易要道上的文明古国，如古代的巴比伦、埃及、希腊和罗马。据英国学者托兰纳利考证：保险思想起源于巴比伦，传至腓尼基（今黎巴嫩境内），再传入希腊。对于国外古代的保险思想和原始的保险形态，可从下列史实中窥见：

公元前4500年，古埃及的一项文件中记载：当时石匠中盛行一种互助基金组织，通过收缴会费来支付会员死亡后的丧葬费用。

在古希腊，一些政治哲学或宗教组织通过会员摊提形成一笔公共基金，专门用于意外情况下的救济补偿。

在古罗马历史上曾出现丧葬互助会，还出现过一种缴付会费的士兵团体，在士兵调职或退役时发给旅费，在士兵死亡时发给其继承人抚恤金。

在公元前2500年的巴比伦，国王曾命令僧侣、法官和市长等，对其辖境内居民征收赋金，建立后备基金，以备火灾及其他天灾损失 之用。

在公元前2250年，古巴比伦王汉谟拉比曾在法典中规定，商队中如有人的马匹货物等中途被劫或发生其他损失，经宣誓并无纵容或过失等，可免除其个人之

债务，而由全队商人补偿。此种办法后传至腓尼基，并被应用于船舶载运货物。

在公元前1000年，以色列王所罗门对其国民从事海外贸易者课征税金，作为补偿遭遇海难者所受损失之用。

其他原始的保险形态还有：古代犹太人举办婚礼时所需的各种用具，强制由住民共同负担备办；古代巴勒斯坦人饲养骡马者，如其骡马被盗或为野兽捕食时，其他饲养骡马者须共同负担其损失；印度古代法典禁止高利贷，但对于须穿越海上、森林、原野等进行贸易的商旅，则不予禁止，且对从事海上贸易者，在遇到不可抗力造成的损失时，免除其偿还的义务。

到了中世纪，欧洲各国城市中陆续出现各种行会组织或基尔特制度，其行为具有互助性质，其共同出资救济的互助范围包括死亡、痢疾、伤残、年老、火灾、盗窃、沉船、监禁、诉讼等不幸的人身和财产损失事故，但互助救济活动只是行会众多活动中的一种。这种行会或基尔特制度在13至16世纪特别盛行，后来在此基础上产生了相互合作的保险组织。

欧洲中世纪是宗教统治的黑暗年代，许多高级教会人士反对保险制度。在他们看来，任何天灾都是天罚，减轻灾难和不幸是违反上帝的意志。无疑，教会势力曾对保险的发展有一定的阻碍。

二、我国古代保险思想和原始形态的保险

我国古代也有后备与互助的保险思想和原始形态的保险。

（一）我国古代保险思想

我国古代保险思想主要体现在下列著述中：

公元前2500年成书的《礼记·礼运·大同篇》有云：“大道之行也，天下为公。选贤与能，讲信修睦。故人不独亲其亲，不独子其子，使老有所终，壮有所用，幼有所长，鳏、寡、孤、独、残疾者，皆有所养。”这可证明我国古代早有共同谋求经济生活安定的崇高政治思想，这也可以说是世界最古老的保险（社会保险）思想。

《吕氏春秋·恃君览》说：“凡人之性，爪牙不足以自守卫，肌肉不足以捍寒暑，筋骨不足以从利辟害，勇敢不足以却猛禁悍。”这说明我国古代很早就注意到单凭个人的力量不足以自卫和谋生，必须互相结合，共同劳动，才能抵御当时的自然灾害和外来侵袭。

孟子也主张“出入相友，守望相助，疾病相扶持……”这反映了我国古代儒家的社会互助保险的思想。

在春秋战国时期，其他的一些社会思想家也提出过类似的主张，如墨子就曾提出“有力者疾以助人”（见《墨子·鲁问篇》），要求有余力的人扶助贫困的人，这也是墨子当时提出的政治纲领之一。

另据《逸周书·文传篇》引《夏箴》说：“小人无兼年之食，遇天饥，妻子

非其有也；大夫无兼年之食，遇天饥，臣妻舆马非其有也；国无兼年之食，遇天饥，百姓非其有也。戒之哉！弗思弗行，祸至无日矣。”同篇又引《开望》说：“……二祸之来，不称之灾，天有四殃，水旱饥荒，其至无时，非务积聚，何以备之?”从这些记载来看，早在夏朝，我国就重视粮食的积蓄，以防水旱饥荒之灾，这就是一种防患于未然的社会福利思想。

（二）我国原始保险形态

在实践中，我国历代有着储粮备荒，以赈济灾民的传统制度。较为典型的有：

1.“委积”制度

“委积”制度出现在春秋战国时代，据《周礼·地官司徒下》载：“乡里之委积，以恤民之扼；……县都之委积，以待凶荒。”《周书》说：“国无三年之食者，国非其国也，家无三年之食者，子非其子也，此之谓国备。”证明当时就存在着备患之法。

2.“常平仓”制度

“常平仓”制度属官办的仓储后备制度，它始发于战国李悝的“平籴”法和西汉桑弘羊的“平准”法。历代统治者都有类似设置。它的名称则是由汉宣帝时的耿寿昌所定。“常平仓”盛行于北宋。其作用是调节灾害带来的风险，保障社会安定。

3.“义仓”制度

“义仓”制度属于官督民办的仓储后备制度。它始于北齐，盛行于隋朝。但其发展健全、长期有成效的时期当推唐代。唐贞观年间，水旱灾害频繁，各地义仓的粮食储备，对凶荒年岁的救灾起了很大的作用。虽然义仓由官督民办，但历代封建财政对义仓的控制从未放松过。

上述这些都是实物形式的救济后备制度，由政府统筹，带有强制性质。此外，宋朝和明朝还出现了民间的“社仓”制度，它属于相互保险形式；在宋朝还有专门赡养老幼贫病的“广惠仓”，这可以说是原始形态的人身救济后备制度。

尽管我国保险思想和救济后备制度产生很早，但因中央集权的封建制度和重农抑商的传统观念的制约，商品经济发展缓慢，缺乏经常性的海上贸易，因此我国古代原始形态保险始终未能演变为商业性的保险。然而我国早期的保险思想和实践，却在世界人类文明史上占有很重要的地位，对我们研究早期保险的形成和发展，有着十分重要的意义。

第二节　世界保险的起源与发展

一、海上保险的起源与发展

海上保险是一种最古老的保险，近代保险也首先是从海上保险发展而来的。

（一）海上保险的萌芽——共同海损

共同海损是指，在海上凡为共同利益而遭受的损失，应由得益方共同分摊。共同海损既是指为应付航海遇难所采取的一种救难措施，也指海上常见的一种损失事故。共同海损大约产生于公元前2000年，那时地中海一带出现了广泛的海上贸易活动。当时由于船舶构造非常简单，航海是一种风险很大的活动。要使船舶在海上遭遇风浪时不致沉没，一种最有效的抢救办法是抛弃部分货物，以减轻载重量。为了使被抛弃的货物的主人所受损失能从其他受益方获得补偿，当时的航海商提出了一条共同遵循的原则："一人为众，众为一人。"这个原则后来为公元前916年的《罗地安海商法》所采用，并正式规定为："凡因减轻船只载重投弃入海的货物，如为全体利润而损失的，须由全体分摊归还。"这就是著名的"共同海损"基本原则。它可以说是海上保险的萌芽，但共同海损是船主与货主分担损失的方法而不是保险补偿，因此它是否属于海上保险的起源尚有争议。

（二）海上保险的雏形——船舶和货物抵押借款

随着海上贸易的发展，船舶抵押借款和货物抵押借款制度逐步形成。这种借款在公元前就很流行，而且从希腊、罗马传到意大利，在中世纪也盛行一时。船舶抵押借款契约（Bottomry Bond）又称冒险借贷，它是指船主以船舶作为抵押品向放款人抵押以取得航海资金的借款。如果船舶安全完成航行，船主归还贷款，并支付较高的利息。如果船舶中途沉没，债权即告结束，船主不必偿还本金和利息。船货抵押借款契约（Respondentia Bond）是向货主放款的类似安排，不同之处是把货物作为抵押品。

这种方式的借款实际上是最早的海上保险形式。放款人相当于保险人，借款人相当于被保险人，船舶或货物是保险对象，高出普通利息的差额（溢价）相当于保险费。公元533年，罗马皇帝查士丁尼在法典中把这种利息率限制在12%，而当时普通放款利率一般为6%。如果船舶沉没，借款就等于预付的赔款。由此可见，船舶和货物抵押借款具有保险的一些基本特征，作为海上保险的起源已成为定论。这两种借款至今仍存在，但与古代的做法不同，它们是船长在发生灾难紧急情况下筹措资金的最后手段。有趣的是，今天的放款人可以通过购买保险来保护自己的利益。

船舶和货物抵押借款后因利息过高被罗马教皇格雷戈里九世禁止，当时利息高达本金的 1/4 或 1/3。由于航海需要保险做支柱，后来出现了“无偿借贷”制度。在航海之前，资本所有人以借款人的地位向贸易商借得一笔款项，如果船舶和货物安全抵达目的港，资本所有人不再偿还借款（相当于收取保险费）。反之，如果船舶和货物中途沉没和损毁，资本所有人有偿债责任（相当于赔款）。这与上述船舶抵押借款的顺序正好相反，与现代海上保险更为接近。

（三）近代海上保险的发源地——意大利

在 11 世纪后期，意大利商人曾控制了东西方的中介贸易，并在他们所到之处推行海上保险。在 14 世纪中期，经济繁荣的意大利北部出现了类似现代形式的海上保险。起初海上保险是口头缔约，后来出现了书面合同。目前发现的世界上最古老的保险单是一个名叫乔治·勒克维伦的热那亚商人在 1347 年 10 月 23 日出立的一张承保从热那亚到马乔卡的船舶保险单，这张保险单现在仍保存在热那亚国立博物馆。保单的措辞类似虚设的借款，即上面提及的“无偿借贷”规定，船舶安全到达目的地后契约无效，如中途发生损失，合同成立，由资本所有人（保险人）支付一定金额，保险费是在契约订立时以定金名义缴付给资本所有人的。保单还规定，船舶变更航道则契约无效。但保单没有订明保险人所承保的风险，它还不具有现代保险单的基本形式。至于最早的纯粹保险单是一组保险人在 1384 年 3 月 24 日为四大包纺织品出立的从意大利城市比萨运送到沙弗纳的保险单。到 1393 年，在佛罗伦萨出立的保险单已有承保“海上灾害、天灾、火灾、抛弃、王子的禁止、捕捉”等字样，开始具有现代保险形式。

当时的保险单同其他商业契约一样，由专业的撰状人草拟。13 世纪中期在热那亚一地就有 200 名这样的撰状人。据一位意大利律师调查，1393 年仅热那亚的一位撰状人就草拟了 80 份保险单，可见当时意大利的海上保险已相当发达。莎士比亚在《威尼斯商人》中就曾写到海上保险及其种类。第一家海上保险公司于 1424 年在热那亚出现。

随着海上保险的发展，保险纠纷相应增多，这要求国家制定法令加以管理。1468 年，威尼斯制定了关于法院如何保证保险单实施及防止欺诈的法令。1523 年，佛罗伦萨制定了一部比较完整的条例，并规定了标准保险单的格式。

一些善于经商的伦巴第人后来移居到英国，继续从事海上贸易，并操纵了伦敦的金融市场，而且把海上保险也带进英国。今日伦敦的保险中心伦巴第街就是因当时意大利伦巴第商人聚居该处而得名。

（四）英国海上保险的发展

在美洲新大陆被发现之后，英国的对外贸易获得迅速发展，世界保险中心逐渐转移到英国。1568 年 12 月 22 日，经伦敦市长批准，在伦敦开设了第一家皇家交易所，为海上保险提供了交易场所，废除了从伦巴第商人那里沿袭下来的一日两次在露天广场交易的方式。1575 年，由英国女王特许在伦敦皇家交易所内设立保险商会，办理保险单登记和制定标准保单和条款。当时在伦敦签发的所有保险单必须在一个名叫坎德勒的人那里登记，并缴付手续费。1601年，英国女王伊丽莎白一世颁布了第一部有关海上保险的法律，规定在保险商会内设立仲裁法庭，以解决日益增多的海上保险纠纷案件。但该法庭的裁决有可能被大法官法庭的诉讼推翻，因此取得最终裁决可能要等待很长时间。

17世纪的英国资产阶级革命为英国资本主义发展扫清了道路，大规模的殖民掠夺使英国逐渐成为世界贸易、航海和保险中心。1720年成立的伦敦保险公司和皇家交易保险公司因各向英国政府捐款30万英镑而取得了专营海上保险的特权，这为英国开展世界性的海上保险提供了有利条件。1756年到1778年，英国首席法官曼斯菲尔德收集了大量海上保险案例，编制了一部海上保险法案。

说到英国的海上保险不能不对当今世界上最大的保险垄断组织——伦敦劳合社进行简要的介绍。劳合社从一个咖啡馆演变成为当今世界上最大的保险垄断组织的历史，其实就是英国海上保险发展的一个缩影。1683年，一个名叫爱德华·劳埃德的人在伦敦泰晤士河畔开设了一家咖啡馆。这里逐渐成为经营远洋航海的船东、船长、商人、经纪人和银行高利贷者聚会的场所。1691年劳埃德咖啡馆从伦敦塔街迁至伦巴第街，不久就成为船舶、货物和海上保险交易的中心。当时的海上保险交易保单只是在一张纸上写明保险的船舶和货物以及保险金额，由咖啡馆内的承保人接受保险的份额，并在保单上署名。劳埃德咖啡馆在1696年出版了每周三次的《劳埃德新闻》，着重报道海事航运消息，并登载在咖啡馆内进行船舶拍卖的广告。1713年劳埃德去世，咖啡馆由他的女婿接管并在1734年又出版了《劳合社动态》。据说，除了官方的《伦敦公报》外，《劳合社动态》是英国现存历史最悠久的报纸。

随着海上保险业务的发展，在咖啡馆内进行保险交易已变得不方便了。1771年由79个劳埃德咖啡馆的顾客每人出资100英镑另觅新址专门经营海上保险。1774年劳合社迁至皇家交易所，但仍然沿用劳合社的名称，专门经营海上保险，至此，劳合社成为英国海上保险交易的中心。19世纪初，劳合社海上承保额已占伦敦海上保险市场的90%，在以后的时间里，劳合社以其卓著的成就促使英国国会在1871年批准了“劳埃德法案”，至此，劳合社成为一个正式的社会团体。1906年英国国会通过的《海上保险法》规定了标准的保单格式和条款，这一标准保单又被称作“劳合社船舶与货物标准保单”，被世界上许多国家公认和沿用。1911年的一项法令取消了劳合社成员只能经营海上保险的限制，允许其成员经营一切保险业务。

劳合社不是一个保险公司，而是一个社团，更确切地说，它是一个保险市场。它与纽约证券交易所相似，只是向其成员提供交易场所和有关的服务，本身并不承保业务。1986年，劳合社迁至新的大楼。如今，劳合社有数百个承保各类风险的组合，每个组合又由许多会员组成，并有各自的承保人。以前，会员对所在组合承保的业务承担无限责任。劳合社会员最多的时候达3.3万人，来自世界

50多个国家。20世纪80年代后期，由于石棉案等巨额索赔，劳合社发生了严重亏损，从90年代起，劳合社开始实施重建计划，会员不再承担无限责任。

在长期的业务经营过程中，劳合社在全球保险界赢得了崇高声誉。劳合社曾创造过许多个第一。劳合社设计了第一份盗窃保险单、第一份汽车保险单和第一份收音机保险单，近年又是计算机犯罪、石油能源保险和卫星保险的先驱。劳合社承保的业务十分广泛，简直无所不保，包括钢琴家的手指、芭蕾舞演员的双脚、赛马优胜者的腿等等，不过其最重要的业务还是在海上保险和再保险方面。劳合社作为不同的、独立的承保组织组成的最大专业保险市场，拥有提供快速决策方法、广泛的选择和为客户定制风险解决方案等方面的无与伦比的能力。如今全球十大银行、十大制药公司、五大石油公司和道琼斯指数90%的公司都向劳合社购买保险。2002年，劳合社的承保能力为123亿英镑。据劳合社首席执行官估计，2003年劳合社的承保能力将达到142.5亿英镑。

劳合社由其成员选举产生的一个理事会来管理，下设理赔、出版、签单、会计、法律等部，并在100多个国家设有办事处。2000年11月，劳合社正式在我国北京设立办事处。

（五）其他国家海上保险的发展

在14世纪中期，海上保险已是海运国家的一个商业特征。在美洲新大陆被发现之后，西班牙、法国的对外贸易也进入迅速发展阶段。早在1435年，西班牙就公布了有关海上保险的承保规则及损失赔偿手续的法令。1563年，西班牙国王菲利浦二世制定了安特卫普（地处比利时，当时为西班牙属地）法典。该法典分为两部分，第一部分是航海法令，第二部分是海上保险及保险单格式法令，后为欧洲各国采用。1681年，法国国王路易十四颁布的海上条例中也有关于海上保险的规定。此外，荷兰、德国也颁布了海损及保险条例。海上保险法规的出现标志着这些国家的海上保险有了进一步发展。

美国的海上保险发展较迟。在殖民地时代，美国长期没有独立的海上保险市场，美国商人被迫在伦敦投保。1721年5月25日，美国出现了第一家海上保险组织，由约翰·科普森在费城市场街自己的寓所里开设了一个承保船舶和货物的保险所。独立战争结束后不久的1792年12月15日，美国第一家股份保险公司——北美保险公司建立了，该公司出售6万股份，每股10美元，虽计划承保人寿、火灾和海上保险等业务，但最初只办理海上保险业务。1798年，纽约保险公司成立了。到1845年，美国约有75家经营海上保险的公司。1845—1860年，美国海上保险业务发展迅速，这一时期美国的船舶总吨位增加了三倍。为了扩大纽约的海上保险市场，1882年纽约建立了类似劳合社的组织——由100多个成员组成纽约海上保险承保人组织。

二、火灾保险的产生和发展

在15世纪，德国的一些城市出现了专门承保火灾损失的相互保险组织（火灾基尔特）。到了 1676 年，46 个相互保险组织合并成立了汉堡火灾保险社。

1666 年 9 月 2 日伦敦发生的一场大火是火灾保险产生和发展起来的直接诱因。这场火灾的起因是皇家面包店的烘炉过热，火灾持续了 5 天，几乎烧毁了半个城市，有 1.3 万多幢房屋和 90 多座教堂被烧毁，20 余万人无家可归，造成了无可估量的财产损失。这场特大火灾促使人们重视火灾保险。次年，一个名叫尼古拉斯·巴蓬的牙科医生独资开办了一家专门承保火险的营业所。由于业务发展，他于 1680 年邀集了 3 人，集资 4 万英镑，设立了一个火灾保险合伙组织。其保险费是根据房屋的租金和结构计算的，砖石建筑的费率定为年房租的 2.5%，木屋的费率为年房租的 5%。因为使用了差别费率，巴蓬被称为“现代保险之父”。

18 世纪末到 19 世纪中期，英、法、德、美等国相继完成了工业革命，机器生产代替了原先的手工操作，物质财富大量集中，对火灾保险的需求也变得更为迫切。这个时期的火灾保险发展异常迅速，而且火灾保险组织以股份公司形式为主。最早的股份公司形式的保险组织是 1710 年由英国查尔斯·波文创办的“太阳保险公司”，它不仅承保不动产保险，而且把承保业务扩大到动产保险，营业范围遍及全国，它是英国迄今仍存在的最古老保险公司之一。1714 年，英国又出现了联合火灾保险公司，它是一个相互保险组织，费率计算除了考虑建筑物结构外，还考虑建筑物的场所、用途和财产种类，即采用分类法计算费率，这是火灾保险的一大进步。

在美国，本杰明·富兰克林于 1752 年在费城创办了第一家火灾保险社。这位多才多艺的发明家、科学家和政治活动家还在 1736 年建立了美国第一家消防组织。1792 年建立的北美保险公司在两年后开始承办火险业务，在该公司的博物馆里陈列了当时的消防设备和描绘驾着马车去救火的油画。

到了 19 世纪，欧美的火灾保险公司如雨后春笋般涌现，承保能力大为提高。1871 年芝加哥一场大火造成 1.5 亿美元损失，其中 1 亿美元损失是保了险的。而火灾保险从过去只保建筑物损失扩大到其他财产，承保的责任也从单一的火灾扩展到风暴、地震、暴动等。为了控制同业间的竞争，保险同业公会相继成立，以共同制定火灾保险统一费率。

在美国，火灾保险出现之初，保险人各自设计自己使用的保单，合同冗长且缺乏统一性。1873 年马萨诸塞州成为美国第一个以法律规定必须使用标准火险单的州，纽约在 1886 年也通过了类似的法律。标准火险单的使用减少了损失理算的麻烦和法院解释的困难，也是火灾保险的一大进步。

三、其他财产保险业务的发展

海上保险与火灾保险是两个传统的财产保险业务，在它们的发展过程中，其承保的标的和风险范围不断得到扩展，逐步成为两个综合性的财产保险险种。在此基础上，19 世纪后期以后，除海上保险和火灾保险外，各种财产保险新险种陆续出现。如汽车保险、航空保险、机械保险、工程保险、责任保险、盗窃保险、信用保证保险等。

与财产保险业务的迅速发展相适应，19世纪中期以后，再保险业务迅速发展起来。最早独立经营再保险业务的再保险公司，是1846年在德国设立的科仑再保险公司。到1926年，各国共建立了156家再保险公司，其中德国的再保险公司数目最多。对于财产保险业务而言，由于其风险的特殊性，再保险已成为其业务经营中不可缺少的手段。再保险使财产保险的风险得以分散，特别是财产保险业务在国际上各个保险公司之间的分保，使风险在全球范围内分散。再保险的发展，又促进了财产保险业务的发展。今天，英、美、德、瑞士等国的再保险业务在国际上占有重要的地位。

四、人身保险的产生和发展

从原始的萌芽形态到具有现代意义的人身保险，人身保险经历了漫长的探索和演变过程。在其发展过程中，对人身保险的形成和发展影响重大的事件和人物主要有：

（一）“蒙丹期”公债储金办法

这个办法产生于12世纪威尼斯共和国。当时为了应付战时财政困难，政府发行了强制认购的公债。其具体内容为：政府每年给予认购者一定的酬金直到该认购者死亡，本金一律不退还。这种给付形式接近于同代的终身年金保险。它对后来年金保险的产生有很大的影响。

（二）“冬蒂”方案

这是1656年意大利银行家洛伦佐·冬蒂所设计的一套联合养老保险方案，于1689年由法国国王路易十四颁布实施。该方案规定：发行总数为140万法郎的国债，每人可认购300法郎，每年由国库付10%的利息，本金不退还。支付利息的办法是：把所有认购者按年龄分为14个集体，利息只付给集体的生存者，生存者可随集体死亡人数的增加而领取逐年增加的利息，集体成员全部死亡，就停止发放利息。这个办法相当于现在的联合生存者终身年金。

上述办法，都是欧洲各国政府带着财政目的强制推行的，以聚财为目的，必然引起人们的不满和反对，难以长久存在。同时，这些方案的费用负担都没有经过科学精确的计算，因而难以做到公平、合理。随着商品经济的发展，人们越来越要求按照等价交换的原则，根据享有的权利负担费用，这就导致了许多学者对人身保险计算问题的研究。

（三）死亡表的研究和编制

为使人身保险符合“公平、合理”的原则，不少学者开始了对人口问题的研究，并编制死亡表。较有影响的死亡表有：

1662年英国的格朗脱编制的以100个同时出生的人为基数的世界上第一张死

亡表。此表过于简单且不够精确，但给后来的研究以很大的启发。

1671 年荷兰数学家威特编制的死亡表。

1693 年英国天文学家哈雷编制的第一张最完全的死亡表。此表计算出了各年龄的死亡率和生存率。

1783 年诺爽姆登的死亡表以及 1815 年弥尔斯的死亡表。

这些死亡表的编制为人身保险的科学计算奠定了基础。

（四）自然保费和均衡保费

1756 年，詹姆斯·道德逊根据哈雷死亡表计算出了各年龄的人投保死亡保险应缴的保费。这种保费称为“自然保费”。由于自然保费难以解决老年人投保时费用负担的问题。詹姆斯·道德逊又提出了“均衡保险费”的理论。

在人身保险计算理论研究发展的同时，人身保险业务也有了很大发展。1705 年，英国友谊保险会社获得皇家特许，经营寿险业务。到 1720 年，英国已有 20 家人寿保险公司。1762 年，公平人寿保险公司在英国建立，这是世界上第一家科学的人寿保险公司。该公司第一次采用均衡保费的理论计算保险费，规定每次缴费的宽限期及保单失效后申请复效的手续，对不符合标准条件的保户另行加费，使人身保险的经营管理日趋完善。该公司的创立标志着近代人身保险制度的形成。

工业革命刺激了对人身保险的需求，使得人身保险在世界范围内迅速发展。在英国，1854 年出现了民营简易寿险，1864 年又出现了国营邮政简易寿险，接着团体保险也有了很大发展。19 世纪末，英国的寿险业务一直居世界领先地位，20 世纪以后，便先后被美国、加拿大、日本等国超过。

美国的人身保险发展速度很快，1950 年经营人身保险的公司有 469 家，1985 年增加到 2 261 家。日本是第二次世界大战后人身保险发展速度最快的国家，目前已成为世界上人身保险业务最发达的国家之一，其有效保额居世界首位。1999 年日本的人身保险业务占保险业务总量的 79. 4%。这一年全球保费收入总额中，人身保险保费收入所占比重为 60. 8%。

如今在西方的人身保险业务中，可以称得上无险不保，无奇不有。如芭蕾舞演员的脚尖保险、唱歌演员的嗓子保险、滑稽演员的酒糟鼻子保险，甚至英国大臣们的脚趾都可以保险。随着西方社会问题的日趋严重，目前绑架保险业务十分兴隆。

五、世界保险业发展的现状和趋势

（一）世界保险业的现状

1. 保费收入现状

第二次世界大战后，世界保险业取得了极大的发展，社会对保险的依赖程度越来越高。总体而言，经济越发达的国家，保险业也越发达，进入 21 世纪以来，新兴市场的保险业也取得强劲发展。1950 年全世界的保费收入为 207 亿美元，2010 年为 43 390 亿美元，在 60 年里全世界保费收入平均每年增长 10%左右。据瑞士再保险公司2018年第3期发布的研究报告《2017年世界保险业：发展稳健，成熟寿险市场拖累增长》统计，2017年全球保费收入为48 920亿美元，较2016年增长1.5%。其中，2017年全球寿险保费收入为26 570亿美元，较2016年增长0.5%；2017年全球非寿险保费收入为22 340亿美元，较2016年增长2.8%。发达市场以78.1%的份额继续保持其在全球保险业中的统治地位，但以中国为首的亚洲新兴市场已成为全球保险市场的最大增长来源。美国、中国、日本、英国、法国是全球保险业保费收入的前5名，其保费总收入在全球保费收入中的占比高达58.58%。

从保险密度和保险深度的角度考察，保费收入的差异实际上体现出发达国家与发展中国家的保险发展水平的不平衡。总体上看，发达国家的保险密度和保险深度一般都大大高于发展中国家。2016年，全球保险密度为649.8美元/人，其中发达市场为3 516.7美元/人，新兴国家仅为165.6美元/人；全球保险深度为6.13%，其中，发达市场保险深度为8%左右，新兴国家保险深度逐步上升至3.3%。

2. 险种现状

保险业务范围的拓展是以经济的发展水平以及被保险人规避风险的需要为基础的，新技术的发展推动了新工艺、新工业的产生，同时也带来了新的风险。例如，电气革命促进了电器设备的广泛运用也带来了机器损坏的风险，计算机网络的普及带来了计算机犯罪的风险等。另外，技术的进步又使过去被认为不可保的风险成为可保风险，这为新险种的产生提供了契机。

20世纪90年代以来，世界保险市场竞争日趋激烈。在技术日新月异和自然灾害频繁的背景下，新的保险需求不断产生。在需求的带动下，新险种大量涌现，并且发展很快。例如，在寿险领域，日本推出了严重慢性疾病保险，美国推出了“变额保险”。在财产保险领域，自然灾害的发生和意外事故的增多使险种创新的势头更为强劲。甚至针对全球变暖的情况，许多保险机构也推出了有关险种。近几年来，恐怖活动频繁，治安问题严重，还催生了勒索绑架保险。总之，一旦产生保险需求，险种创新就会发生，需求是诱致新险种出现的决定性因素。

3. 巨灾风险增加，“巨灾证券化”形成

随着投保财产价值的增大，保险金额也越来越高。近年来，各种意外事故频发，索赔案件经常发生并且某些案件索赔数额巨大。20世纪90年代以来，发生了16起损失超过32亿美元的巨大灾害，而整个80年代很少发生损失超过10亿美元的灾害。1992年，全世界的保险损失达到了一个空前的高峰。这一年，共损失了271亿美元，这些损失主要是由自然灾害和人为事故造成的。如美国发生的安德鲁飓风造成了155亿美元的损失，发生在洛杉矶的暴乱造成了7.75亿美元的损失，发生在伦敦的炸弹爆炸事件造成了12.2亿美元的损失。1999年保险业又遭遇了有史以来第二大赔偿高峰。2001年9月11日的美国恐怖袭击事件使全球保险业经受了有史以来最严峻的考验。据粗略估计，“9·11”事件造成的保险赔偿将高达300亿~700亿美元，是保险史上赔付额最高的一次事件。

面对日益频繁的巨灾风险，发达国家的保险业除继续采用补足资本金、提足准备金和扩大再保险等传统的分散风险损失的手段外，开始采用金融工程技术，通过开发动态风险管理产品来转移巨灾风险。其主要方法有：

第一，“风险金融”“巨灾证券化”。这是指针对某一特定险种，保险人通过发行保险证券，从资本市场上筹集准备金，将巨灾风险直接转移到资本市场，采取的形式是发行“巨灾债券”“巨灾期货”“巨灾期权”。

第二，“灾害期货”。这是一种新的风险管理方法，这种方法使保险人得以将经营风险转移给投机者。

4. 从业人员的专业化程度高、知识面广

保险业具有很强的专业性和技术性，从险种开发到承保、理赔、防灾防损无不需要专业化人才。因此，保险机构十分重视人才的引进，并把专业化人才看作事关自身竞争力的一个重要因素。对于内部员工，保险人经常对其进行各种专业培训，这种培训尤以承保、理赔和财务人员为重点。对于高级管理人员，保险机构有更为严格的要求，要求其必须具有相应的学历和资历。在保险营销过程中，专业化的程度也越来越高。保险代理人和保险经纪人要经过专业考试并取得执业证书后方可开展业务。保险从业人员的专业化，提高了保险机构的经营水平，有利于整个保险业的健康发展。

（二）世界保险业的发展趋势

1. 世界保险全球化和金融服务一体化的趋势

当今世界，经济的发展，尤其是国际贸易与国际资本市场的发展决定了市场开放的必要性，而通信、信息等高新技术的发展又为实现全球经济一体化创造了技术条件。以计算机网络技术和生物工程技术为代表的高新技术深刻地影响着经济政治生活以及人们的生存方式。在高新技术的推动下，全球经济一体化的趋势越来越明显，作为世界经济重要组成部分的保险业，也呈现出国际化的趋势。保险全球化是指保险业务的国际化和保险机构的国际化。随着世界经济全球化的进一步发展，保险业国际化的趋势将不断加强。

为了适应世界保险业发展的需要，发达国家大都放松了对本国保险市场的监管，放松监管的主要内容包括：

第一，放松对保险机构设立的限制。打破保险市场的进入壁垒，有利于促进保险市场效率的提高。近年来，德国、韩国等国纷纷放松了对外国保险机构进入本国保险市场的管制。

第二，放松费率管制。在传统模式下，费率管制是保险监管的重要内容。但现在这一情况有了变化，如素以监管严格著称的日本实行了全面的费率自由化。对费率管制的放松，增加了保险市场自由化的程度。

第三，放松对险种的监管。随着人们保险需求的增多，保险机构加大了保险险种的创新力度，这就促使监管当局不得不放松对险种的管制。

为了适应经济全球化的潮流，发展中国家也在做出自己的努力。如中国、印度、东盟国家以及智利、阿根廷、委内瑞拉等国都不同程度地开放了本国保险市场，以吸引外国投资者。1995 年，全球多边金融服务协议达成，这意味着全球保险市场的 90%都将开放。

世界经济金融的自由化带来了金融保险服务的一体化。1999 年 11 月 12 日，当时的美国总统克林顿签署了《金融服务现代化法案》（Financial Service Act of 1999，又称 Gramm-Leach-Biley），该法案的签署与颁布意味着国际金融体系发展过程中又一次划时代的变革，它将带来金融机构业务的历史性变革。金融保险服务一体化的趋势正扑面而来。在金融服务全球化和一体化的浪潮中，银行保险的联盟、保险与证券的联盟方兴未艾，并将更加成熟。

2. 保险规模大型化和保险机构的联合与兼并的趋势

过去 25 年里，保险业出现过两次并购活动高峰期。第一次是在 20 世纪 90 年代后期，第二次是在 2000 年以后到 2008 年金融危机爆发之前。

规模的扩大一方面体现在保险标的的价值越来越大，巨额保险增多；另一方面则体现在从事保险的机构越来越多。保险标的价值的增大与经济的发展是分不开的。新技术的运用使各种机器设备越来越复杂、精细，价值也越来越高，同时由于经济主体之间关系的日益紧密风险的影响也越来越大，因此，巨额保险的数量不断增加。

与此同时，保险机构的规模日趋庞大。竞争白热化的结果必然是优胜劣汰，从而加速了保险机构之间的联合与兼并。19 世纪初，全世界只有 30 多家保险公司，到了 20 世纪 90 年代初，全世界保险公司的数量增加到上万家。而在面临全球化竞争的情况下，许多公司又开始进行广泛的合作。竞争与合作呈现出一种相互推动的态势。近年来，合作进一步演化成保险人之间的并购，保险市场的并购案件显著增多，保险机构呈现大型化的趋势。1996 年 7 月，英国的太阳联合保险与皇家保险宣布合并，成立皇家太阳联合保险公司，一举成为英国第一大综合性保险公司。1996 年 4 月，法国巴黎联合保险集团与安盛保险公司合并，新的保险集团（以账面价值为准）为世界排名第二，欧洲排名第一。在再保险领域，并购之风也愈演愈烈，仅在 1996 年上半年，并购大案就接二连三出现，如美国通用再保险收购了德国科隆再保险，慕尼黑再保险收购了美国再保险。另外，在保险中介市场上，并购活动也呈增多趋势。

2000 年中后期的并购潮与强劲的经济增长和股市上涨期相重合。早期的监管放松和结构性创新也发挥了作用。特别是新型风险管理技术和产品的应用吸引了另类资本进入保险市场。这使得市场竞争压力加剧，促使一些寻求规模扩张和国际多元化发展的保险公司之间实现整合。

3. 保险经营转向以非价格竞争为主，并且更加注重事先的预防

市场竞争的白热化使保险业面临的价格压力越来越大，长期的亏损使许多公司破产倒闭，严重地影响了保险人与被保险人双方的利益。因此保险人越来越注重非价格的竞争，努力在保险经营上积极创新，力求在保险技术和保险服务上吸引顾客。与此同时，保险人越来越不甘于被动地提供事后的补偿，而是积极地参与事前和事中的防灾防损，在成本收益分析的基础上联合各类技术专家从事风险的识别、测定与预防工作，为被保险人提供各种相关的防灾防损服务。这既有利于保险人提高自己的服务水平与竞争力，又减少了被保险人的损失可能和保险人赔付的可能，同时也减少了损失发生后可能的外部影响，有利于社会经济的稳定运行。

4. 保险业的风险控制和资金管理尤为重要

保险公司将使用新的方法来控制风险和管理资金。对保险公司来说，资金的有效管理从未显得如此重要。巨灾的频繁发生、恐怖袭击以及全球性市场低迷和银行低息政策的影响，对保险公司的资本金造成了巨大压力，保险公司的财力被日益削弱，偿付能力不断下降。保险公司正在尝试使用各种新方法来分析风险，从而决定资金流向。

5. 养老保险成为保险业发展的亮点

目前，很多国家正在进行退休及养老制度改革，这类保险的需求正日益增大。未来保险公司的成败在很大程度上将取决于在该领域的表现。现有的保险公司将向客户提供更多的资产管理和金融服务，并逐步向金融服务公司转型。

保险市场中，消费者通过互联网选择和购买保险的线上直销正在快速增长。就险种而言，标准化产品（如车险和家庭保险）正日益转向在线销售。例如，2013—2015 年，中国的在线车险购买量增加逾两倍，目前占国内市场 10%以上的份额。在美国，以互联网或电话方式为主直接向消费者销售的车险公司所占市场份额逐渐增加，定期寿险等传统寿险产品也日益转向在线销售。

第三节　中国保险业的产生与发展

一、中国近代保险业

（一）外商保险公司垄断时期

我国古代保险的雏形或萌芽并没有演变成现代商业保险，近代中国保险业是随着帝国主义势力的入侵而出现的。

19 世纪初，当中国仍处于闭关自守状态时，已完成工业革命的英国率先用枪炮强行打开了我国门户，其保险商也开始跟随他们的战舰抢占中国市场，近代保

险制度也随之传入中国。1805年，英国保险商向亚洲扩张，在广州开设了第一家保险机构，称为“谏当保安行”或“广州保险会社”。经过两次鸦片战争，以英国保险商为首的一些帝国主义国家的保险商，凭借一系列强加于我国的不平等条款及其在华特权，进一步在中国增设保险机构。1845年，英商在上海这个“冒险家乐园”开设了“永福”“大东方”两家人寿保险公司，19世纪70年代又在上海开办了“太阳”“巴勒”等保险公司。

外商保险公司在中国的出现是帝国主义经济侵略的产物，这些保险公司凭借不平等条款及其在华特权，挟其保险经营的技术和雄厚资金，利用买办在中国为所欲为地扩张业务领域，并用各种手段实行垄断经营，长期霸占中国保险市场，攫取了大量的高额利润。到19世纪末，已形成了以上海为中心，以英商为主的外商保险公司垄断中国保险市场的局面。

（二）民族保险业的诞生和兴起

鸦片战争后，外商保险公司对中国保险市场的掠夺，激起了中国人民振兴图强维护民族权利，自办保险的民族意识。一些有识之士，民族资产阶级思想的传播者，如魏源、洪仁轩、郑观应、王韬、陈炽等人，开始把西方的保险知识介绍到国内，并主张创办自己的保险事业，为创建我国的保险业做了舆论准备。19世纪中叶，外国保险公司在华势力急剧扩张的同时，民族保险业也脱颖而出。

1865年5月25日，中国人自己创办的第一家保险公司“义和公司保险行”在上海诞生，它打破了外商保险公司独占我国保险市场的局面，为以后民族保险业的兴起开辟了道路。此后，相继出现的民族保险公司有：保险招商局、仁和水险公司与济和水火险公司（后二者合并为仁济和水火险公司）、安泰保险公司、常安保险公司、万安保险公司等。其中，仁济和保险公司是我国第一家规模较大的船舶运输保险公司；香港华商、上海华安人寿保险公司和延年寿保险公司等是最早由华商经营的人寿保险公司。从1865年到1911年中华民国成立之前，华商保险公司已有45家，设在上海的有37家，设在其他城市的有8家。1907年，上海的9家华商保险公司组成历史上第一家中国人自己的保险同业公会组织——“华商火险公会”，用以抗衡洋商的“上海火险公会”，这反映出民族保险业开始迈出联合团结的第一步。同时，清政府也注意到了保险这一事业，并草拟了《保险业章程草案》《海船法草案》和《商律草案》，这些保险法规虽未正式颁布实施，但对民族保险业的兴起、发展起了一定的促进作用。这些法规的拟定也使保险业的法律制度逐步走向系统化和完备化。

上述情况表明我国民族保险业在辛亥革命前已兴起和形成。但这一时期的民族保险业的资本和规模都不大，相对于外商保险公司仍处于弱势地位。

（三）20世纪初期的中国保险业

1. 民族保险事业的发展

第一次世界大战期间，由于欧美帝国主义国家忙于战争，无暇他顾，我国民族资本有了发展的机遇，许多民族资本的火灾保险公司和人寿保险公司在上海、广州、香港等地相继成立。尽管第一次世界大战后民族保险业因外国势力的加强而陷入萧条，但在五四、五卅运动以后，中国民族银行业的发展及对民族保险业的投入，又使保险业有了迅速的发展，并且保险业务迅速由上海等地延伸到其他口岸和内地商埠。据 1937 年《中国保险年鉴》统计，全国有保险公司 40 家，分支机构 126 家，这些分支机构遍布全国各地。

在民族保险业的发展和中外保险公司激烈竞争的形势下，一些规模较大的民族保险公司将保险业务由国内扩展到国外，开拓保险市场，扩展国外保险业务。1937 年前后，华商保险公司陆续在西贡、巴达维亚、澳门、新加坡、马尼拉等地设立分支公司。中国保险公司还在大阪、伦敦、纽约等地设立代理处，由所在地的中国银行代理保险业务。

2. 外商保险公司进一步垄断中国保险市场

第一次世界大战结束后，美、日保险在华势力迅速扩大，形成了以英、美、日为主的多国势力控制中国保险市场的局面。在当时，全中国一百多家保险公司和保险机构中，华资保险公司仅有 24 家。这些外商保险公司垄断并控制了我国的保险市场，攫取大量的超额利润。据 1937 年的资料，中国每年流出的保费外汇达 235 万英镑，占全国总保险费收入的 75%。

“九一八”事变发生后，日本帝国主义对东北沦陷区实行经济上的全面控制，对日本以外的保险公司进行重新登记，采取逐步驱逐政策，独占保险市场。

3. 官僚资本保险机构对中国保险市场的控制

1937 年“七七事变”后，中华民族抗日战争全面展开，国民党政府被迫迁都重庆，经济中心逐渐西移，许多中国保险公司也随之西移重庆。这促进了内地保险业的发展，大后方的保险机构大量增加。至 1945 年 8 月，川、云、贵、陕、甘 5 省共有保险总分机构 134 处。然而当时大后方的保险市场却是由国民党官僚资本和政府有关部门兴办的官办保险公司所操纵和控制，它们凭借雄厚的资金和政治后台，几乎包揽了当时大部分保险业务。在重庆，“四大家族”的官僚资本控制了占全国 90%的保险业务，形成官僚资本在保险业的霸权地位。

第二次世界大战后，中国的保险中心又东移上海。在抗日战争胜利气氛的鼓动下，百业渴望振兴，保险业也力求励精图治，曾一度呈现出表面繁荣景象。但这一时期的情况却是官僚资本保险机构与卷土重来的外商保险公司相互利用，控制保险市场。外商公司控制官僚资本公司，而民族资本保险公司则受外商和官僚资本保险公司的双重控制。由于国民党政府的腐败统治，投机活动盛行，物价飞涨，民不聊生，国民经济陷于崩溃状态，到 1949 年，华商保险公司已处于奄奄一息的境地。

近代商业保险制度在我国虽然已有一百多年的历史，却始终未能获得较大发展，其主要原因在于：

第一，近代商业保险是帝国主义列强强制输入中国的，帝国主义的保险公司长期垄断我国保险市场。他们经营保险的目的在于谋求最大利润，掠夺中国财富，他们在中国实行的是掠夺性的保险政策，其业务范围局限于当时经济较发达的通商口岸，保险对象绝大部分是工商业者，没有也不可能面向广大群众。中国的民族保险业虽曾有过发展，但由于其自身的软弱性和局限性，始终步履维艰，发展缓慢，在保险市场上受制于人，处于从属地位。当时的中国政府虽也曾对保险有所认识，制定了一些法律法规，以图监督、管理保险市场，然而旧中国的半殖民地性质决定了政府作为的限制——约束不了外商保险机构，难以规范保险市场。因此，无论是民族保险，还是旧中国政府都难以担当起培育、建设中国保险市场的重任。

第二，近代中国长期处于半封建半殖民地状态，实行的是闭关自守，抑制商品经济发展的政策，自给自足的自然经济占主导地位。在这种经济环境下，社会经济非常落后，人民生活极端贫困，难以形成对保险的有效需求。同时在自给自足的小农经济条件下，人们以家庭为经济单位，以土地为生，土地的不可移动性束缚了人们之间的相互交往，滋生的是封闭式保守思想意识，对于各种风险事故引起的经济困难，习惯于依靠血缘亲属关系来解决，没有保险的习惯。

第三，近代中国长期战乱，特别是抗战发生后，国统区货币贬值，物价飞涨，通货膨胀严重，国民党政府的腐败使国民经济陷于崩溃，致使原本落后的保险市场难以维持，至中华人民共和国成立前夕，整个保险事业几乎陷于崩溃。

二、中国现代保险业的发展

1949 年 10 月，中华人民共和国成立，新中国保险事业从此也翻开了新的篇章。60 余年来，中国保险事业几经波折，如今已逐步走向成熟和完善。

（一）新中国保险事业的形成和发展（1949—1957 年）

主要有两方面的内容：

1. 人民保险事业的创立和发展

1949 年，随着解放战争在全国范围内取得决定性胜利，建立统一的国家保险公司被提上了议事日程，1949 年 9 月 25 日至 10 月 6 日，经过紧张的筹备，第一次全国保险工作会议在北京西交民巷举行，会议讨论了一系列人民保险事业发展的方针政策问题，为新中国保险事业的发展指明了方向。1949 年 10 月 20 日，中国人民保险公司在北京成立，宣告了新中国统一的国家保险机构的诞生，从此揭开了中国保险事业崭新的一页。

中国人民保险公司在成立后，本着“保护国家财产，保障生产安全，促进物资交流，增进人民福利”的基本方针，配合国家经济建设，先后开办了各种保险业务。国民经济恢复时期，中国人民保险公司为配合国民经济恢复这一中心工作，开办的国内业务主要是对国营企业、县以上供销合作社、国家机关财产以及铁路、轮船、飞机的旅客实行强制保险。此外还在农村开展自愿性质的牲畜保险，并在城市中开展各种自愿性质的财产保险和人身保险。这对当时年轻的人民共和国国民经济的恢复和发展，起了积极的作用。但是由于认识上的原因以及缺乏经验，在业务经营过程中犯了盲目冒进，强迫命令的错误，一度在群众中引起了反感。因此，在“一五”期间，国家确立了“整顿城市业务，停办农村业务，整顿机构，在巩固基础上稳步前进”的方针，对保险市场进行了整顿：逐步收缩停办农村业务，集中力量发展城市中的强制保险、运输保险和火险三项业务。后来为了充实国家财政和社会后备力量，又重点发展农村保险，停办部分国营企业强制保险，稳步扩大城市保险业务，有计划地办理适应群众需要的个人财产和人身保险。人民保险事业在整顿中稳步发展。

2. 人民政府对旧中国保险市场的整顿和改造

在创建和发展人民保险事业的同时，人民政府对旧中国的保险市场进行了整顿和改造。

第一，接管官僚资本的保险公司。由于官僚保险机构大多集中在上海，所以接管工作以上海为重点。1949 年 5 月 27 日上海解放后，上海军管会财政经济接管委员会金融处立即发布保字第一号训令，接管 324 家官僚资本保险机构。其他解放了的城市的官僚资本保险机构也相继由当地军管会接管。

第二，对民族资本的保险公司进行整顿和改造。对于民族资本的保险公司进行重新登记，并允许其进行社会主义改造，几经合并，又投入部分国家资金，最终于 1956 年成立了公私合营的专营海外保险业务的太平保险公司。

第三，对外商保险公司实行限制政策。新中国成立后，为彻底改变帝国主义垄断中国保险市场的局面，维护民族独立，中国政府废除了外商保险公司一切在华特权，对其业务经营严格管理，限制其业务经营范围，切断业务来源，对违反中国法令和不服从管理的外商保险公司进行严肃查处。到 1952 年年底，外商保险公司由于在我国保险市场上的业务量逐年下降而陆续申请停业，最终全部自动撤离中国保险市场。

（二）中国保险事业的停滞（1958—1978 年）

1958—1978 年这二十年间，我国经历了三年“大跃进”、三年困难时期、十年“文化大革命”，我国经济的发展受到了严重的影响，我国的保险市场因此偏离了正确轨道。

由于受极“左”思潮的影响，1958 年全国各地刮起了“共产风”，搞“人民公社化”“一大二公”，生、老、病、死统统由国家包下来，许多人片面认为保险已完成了历史使命，没有存在的必要。于是，1958 年 10 月在西安召开的全国财贸会议提出了立即停办国内保险业务的建议，同年 12 月在武汉召开的全国财政会议正式做出了立即停办国内保险业务的决定，同时，财政部发出停办国内保险业务以后财务处理的通知。至此，除上海等个别城市还保留少量的国内业务外，全国其余各地均停办了国内保险业务。中国人民保险公司专营国外业务，改由中国人民银行总行国外局领导，编制压缩为30多人的一分处。1958年年底到次年，数万名保险干部转业，几千个机构被撤销，国内保险业务进入空前低谷时期。

1964年，随着国民经济的好转，中国人民银行向国务院财贸办公室请示建议恢复保险公司建制获准。之后，保险建制改为局级，对外行文用中国人民保险公司的名义。1965—1966年，随着全国农业生产的发展，国内一些大城市的国内保险业务陆续恢复。但“文化大革命”打乱了中国经济发展的进程，保险被视为“封资修”，国内业务被迫全部停办，国外业务也遭到冲击，最后中国人民保险公司只剩下9人从事国外保险业务工作的守摊和清摊工作，全国各地的保险机构全部瘫痪。

（三）中国保险事业的恢复（1979—1985年）

党的十一届三中全会做出了把党和国家工作的重点转移到社会主义现代化经济建设上来的战略决策。我国保险市场以此为契机逐渐恢复。

1979年4月，国务院批准并转发了中国人民银行全国分行行长会议纪要，做出了逐步恢复国内保险业务的重大决策。同年11月，中国人民银行召开了全国保险工作会议，肯定了保险对发展国民经济的积极作用，并在总结国内外保险经验的基础上，根据国家改革开放的精神，具体部署了恢复国内保险业务的方针政策和措施。全国保险工作会议结束后，恢复国内保险业务，组建各地分支机构的工作全面展开。截至1980年底，全国28个省、自治区、直辖市都已恢复了保险公司的分支机构，各级机构总数达311个，专职保险干部3 423人，全年共收保费2.9亿多元。

在恢复各类财产保险业务的基础上，1982年，中国人民保险公司又开始恢复办理人身保险业务和农村保险业务。几年时间，国内各项业务飞速增长（见表2-1），与此同时，涉外保险业务也快速发展，1983年，中国人民保险公司已与120多个国家和地区1 000多家保险公司建立了国际业务关系，全年保险费收入1.5亿多美元，并承保了对外贸易的70%以上的业务。

表2-1　　1980—1985年全国国内业务保费收入情况表

年度	保费收入（亿元）	比上年增长（%）
1980	2.96	
1981	5.32	80
1982	7.48	40
1983	10.15	36
1984	15.06	48
1985	25.7	71

资料来源：根据《中国保险史》整理。

恢复初期，中国人民保险公司为中国人民银行的一个局级专业公司，管理体制沿袭20世纪50年代的总、分、支公司垂直领导形式。为了适应保险市场发展的需要，1982年经国务院批准同意，设立了中国人民保险公司董事会、监事会。其主要任务是：贯彻执行国家保险事业的方针政策，领导和监督保险公司的经营和管理工作。1983年9月，国务院同意中国人民保险公司从中国人民银行中分离出来，升格为国务院直属局级经济实体，按照国家的法律行政法规的规定，独立行使职权和进行业务活动。从1984年1月起，中国人民保险公司的分支机构改由保险总公司领导。1985年2月，中国人民保险公司各省、自治区、直辖市分公司经当地党政部门批准，全部升格为厅局级机构，实行总公司与当地人民政府双重领导。至此，我国保险事业已基本恢复。

从新中国保险事业的建立到20世纪80年代我国保险业基本恢复这段时期，人民保险事业从无到有，取得了长足的发展。但我国长期实行的计划经济却导致了对保险认识的偏差，致使我国保险业跌宕起伏，发展坎坷，而国家对保险业的垄断经营，又在一定程度上妨碍了保险业的发展。

（四）中国保险业的逐步完善（1986年至今）

我国保险业从1986年起进入了全面发展的时期，并逐步走向完善和成熟。

1. 保险机构不断增加，逐步形成多元化竞争格局

1985年3月3日，国务院颁布了《保险企业管理暂行条例》，为我国保险市场的新发展提供了法律保障。1986年，中国人民银行首先批准设立了新疆生产建设兵团农垦保险公司，专门经营新疆生产建设兵团内部的以种植和牧养业为主的保险业务，这预示着中国人民保险公司独家经营的局面从此在我国保险市场上消失。1987年，中国交通银行及其分支机构开始设立保险部，经营保险业务，1991年又在此基础上组建了中国太平洋保险公司，这是第二家全国性的综合保险分公司。平安保险公司于1986年在深圳成立，并于1992年更名为中国平安保险公司，成为第三家全国性的综合保险公司。进入20世纪90年代以后，保险市场供给主体发展迅速，大众、华安、新华、泰康、华泰等十多家全国性或区域性的专业保险公司进入保险市场。

2001年中国加入WTO，按照保险业对外开放的进程表，3年过渡期内保险业务范围和区域逐步开放。2004年12月11日，中国保监会发布公告：根据中国加入WTO时的承诺，自即日起，允许外资寿险公司提供健康险、团体险和养老金/年金险业务，取消对设立外资保险机构的地域限制，设立合资保险经纪公司的外资股可至51%。自此，我国保险业进入全面开放时期。中国加入世贸组织及保险市场的逐步开放，为保险业发展带来了前所未有的发展机遇，也拉动了保险消费。在此阶段，市场主体快速增加且出现多元化经营主体，市场结构得到有效改善。

在国有保险机构改革和民族保险公司不断发展的同时，外资保险机构也逐渐进入中国保险市场。从1992年美国友邦保险公司在上海设立分公司以来，已有多家外

资保险公司获准在我国营业或筹建营业性机构。截至2016年年末，全国已开业的保险机构共203家。其中，保险集团公司12家，财产险公司79家，人身险公司77家，保险资产管理公司22家，保险从业人员660.4万人，其中营销员528.4万人。

从保险费收入分布情况分析，2017年全国寿险公司原保费收入总计26 039.55亿元，财险公司原保费收入总计10 541.38亿元。其中，中国人寿保险股份有限公司和中国人保财产保险股份有限公司分别以5 122.7亿元和3 492.9亿元的原保费收入分列寿险业和财险业的榜首。平安人寿和太平洋人寿分别以3 689.3亿元和1 739.8亿元分列寿险业的第二位、第三位，而平安财险和太平洋财险则分别以2 159.8亿元和1 039.9亿元占据了财险业的第二把和第三把交椅。短期之内国内市场格局不会发生大的变化，传统的三巨头（即中国人寿保险有限公司、中国平安保险公司、中国太平洋保险公司）仍将占据寿险和财险市场的半壁江山，但随着中小保险公司的迅速崛起，市场集中度在逐年降低。依据保险监督管理委员会公布的数据，前三大寿险公司（即中国人寿、平安人寿、太平洋人寿，下同）2004年的市场份额为74.86%，2008年降至63%，2013年则降到了54%；前三大财险公司（即中国人保财产保险股份有限公司、平安财险、太平洋财险，下同）2004年的市场份额为79.9%，2008年下降为64%，2013年降到了65%。2017年，前三大寿险公司市场份额为40.5%，前三大财险公司市场份额为63.5%。我国保险市场供给主体的增加、供给主体的多元化以及各供给主体在保险市场上所占份额的情况，表明我国保险市场多元化格局已经形成。在市场竞争的压力下，产品创新、市场细分和销售渠道拓展等方面开始取得明显成效，推动了保险消费水平的提高。

2. 保险中介人制度逐步建立和完善

随着中国保险市场趋于成熟，保险中介人制度也逐步建立和完善。保险代理人、保险经纪人以及保险公估人共同组成了保险中介体系。从1986年以后，中国保险市场上陆续出现了各种保险中介人。保险代理人是我国保险市场出现最早也是发展最快的一种中介人，特别是1992年美国友邦寿险营销机制的引入，使我国寿险市场上的营销员制（寿险个人代理制）得以迅速发展。1996年12月中旬，为提高代理人素质，规范代理人行为，保险监督机关在国内各城市首次组织了"全国保险代理人资格考试"。1997年中国人民银行颁布了《保险代理人管理规定（试行）》，1998年中国人民银行颁布了《保险经纪人管理规定（试行）》，这些规定建立了一套包括专业代理人、兼业代理人和个人代理人的保险代理人管理制度和保险经纪人管理制度。保监会成立后，对保险中介实行分类监管，先后颁布了《保险代理机构管理规定》《保险经纪机构管理规定》《保险公估机构管理规定》和《保险兼业代理管理暂行办法》。1999年我国开始举行全国经纪人资格考试，为保险经纪人制度的建立和发展准备了条件。2000年12月23日，我国举行第一次保险公估人资格考试。与此同时保险中介市场的相关管理制度也在不断建立和完善，这些考试制度和管理制度的建立以及不断完善规范了保险中介市场，提高了保险中介从业人员整体素质和服务水平，促进了我国保险中介市场的健康规范发展。2015 年 4 月，我国对《保险法》进行修订，取消了保险销售（含保险代理）、保险经纪从业人员资格核准审批事项，由所属公司为保险销售人员在保监会保险中介监管信息系统进行执业登记，资格证书不作为执业登记管理的必要条件，这对保险公司对其从业人员的筛选、培训提出了更高的要求。

3. 保险业务持续发展，市场规模迅速扩大

随着国民经济的发展，保险市场主体的增加，我国保险业务持续发展。就经营的险种而言，已从恢复国内业务初期的几十个传统险种发展成今天的包括信用保证保险、责任保险在内的近千个险种。就业务发展规模而言，保费收入连年增加，同比增长大多在 20%，远远高于国民经济发展的同期速度。1997 年保费总收入达 1 080 亿元，同比增长 9%，其中寿险保费第一次超过了产险收入，达 600 亿元，占总保费收入的 55. 6%。1999 年，保费总收入已增至 1 393. 2 亿元，同比增长 10. 2%，其中财产保险保费收入 521. 1 亿元，占总保费的 37. 4%，寿险保费收入 872. 1 亿元，占总保费的 62. 6%。2000—2016 年，我国保费收入从 1 596 亿元上升到 30 959 亿元，并一直保持了较快的增长速度。保险资产规模从 2000 年年末的 3 374 亿元增加到 2016 年年末的 15 1302 亿元（见表 2-2）。

表 2-2　　2000—2016 年国内保险费收入及其增长情况

年份	保险费收入（亿元）	同比增长（%）	人身保险占比（%）	财产保险占比（%）
2000	1 595. 90		62. 50	37. 50
2001	2 109. 35	32. 17	67. 10	32. 90
2002	3 051. 14	44. 65	74. 49	25. 51
2003	3 880. 40	27. 18	77. 60	22. 40
2004	4 318. 13	11. 28	74. 76	25. 24
2005	4 927. 34	14. 11	75. 04	24. 96
2006	5 641. 44	14. 49	73. 24	26. 76
2007	7 035. 76	24. 72	71. 61	28. 39
2008	9 784. 10	39. 02	76. 12	23. 88
2009	11 137. 29	13. 83	74. 13	25. 87
2010	14 527. 97	30. 44	73. 19	26. 81
2011	14 339. 25	-1. 30	67. 80	32. 20
2012	15 487. 93	8. 01	64. 30	35. 70
2013	17 222. 23	11. 20	63. 93	36. 07
2014	20 234. 81	17. 49	65. 60	35. 40
2015	24 282. 52	20. 00	67. 10	32. 90
2016	30 959. 1	27. 50	71. 80	28. 20

资料来源：《中国保险统计年鉴 2017》。

可以预见，随着我国经济体制改革的深化、国民收入水平的提高，中国保险市场的潜力十分巨大，保险市场规模仍将继续扩大。

4. 保险法制建设和保险市场监管逐步走向规范化

随着中国保险市场体系的建立、保险业务的发展，一个以政府监管为主，行业自律为辅的保险市场监管体系也在逐步地建立和完善。1985 年 3 月 3 日颁布的《保险企业管理暂行条例》（简称《管理条例》）是新中国成立以来第一部保险业的法规。《管理条例》指定中国人民银行是保险行业的管理机关，规定了保险企业的设立、中国人民保险公司的地位、偿付能力和保险准备金、再保险等方面的内容。1989 年 2 月 16 日，针对当时保险市场的形势和存在的问题，国务院办公厅下发了《关于加强保险事业管理的通知》，提出了整顿保险秩序的措施和办法。1992 年美国友邦公司在上海设立分公司后不久，中国人民银行颁布了《上海外资保险机构暂行管理办法》指导引进外资保险公司的试点工作。1995 年 6 月 30 日《中华人民共和国保险法》正式颁布，并于同年 10 月 1 日起正式实施。《保险法》是新中国成立以来的第一部保险大法，它对保险公司、保险合同、保险经营规则、保险业的监管和代理人、经纪人等做了比较详细的规定。《保险法》的颁布，标志着新中国保险市场监管的法规建设进入了一个崭新的发展阶段。2002 年 10 月，针对我国加入世贸组织承诺对保险业的要求，全国人大常委会对《保险法》进行了第一次修正，修改后的《保险法》自 2003 年 1 月 1 日起正式实施。近年来，随着国民经济的快速发展和法律环境的改变，保险业的发展形势和 2002 年最近一次修改《保险法》时相比已发生很大的变化，法规的缺陷在很大程度上影响了保险工作的开展和保险纠纷的处理，再次对《保险法》进行修订和完善势在必行。2004 年 10 月，中国保监会会同有关部门正式启动《保险法》第二次修改的准备工作。2009 年 2 月 28 日，十一届全国人大常委会第七次会议表决通过了新修订的《保险法》，并于同年 10 月 1 日正式实施。2014 年 8 月 31 日，第十二届全国人民代表大会常务委员会第十次会议通过《中华人民共和国保险法》的修订，对原保险法内容做出一定的调整，从而加强保险法治建设，这是推进简政放权放管结合的必然要求。2015 年 4 月 24 日，第十二届全国人民代表大会常务委员会第十四次会议《关于修改〈中华人民共和国计量法〉等五部法律的决定》又对《保险法》做出进一步修改。对《保险法》的四次修订不仅是我国保险法制建设的重大事件，也是完善社会主义市场经济法律体系的重要举措，对全面提升保险业法治水平、促进保险业持续平稳健康发展必将产生积极而深远的影响。

在我国保险法规逐步完善的同时，保险市场监管机构和行业自律组织也逐步建立。1995 年 7 月，中国人民银行设立了专门行使监管职能的司局——保险司。1998 年 11 月 18 日，经国务院批准，中国保险监督管理委员会正式在北京成立。根据国务院规定，中国保监会是国务院直属事业单位，是中国商业保险的主管部门，根据国务院授权履行行政管理职能，依照法律法规集中统一监管保险市场。

中国保监会的成立，为保险市场监管的成熟化、专业化提供了组织保证。1994 年上海市保险同业公会成立以来，全国各地的保险同业公会或保险行业协会相继成立，并于 1997 年 9 月签署了我国保险界第一个《全国保险行业公约》，这是我国保险市场行业自律机制建设的重要举措，也是迈向规范和有序竞争的开端。2000 年以后，根据保险市场发展的实际，中国保监会积极探索，初步建立了以市场行为监管、偿付能力监管和公司治理结构监管为三大支柱的现代保险监管体系。市场行为监管方面，监管的重点逐步转向保护投保人和被保险人利益，以及防止误导宣传。保监会加强偿付能力监管制度建设，包括保险公司偿付能力额度及监管指标体系、偿付能力报告编报规则体系、偿付能力季度报告和分析制度、偿付能力危机应急制度等，偿付能力监管体系建设取得一系列成果。2004 年以来，保险公司治理结构存在的风险和问题越来越受到监管部门的高度关注，保险公司治理结构监管已成为国际保险监管的新趋势。2006 年 1 月，中国保监会发布《关于规范保险公司治理结构的指导意见》，主要包括强化股东义务、加强董事会建设、发挥监事会作用、加强关联交易和信息披露管理、治理结构监管七个部分。

三、中国保险业的发展趋势

（一）保险市场发展潜力巨大

中国保险业恢复发展 30 多年来，发展成就巨大。2017 年中国保险费收入达到 5 414.5 亿美元，超过日本，成为世界第二大保险市场。但从人均保险费和保险费占国内生产总值的比例这两个指标来看，中国在全球的排名较低。2017 年中国人均保费为 384 美元，低于世界平均水平 649.8 美元；保险深度为 4.57%，在全球排名第 36 位，远低于全球 6.13%的平均水平。但较之以前，中国的保险密度和保险深度已取得一定发展，未来中国国内保险市场还具有巨大的发展空间（见表 2-3）。

表 2-3　　2017 年世界保险业发展指标

国家和地区	排名	保费总额（亿美元）	同比增长（%）	占全球市场的份额（%）	保险深度（%）	保险密度（美元）
全球		48 916.94	1.5	100	6.13	649.8
发达市场		38 196.44	-0.6	78.08	7.76	3 516.7
其中：						
美国	1	13 771.14	2.0	28.15	7.0	4 216
日本	3	4 220.50	-6.5	8.63	8.59	3 312
英国	4	2 833.31	-2.6	5.79	9.58	3 810
法国	5	2 416.03	1.8	4.94	8.95	3 446
德国	6	2 229.78	3.8	4.56	6.04	2 687
韩国	7	1 812.18	2.4	3.70	11.57	3 522

表2-3(续)

国家和地区	排名	保费总额（亿美元）	同比增长（%）	占全球市场的份额(%)	保险深度（%）	保险密度（美元）
中国台湾	10	1 174.74	15.8	2.40	21.32	4 997
新加坡	24	239.60	16.5	0.59	8.23	4 749
新兴市场		10 720.50	10.3	21.92	3.34	165.6
其中：						
中国(大陆地区)	2	5 414.46	16.2	11.07	4.57	384
印度	11	980.03	19.7	2.00	3.69	73
巴西	12	833.15	14.5	1.70	4.05	398
俄罗斯	29	218.98	24.4	0.45	1.40	152

注：①表中的同比增长为名义增长；②发达市场包括北美、西欧（不含土耳其）、日本、中国香港特别行政区、新加坡、韩国、中国台湾地区、大洋洲、以色列；③新兴市场 包括拉丁美洲、中欧和东欧、东亚及南亚、中东（不含以色列）和中亚、土耳其、非洲。

资料来源：笔者根据瑞士再保险经济研究与咨询部数据做了整理。

"十三五"时期，是国内保险业发展与矛盾凸显并存的阶段。在此期间，从国际环境看，经济全球化深入发展，科技创新孕育新突破，国际金融危机影响深远，世界经济增长速度减缓，国际货币体系和金融监管面临改革与重构，国际金融监管合作将持续加强，我国作为新兴保险大国可以寻求更多发展和参与的机会。从国内环境看，我国仍处于可以大有作为的重要战略机遇期。工业化、信息化、城镇化、市场化、国际化深入发展，经济发展活力不断增强，我国经济将在较长时间内继续保持平稳快速发展态势。社会财富和居民财富不断积累，将为保险业发展提供坚实的基础。随着社会主义市场经济体制的不断完善，保险作为市场经济条件下风险管理的基本手段，在创新社会风险管理、基本公共服务体系建设和人民群众养老、医疗等方面能够发挥更大作用。同时，应当清醒看到，由于我国保险业起步晚、基础差，保险业还存在着一些亟待解决的矛盾和问题。其主要是：覆盖面不宽，功能作用发挥不充分；粗放经营状况尚未根本改变；市场秩序不规范、销售误导和理赔难等问题依然突出；自主创新能力不强，高素质专业人才匮乏等。保险业的进一步发展需要解决发展中的这些突出矛盾和问题，推进保险业加快发展方式转变，实现全面转型升级、科学发展。

（二）中国保险业未来的发展

2015 年 8 月 13 日，国务院发布了《关于加快发展现代保险服务业的若干意见》（以下简称《意见》），标志着政府把发展现代保险服务业放在经济社会工作整体布局中统筹考虑，开创了保险业在更广领域和更深层面服务经济社会全局的战略机遇，翻开了加快发展现代保险服务业的新篇章。

首先，《意见》提出了保险业未来发展的指导思想、基本原则和发展目标。提出以科学发展观为指导，立足于服务国家治理体系和治理能力现代化，把发展现代保险服务业放在经济社会工作整体布局中统筹考虑，以满足社会日益增长的多元化保险服务需求为出发点，以完善保险经济补偿机制、强化风险管理核心功能和提高保险资金配置效率为方向，改革创新、扩大开放、健全市场、优化环境、完善政策，建设有市场竞争力、富有创造力和充满活力的现代保险服务业，使现代保险服务业成为完善金融体系的支柱力量、改善民生保障的有力支撑、创新社会管理的有效机制、促进经济提质增效升级的高效引擎和转变政府职能的重要抓手。发展的基本原则：一是坚持市场主导、政策引导。对商业化运作的保险业务，营造公平竞争的市场环境，使市场在资源配置中起决定性作用；对具有社会公益性、关系国计民生的保险业务，创造低成本的政策环境，给予必要的扶持；对服务经济提质增效升级具有积极作用但目前基础薄弱的保险业务，更好地发挥政府的引导作用。二是坚持改革创新、扩大开放。全面深化保险业体制机制改革，提升对内对外开放水平，引进先进经营管理理念和技术，释放和激发行业持续发展和创新活力。增强保险产品、服务、管理和技术创新能力，促进市场主体差异化竞争、个性化服务。三是坚持完善监管、防范风险。完善保险法制体系，加快推进保险监管现代化，维护保险消费者合法权益，规范市场秩序。处理好加快发展和防范风险的关系，守住不发生系统性区域性金融风险的底线。发展目标是：到 2020 年，基本建成保障全面、功能完善、安全稳健、诚信规范，具有较强服务能力、创新能力和国际竞争力，与我国经济社会发展需求相适应的现代保险服务业，努力由保险大国向保险强国转变。保险成为政府、企业、居民风险管理和财富管理的基本手段，成为提高保障水平和保障质量的重要渠道，成为政府改进公共服务、加强社会管理的有效工具。保险深度（保费收入/国内生产总值）达到 5%，保险密度（保费收入/总人口）达到 3 500 元/人。保险的社会“稳定器”和经济“助推器”作用得到有效发挥。

其次，《意见》提出了 9 大方面 29 条政策措施。一是构筑保险民生保障网，完善多层次社会保障体系。把商业保险建成社会保障体系的重要支柱，创新养老保险产品服务，发展多样化健康保险服务。二是发挥保险风险管理功能，完善社会治理体系。运用保险机制创新公共服务提供方式，发挥责任保险化解矛盾纠纷的功能作用。三是完善保险经济补偿机制，提高灾害救助参与度。将保险纳入灾害事故防范救助体系，建立巨灾保险制度。四是大力发展“三农”保险，创新支农惠农方式。积极发展农业保险，拓展“三农”保险的广度和深度。五是拓展保险服务功能，促进经济提质增效升级。充分发挥保险资金长期投资的独特优势，促进保险市场与货币市场、资本市场协调发展，推动保险服务经济结构调整，加大保险业支持企业“走出去”的力度。六是推进保险业改革开放，全面提升行业发展水平。深化保险行业改革，提升保险业对外开放水平，鼓励保险产品服务创新，加快发展再保险市场，充分发挥保险中介市场作用。七是加强和改进保险监管，防范化解风险。推进监管体系和监管能力现代化，加强保险消费者合法权益保护，守住不发生系统性区域性金融风险的底线。八是加强基础建设，优化保险业发展环境。全面推进保险业信用体系建设，加强保险业基础设施建设，提升全社会的保险意识，在全社会形成学保险、懂保险、用保险的氛围。九是完善现代保险服务业发展的支持政策。建立保险监管协调机制，鼓励政府通过多种方式购买保险服务，研究完善促进现代保险服务业加快发展的税收政策，适时开展个人税收递延型商业养老保险试点，加强对养老产业和健康服务业的用地保障，完善对农业保险的财政补贴政策。

（三）以改革创新推进中国保险业的发展

1. 推进市场体系的改革创新

推进市场体系的改革创新，发挥市场在资源配置中的决定性作用。改革重点是深化费率形成机制改革，推进资金运用体制改革，推进市场准入退出机制改革。

第一，深化费率形成机制改革。寿险领域，重点是在总结前一阶段放开预定利率成效和经验的基础上，扩大费率市场化的范围，防范改革可能引起的风险。启动分红险、万能险费率形成机制改革，实现人身险费率形成机制的全面市场化。启动与费率形成机制相适应的精算制度改革，完善准备金评估规则和分红账户管理与分红特储制度，在放开前端的同时从后端管住风险。产险领域，重点是深化商业车险条款费率管理制度改革，完善市场化的商业车险条款费率形成机制。条件成熟的地区先行先试，在试点的基础上推开。

第二，继续推进资金运用体制改革。进一步放开投资领域和范围，把更多的选择权交给市场主体。保险监管按照“抓大放小”的思路，推进资金运用比例监管改革。推动建立资管产品集中登记交易系统，增强资管产品的流动性，发挥市场的定价功能。成立中国保险资产管理业协会，推动行业自我管理、自我提升。加快转变监管方式，把监管重点由放开渠道转变为风险监管，在有效防范风险的前提下推动资金运用市场化改革顺利进行。

第三，继续推进市场准入与退出机制改革。坚持市场化、区域化的准入导向，突出专业化特色，统筹规划市场准入和市场体系培育，完善市场退出和风险处置的制度机制，切实为发挥市场配置资源的决定性作用创造条件。优化准入标准和审核流程，深化高管任职资格核准改革，建立准入预披露制度。鼓励中资保险公司“走出去”，稳步拓展国际保险市场。规范并购重组行为，加快推动有关立法工作。健全保险保障基金的救助和融资机制，明确风险处置的触发条件，丰富风险处置工具箱，确保市场平稳运行。

2. 推进保险服务体系的改革创新

站在服务国家治理体系和治理能力现代化的高度，推进保险业服务体系改革创新，建设一个在现代金融体系、社会保障体系、农业保障体系、灾害救助体系和社会管理体系中发挥重要作用的现代保险服务业。重点是在巨灾保险、农业保险、商业养老和健康保险、责任保险等领域取得新进展。

第一，探索发展巨灾保险。以制度建设为基础，以商业保险为平台，以多层级分级分担风险为保障，发挥政府和市场的作用，在总结试点经验的基础上逐步推广，建立符合我国国情的巨灾保险制度。云南、深圳等地在开展地震和综合巨灾保险试点的基础上，争取国家对巨灾保险政策支持，推动立法进程。

第二，规范发展农业保险。2017 年，在规范发展农业保险方面，财政部发布《中央财政农业保险保险费补贴管理办法》（财金〔2016〕123 号），主要包括以下内容：一是明确补贴政策。按照事权与支出责任相适应的要求，该办法明确中央财政提供保险费补贴的农业保险标的为关系国计民生和粮食、生态安全的主要大宗农产品。同时，该办法鼓励各地结合本地实际和财力状况，对特色险种给予一定的保险费补贴支持。二是重视保险方案。在已出台的监管政策的基础上，该办法对补贴险种保险条款与费率、保险责任、保险金额等内容做了进一步明确和完善。该办法要求经办机构在充分听取有关政府部门和农民意见的基础上拟定条款和费率，不得设置绝对免赔，科学合理设置相对免赔。同时，经办机构连续 3 年获得超额利润的，原则上适当降低保险费率。三是严格保障措施。为切实保障国家的惠农政策落到实处，该办法要求各地和经办机构应当结合实际，研究制定查勘定损工作规范，做到同一地区统一程序、统一标准，并增加了鼓励各地对经办机构展业给予支持的内容。实际工作中，地方财政可按规定通过预算安排资金，支持农业保险工作开展。

第三，大力发展商业养老和健康保险。重点是夯实基础，加强协调，通过试点带动扩面。养老保险方面，我国应继续推进个人税收递延型养老保险试点工作；鼓励保险公司参与养老服务业建设；开展老年人住房反向抵押养老保险试点；以企业年金税收优惠政策为契机，大力拓展企业年金业务。健康保险方面，我国应研究健全完善健康保险相关税收政策，推进保险机构在更大范围和更高统筹层次上经办新农合等各类医保服务；进一步完善大病保险统计制度，夯实大病保险定价基础；与相关部委加强协调，健全大病保险制度，扩大大病保险试点范围。

第四，深入发展责任保险。以《中华人民共和国食品安全法》的修改为契机，积极协调配合有关部门，推动食品安全责任强制保险立法，做好相关配套机制建设。健全医疗责任保险各项制度，推动保险业参与医疗纠纷调解机制建设，提升保险服务能力。深入总结环境污染责任保险试点经验，逐步拓展试点范围和领域，加强风险评估等基础制度建设。强化承运人责任保险业务管理，加强监督检查，促进其规范健康发展。

3. 推进保险监管体系的改革创新

保险业的发展，要处理好监管和市场的关系，既要发挥市场的资源配置作用，也要通过推进保险监管体系的改革创新，有效发挥政府的监管职能，促进市场的长期健康发展。

第一，建立健全监管制度。制度是管长远、管根本的。加快建立健全市场准入退出、治理理赔难和销售误导、网络保险、资金运用等关键监管环节的规章制定工作。推进“偿二代”建设，加快建成一套既与国际接轨、又与我国保险业发展阶段相适应的监管体系，完成全部技术标准的制定工作，组织行业对各种风险汇总后的整体测试。

第二，完善监管方式。2018 年 3 月 13 日，国务院关于提请第十三届全国人民代表大会第一次会议审议的国务院机构改革的议案表示，中国将组建中国银行保险监督管理委员会，将中国银行业监督管理委员会和中国保险监督管理委员会的职责整合，组建中国银行保险监督管理委员会，将银监会和保监会拟定银行业、保险业重要性法律法规草案和审慎监管基本制度的职责，均划入中国人民银行，确保发展与监管职能的切实分离。同时，我国秉承放开前端、管住后端的改革方向，进一步改进监管方式，提高监管的针对性和有效性。一是强化过程监管。把握关键环节，科学实施事前、事中、事后监管。抓好分类监管、资产负债匹配监管和非现场监管，强化公司治理和内控的约束力，把偿付能力监管作为刚性要求，贯穿监管的全过程。二是强化信息披露监管。发布实施保险经营和服务两个评价体系，加强对保险公司的市场评价和社会监督。由行业协会向社会公开评价结果和排名，促进保险公司提升经营和服务水平。督促各保险机构严格执行保险公司信息披露监管规定。

复习思考题

1. 为什么船舶和货物抵押借款是海上保险的雏形？
2. 英国劳合社是一个什么样的保险组织？
3. 对人身保险的形成和发展影响重大的事件和人物主要有哪些？
4. 分析世界保险业现状与发展趋势。
5. 我国近代保险业的发展经历了哪几个阶段？分析其发展缓慢的原因。
6. 试述我国保险业的现状与发展趋势。

第三章 保险合同

内容提要：保险合同是投保人与保险人约定保险权利、义务关系的协议。保险合同具有自身的特征。保险合同的主体、客体和内容是保险合同的三要素。保险合同的当事人、关系人和辅助人共同构成保险合同的主体；保险合同的客体是保险利益；保险合同的内容主要体现为保险条款的各项内容。保险合同必然经历从订立到终止的过程，其中，有一些合同可能因种种原因而变更，人身保险可能出现合同的中止和复效。本章是全书的重点章。

第一节 保险合同概述

一、保险合同的含义

保险合同又称为保险契约，是合同的一种形式。我国《保险法》第十条第一款规定："保险合同是投保人与保险人约定保险权利、义务关系的协议。"

投保人和保险人是直接签订保险合同的人，是保险合同的双方当事人。按照保险合同的约定，投保人应向保险人交付约定的保险费，保险人则应在约定的保险事故发生时，履行赔偿或给付保险金的义务。

按照保险合同的性质，保险合同可以分为两种类型：一类是补偿性合同，即当发生约定的保险事故使被保险人遭受经济损失时，保险人根据保险合同的约定，对保险标的的实际损失给予被保险人经济补偿。财产保险合同一般属于补偿性合同。另一类是给付性合同，即只要发生了保险合同约定的事故，保险人就应该按照保险合同的约定履行给付保险金的义务。人身保险合同一般属于给付性合同。

二、保险合同的特征

保险合同主要具有以下特征：

1. 保险合同是最大诚信合同

“重合同、守信用”是任何经济合同的当事人都必须遵循的原则。任何合同从订立到履行都应该恪守诚信原则，而保险合同对保险双方当事人的诚信要求更甚于一般合同。保险合同从订立到履行都要求保险双方当事人最大限度地诚实守信。因为根据保险合同的约定，保险人对未来可能发生的保险事故承担赔偿或者给付保险金责任，而未来是不确定的，保险双方当事人对保险标的的信息是不对称的。一方面，保险人承保及赔付，很大程度上是以投保人或被保险人的告知和保证事项为依据。投保人或被保险人不如实告知保险标的的风险情况，不履行保证事项，就会影响到保险人的合法权益。另一方面，保险合同一般是保险人单方面拟定的，投保人可能对保险合同的专业术语及相关内容不清楚、不熟悉，保险人及其代理人在进行展业宣传及承保时，如果不向投保人说明保险合同的条款内容（如免责条款），势必损害投保人、被保险人的合法权益。因此，无论是从保险人的角度，还是从投保人、被保险人的角度，保险双方都只有最大限度地诚实守信，才能保证对方的合法权益，并最终保障保险业的健康发展，因而，保险合同具有最大诚信的特征。

2. 保险合同是双务合同

根据合同当事人对权利义务的承担方式，可以将合同分为单务合同和双务合同。单务合同是当事人一方只有权利，而另一方只承担义务的合同；双务合同是合同当事人及关系人双方相互承担义务，享有权利的合同。在等价交换的经济关系中，绝大多数合同都是双务合同。保险合同是典型的双务合同，保险双方相互承担义务，享有权利。在保险合同中，投保人有按照合同约定支付保险费的义务，被保险人在保险事故发生时享有请求保险人赔偿或者给付保险金的权利；保险人应承担保险合同约定的保险事故发生时赔付保险金的义务，享有收取保险费的权利。

3. 保险合同是有偿合同

有偿合同是与无偿合同相对而言的。根据合同当事人取得权利是否偿付代价，可以将合同划分为无偿合同和有偿合同。有偿合同是指因为享有一定的权利而必须偿付一定对价的合同。所谓对价，其含义是合同中任何一方权利的取得，都应该给付对方当事人认可的相对应的代价。在这个基础上建立的关系是对价关系。保险合同具有对价关系。在保险合同中，保险双方的对价是相互的，投保人的对价是支付保险费，保险人的对价是对保险合同约定风险的承担。值得注意的是，保险人并不一定或必然要赔偿损失或给付保险金，而是只有在发生了保险合同约定的保险事故时，保险人才会承担赔付保险金的责任。换言之，保险合同是有偿合同，体现为投保人以支付保险费为代价换取保险人在保险事故发生时承担赔偿或者给付保险金责任的承诺。

4. 保险合同是附合合同

根据合同的一方当事人对合同的内容是否只能表示附合来划分，可以将合同分为商议合同和附合合同。商议合同是缔约双方就合同的重要内容充分协商之后订立的合同。大多数经济合同都属于商议合同。附合合同则是指合同的双方当事人不是充分协商合同的重要内容，而是由合同的一方当事人提出合同的主要内容，另一方当事人表示同意而订立的合同。保险业的自身特点使保险合同趋于定型性、技术化、标准化。保险合同的基本条款一般是由保险人事先拟定并统一印制出来，投保人对其内容若同意则投保，若不同意一般也没有修改其中的某项条款的权利。即使有必要修改或变更保险单的某项内容，通常也只能采用保险人事先准备的附加条款，而不能完全按投保人的设想做出改变。也就是说，对于保险人单方面制定的保险合同内容，投保人一般只能做出“取或舍”的决定，因此，保险合同是附合合同。

5. 保险合同是射幸合同

交换合同和射幸合同，是根据合同的一方给予对方的报偿是否与对方所给予的报偿具有对等的价值来划分的。交换合同是指合同的任何一方给予对方的报偿都具有对等的价值，如买卖合同即是一种典型的交换合同。而射幸合同是指合同的效果在订约时不能确定的合同。所谓射幸，就是侥幸、碰运气的意思。

保险合同之所以是射幸合同，原因在于保险事故发生的不确定性，或者说因为保险合同履行的结果是建立在保险事故可能发生、也可能不发生的基础上的。就单个保险合同而言，在订立保险合同之时，投保人交纳保费换取的只是保险人的承诺，而保险人是否履行赔偿或给付保险金的义务，取决于约定的保险事故是否发生。所以，就单个保险合同而言，保险合同具有射幸性。但是，保险合同的射幸性并不意味着保险人可以履行合同或不履行合同，因为在保险期限内如果发生了保险事故，保险人要承担赔付保险金的责任，这就意味着保险人履行了保险合同规定的赔付义务，而且，保险人支付给被保险人或受益人的保险金一般会大大超过其收取的保险费；即使在保险期限内没有发生保险事故，尽管投保人支付了保险费而被保险人或受益人未得到赔付的保险金，但保险人在保险期间承担了风险及其保障责任，也是保险人在履行合同。保险合同的射幸性一般是针对单个保险合同来说的，就某类保险合同整体而言，保险人收取的保险费与实际赔付的保险金，原则上应是大体平衡的。

6. 保险合同是要式合同

要式合同和非要式合同，是根据合同的成立是不是需要采取特定方式来划分的。所谓要式合同，是指需要采取特定方式才能成立的合同，即需要履行特定的程序或采取特定的形式合同才能成立，如必须采取书面形式，需要鉴证、公证或经有关机关批准登记才能生效的合同。非要式合同是指不需要特定方式即可成立的合同。由于保险合同的成立标志着保险双方权利义务关系的确立，关系到责任的认定，因而如果保险双方就合同条款达成一致意见，投保人应填写投保单，保险人应及时向投保人签发保险单或其他保险凭证，并在保险单或其他保险凭证中载明当事人双方约定的合同内容。因此，保险合同是要式合同。

第二节　保险合同的主体、客体

一、保险合同的主体

保险合同的主体与一般的合同主体不同，包括保险合同的当事人、关系人和辅助人。从与保险合同发生直接关系来看，保险合同的主体就是保险合同的当事人，包括保险人与投保人；从与保险合同发生间接关系来看，保险合同的主体还包括保险合同的关系人，即被保险人与受益人。此外，由于保险业务涉及面较广，具有一定的技术性和专业性，因此，保险合同的主体还包括保险合同的辅助人，即保险代理人、保险经纪人和保险公估人。

（一）保险合同的当事人

保险合同的当事人是指直接订立保险合同的人，是具有权利能力和行为能力的人。在保险合同中，通常约定了保险合同当事人的权利和义务。保险合同的当事人是保险人和投保人。

1. 保险人

保险人又称为承保人，按照《保险法》第十条第三款的规定："保险人是指与投保人订立保险合同，并按照合同约定承担赔偿或给付保险金责任的保险公司。"即保险人是订立保险合同的一方当事人，它依法设立，专门经营保险业务，按保险合同的约定向投保人收取保险费，对于保险合同约定的可能发生的事故因其所造成的财产损失承担赔偿保险金责任，或者当被保险人死亡、伤残、疾病或者达到合同约定的年龄、期限时承担给付保险金责任。世界上绝大多数国家都限定保险人必须是法人，只有个别国家（如英国）允许个人经营保险业务。按照我国《保险法》的规定，保险人只限于保险公司，其目的在于使保险人有严密的组织、雄厚的财力，以保证保险业稳健经营并承担起对广大的被保险人的经济保障的重大责任。我国《保险法》对保险公司的组织形式，保险公司的设立、变更和终止，保险公司的业务经营范围以及其他经营规则等都有明确的规定。

2. 投保人

《保险法》第十条第二款规定："投保人是指与保险人订立保险合同，并按照保险合同约定负有支付保险费义务的人。"可见，相对于保险人而言，投保人是订立保险合同的另一方当事人；保险合同成立后，投保人应该按照保险合同的约定承担交付保险费的义务。投保人可以是自然人，也可以是法人。

按照《保险法》及民法的相关规定，作为投保人还应该具备两个条件：

(1) 投保人应该具有民事行为能力

公民的民事行为能力因年龄及精神状况的不同而不同。《中华人民共和国民法总则》(2017) 规定：无民事行为能力人实施的民事行为或限制民事行为能力人依法不能独立实施的民事行为，在法律上无效；十八周岁以上的公民具有完全民事行为能力，可以独立进行民事活动，是完全民事行为能力人；十六周岁以上不满十八周岁的公民，以自己的劳动收入为主要生活来源的，视为完全民事行为能力人；不满八周岁的未成年人和不能辨认自己行为的精神病人是无民事行为能力人；十周岁以上的未成年人和不能完全辨认自己行为的精神病人是限制民事行为能力人。按照《中华人民共和国民法总则》的规定，作为投保人的公民，应具有完全的民事行为能力，其与保险人订立的保险合同在法律上才是有效的。

法人是具有民事权利能力和民事行为能力，依法独立享有民事权利和承担民事义务的组织。因此，法人可以成为投保人。

(2) 投保人或者被保险人应该对保险标的具有保险利益

根据各国保险法的规定，投保人或者被保险人对保险标的应具有法律上承认的利益亦即保险利益，否则，保险合同无效。做此严格限制，主要是为了保障保险标的的安全，防范道德风险，限制赔偿额度，以保证保险业的健康发展。我国《保险法》也遵循了国际惯例，在第十二条第一款中明确规定："人身保险的投保人在保险合同订立时，对被保险人应当具有保险利益。财产保险的被保险人在保险事故发生时，对保险标的应当具有保险利益。"

需要注意的是：在一般的合同中，当事人通常为自己的利益订立合同；而在保险合同中，投保人既可以为自己的利益投保，又可以为他人的利益投保（只要具有保险利益）。

(二) 保险合同的关系人

保险合同的关系人是指与保险合同的订立间接发生关系的人。在保险合同约定事故发生时，保险合同的关系人享有保险金的请求权。保险合同的关系人包括被保险人和受益人。

1. 被保险人

《保险法》第十二条第五款规定："被保险人是指其财产或者人身受保险合同保障，享有保险金请求权的人。"也就是说，被保险人的财产、寿命或身体受到保险合同的保障，如果在保险期限内发生了保险事故，被保险人有权向保险人请求赔偿或者给付保险金。在财产保险中，被保险人是保险标的的所有人或具有经济利益的人；在人身保险中，被保险人就是保险的对象。

被保险人与投保人的关系，一般有两种情况。第一种情况是投保人为自己的利益订立保险合同，投保人就是被保险人。例如：在财产保险中，投保人以自己具有所有权的财产为保险标的向保险人投保；在人身保险中，投保人以自己的寿命或者身体作为保险标的与保险人订立保险合同。这类情况下投保人与被保险人为同一人。第二种情况是投保人为他人的利益订立保险合同，投保人与被保险人相分离。在这种情况下，只要投保人对保险标的具有保险利益，其订立的保险合同在法律上就有效。

2. 受益人

《保险法》第十八条第三款规定："受益人是指人身保险合同中由被保险人或者投保人指定的享有保险金请求权的人……"即按照《保险法》的规定，受益人的概念仅限于人身保险合同，受益人享有保险金的请求权。

在人身保险合同中，投保人和被保险人都可以成为受益人。

人身保险的受益人由被保险人或者投保人指定。但是，为了保障被保险人的生命安全，投保人指定受益人须经被保险人同意。

被保险人一般可以任意指定受益人。被保险人为无民事行为能力人或者限制民事行为能力人的，可以由其监护人指定受益人。

被保险人或者投保人可以指定一人或者数人为受益人。受益人为数人的，被保险人或者投保人可以确定受益顺序和受益份额；未确定受益份额的，受益人按照相等份额享有受益权。

被保险人或者投保人可以变更受益人并书面通知保险人。投保人变更受益人时须经被保险人同意。保险人收到变更受益人的书面通知后，应当在保险单上批注。

一般而言，只要人身保险合同中指定了受益人，被保险人死亡后，就只有受益人享有保险金请求权。在特殊情况下，被保险人的继承人有权享受保险金。如我国《保险法》第四十二条规定："被保险人死亡后，有下列情形之一的，保险金作为被保险人的遗产，由保险人依照《中华人民共和国继承法》的规定履行给付保险金的义务：

（一）没有指定受益人，或者受益人指定不明无法确定的；

（二）受益人先于被保险人死亡，没有其他受益人的；

（三）受益人依法丧失受益权或者放弃受益权，没有其他受益人的。

受益人与被保险人在同一事件中死亡，且不能确定死亡先后顺序的，推定受益人死亡在先。"

为了减少道德风险，保障被保险人的生命安全，世界各国的保险法一般都规定：受益人故意造成被保险人死亡或者伤残的，或者故意杀害被保险人未遂的，丧失受益权。

由于涉及受益人的纠纷较多，我国《保险法》第三十九条至第四十三条对受益人做了较为详尽的法律规定。

（三）保险合同的辅助人

保险合同的辅助人是指辅佐、帮助保险双方当事人订立及履行保险合同的人。它通常包括保险代理人、保险经纪人和保险公证人。在我国，一般又将保险合同的辅助人称为保险中介人。

1. 保险代理人

我国《保险法》第一百一十七条规定：“保险代理人是根据保险人的委托，向保险人收取佣金，并在保险人授权的范围内代为办理保险业务的机构或者个人。”

保险人委托保险代理人代为办理保险业务的，应当与保险代理人签订委托代理协议，依法约定双方的权利和义务及其他代理事项。

保险代理人的行为，通常视为被代理的保险人的行为。在保险人的授权范围内，保险代理人的行为对其所代理的保险人有法律约束力。保险代理人根据保险人的授权代为办理保险业务的行为，由保险人承担责任。为保障被保险人的合法权益，《保险法》第一百二十七条第二款规定：“保险代理人没有代理权、超越代理权或者代理权终止后以保险人名义订立合同，使投保人有理由相信其有代理权的，该代理行为有效。保险人可以依法追究越权的保险代理人的责任。”

我国的保险代理人有三种：专业代理人、兼业代理人和个人代理人。保险代理人的基本业务范围是代理推销保险产品、代理收取保险费等。

2. 保险经纪人

我国《保险法》第一百一十八条规定：“保险经纪人是基于投保人的利益，为投保人与保险人订立保险合同提供中介服务，并依法收取佣金的机构。”

保险经纪人主要是投保人利益的代表。保险经纪人的法律地位与保险代理人截然不同。因保险经纪人在办理保险业务中的过错，给投保人、被保险人或其他委托人造成损失的，由保险经纪人承担赔偿责任。

保险经纪人一般可以经营下列业务：为投保人拟定投保方案、选择保险人、办理投保手续；协助被保险人或受益人进行索赔；从事再保险经纪业务；为委托人提供防灾、防损或风险评估、风险管理咨询服务；从事保险监督管理机构批准的其他业务。

3. 保险公估人

按照我国《保险法》的规定，保险人和被保险人可以聘请依法设立的独立的评估机构或者具有法定资格的专家，对保险事故进行评估和鉴定。在我国，保险公估人以保险公估机构的方式开展业务。《保险公估机构监管规定》[①]规定：保险公估机构是指依法设立的，接受委托，专门从事保险标的或者保险事故评估、勘验、鉴定、估损理算等业务，并按约定收取报酬的机构。保险公估人基于公正、独立的立场，凭借丰富的专业知识和技术，办理保险公估业务。保险公估人既可

① 《保险公估机构监管规定》由中国保险监督管理委员会于2009年9月18日公布，自2009年10月1日起施行。

以接受保险人的委托，又可以接受被保险人的委托。保险公估人向委托人（保险人或被保险人）收取公估费用。保险公估人应当依法公正地执行业务。保险公估人因故意或者过失给保险人或者被保险人造成损害的，依法承担赔偿责任。

二、保险合同的客体

保险合同的客体是指保险双方当事人权利义务共同指向的对象。

保险合同的客体不是保险标的，而是保险利益。保险利益是指投保人或被保险人对保险标的具有的法律上承认的利益。保险利益与保险标的不同。保险标的是保险合同中所载明的投保对象，是保险事故发生的客体，即作为保险对象的财产及其有关利益或者人的寿命或身体。保险合同并非保障保险标的在保险有效期内不受损害，而是当被保险人的保险标的发生约定的保险事故时保险人对其给予经济上的赔偿或给付。保险标的是订立保险合同的必要内容，是保险利益的载体，而保险合同保障的是投保人、被保险人对保险标的所具有的合法利益，没有保险利益，保险合同将会因失去客体要件而无效。

如前所述，我国《保险法》第十二条第一、二款明确规定："人身保险的投保人在保险合同订立时，对被保险人应当具有保险利益。财产保险的被保险人在保险事故发生时，对保险标的应当具有保险利益。"

第三节 保险合同的内容

保险合同的内容有广义和狭义之分。广义的保险合同的内容是指以保险合同双方权利义务关系为核心的全部事项，包括保险合同的主体、客体、权利义务及其他声明事项；狭义的保险合同的内容是指保险合同双方当事人依法约定的权利与义务，表现为保险合同的条款。在此，对狭义的保险合同的内容进行阐述。

一、保险条款

保险合同的条款简称保险条款，是保险合同双方当事人依法约定各自的权利义务的条款。保险条款是对保险双方权利义务的具体约定，在保险合同中居于核心地位。保险条款对保险合同的双方当事人具有法律约束力。

（一）基本条款和特约条款

保险条款一般分为基本条款和特约条款。

保险合同的基本条款是指规定保险合同双方权利义务基本事项的条款。在任何保险合同中，基本条款都是不可缺少的条款，一般由保险人在法定的必须载明事项的基础上事先拟定好，并印在保险单上。保险的险种不同，其基本条款也不同。

保险合同的特约条款是由保险双方当事人根据特殊需要，共同约定的条款。特约条款可以包括附加条款、保证条款和协会条款。

附加条款是指保险合同当事人在保险合同基本条款的基础上约定的补充条款，用以增加或限制基本条款所规定的权利与义务。由于保险标的的风险状况不同，投保人对保险的需求也有所不同，附加条款就是应投保人的要求而增加的内容。附加条款的灵活运用，弥补了基本条款的不足，如利用附加条款来变更或者补充原保险单的内容，变更原保险单的约定事项等。附加条款是保险合同的特约条款中使用最普遍的条款。

保证条款是指投保人或被保险人对特定事项进行保证，以确认某项事实的真实性或承诺某种行为的条款。保证条款是投保人或被保险人必须遵守的条款。

协会条款是指保险行业为满足某种需要，经协商一致而制定的条款。如伦敦保险人协会制定的有关船舶和货物运输的条款。

（二）法定条款与任意条款

根据合同约束力的不同，保险条款还可以分为法定条款与任意条款。

法定条款是指根据法律规定必须在保险合同中明确规定的条款。也就是说，法定条款是法定的必须载明的事项。如按照我国《保险法》第十八条的规定，保险条款应当包括：保险标的、保险责任和责任免除、保险期间和保险责任开始时间、保险金额、保险费以及支付办法、保险金赔偿或者给付办法、违约责任和争议处理等事项。基于此，我国的所有保险合同条款对以上各项内容均不得偏废。保险合同的基本条款必须包括法定条款的各项内容。

任意条款，又称为任选条款，是指由保险合同当事人根据需要约定的条款。

二、保险合同的主要内容

保险合同的内容主要有以下11项：

（一）保险人的名称和住所

我国《保险法》明确规定保险人为保险公司，因此，保险人的名称就是保险公司的名称，保险人的住所就是保险公司的营业场所。在保险合同中对保险人的名称和住所应当准确、清楚地加以记载，以便保险人行使收取保费的权利，履行赔偿或者给付保险金的义务。

（二）投保人、被保险人的名称和住所，以及人身保险的受益人的名称和住所

投保人是保险合同的一方当事人，在保险合同中明确记载其姓名和住所，有利于投保人履行交纳保险费的义务；被保险人作为保险合同的关系人，载明其名称和住所，有利于被保险人在保险事故发生时行使保险金的请求权，并履行保险合同规定的义务；如果在人身保险合同中约定了受益人，也应将受益人的名称和住所记载清楚，以利于受益人享受请求保险金的权利。

（三）保险标的

保险标的是指作为保险对象的财产及其有关利益，或者人的寿命或身体。保险标的是保险利益的载体。不同的保险合同，有不同的保险标的。财产保险合同的保险标的是财产及其有关的利益，即财产保险合同的保险标的既包括有形的财产，又包括无形的责任及利益。人身保险合同的保险标的是人的寿命或身体。在保险合同中载明保险标的，有利于确定保险合同的种类，判断投保人对保险标的是否具有保险利益，明确保险人承担责任的对象及范围，确定保险金额，确定诉讼管辖等。

（四）保险责任和责任免除

保险责任是指保险合同中载明的风险事故发生后保险人应承担的赔偿或者给付责任。即保险责任是保险双方当事人在保险合同中对保险人所应承担的风险责任范围的具体约定。保险责任因投保的险种不同而不同。

责任免除，又称为除外责任，是指保险人按照法律规定或者合同约定，不承担保险责任的范围。即责任免除是对保险责任的限制，是对保险人不负赔偿或给付保险金责任范围的具体规定。在保险合同中应明确列明责任免除，以对保险人承担责任的范围加以明确限制，更好地确定双方当事人的权利义务关系。责任免除条款一般涉及的损害有：战争或军事行动所造成的损害，保险标的物的自然损耗，被保险人及其关系人的故意行为所致的损害以及其他不属于保险责任范围的损害等。

（五）保险期限

保险期限，又称保险期间，是指保险人对保险事故承担赔付责任的起讫期限。保险期间规定了保险合同的有效期限，是对保险人为被保险人提供保险保障的起止日期的具体规定。保险期限既可以按年、月、日计算，比如以一年为期，也可以按一定事件的起止时间来计算，比如建筑工程保险的保险期限就是以一个工程的工期来确定的。保险期限是保险人履行赔付义务的依据。保险标的只有在保险期限内发生保险事故，保险人才承担赔付保险金的责任。

（六）保险价值

保险价值是财产保险的特有概念，是指保险标的在某一特定时期内以货币估计的价值额。保险价值是保险金额确定的依据。确定保险价值有三种方法：一是由投保人和保险人约定并在合同中载明保险价值，若保险事故发生，保险人在计算赔款时勿无须对保险标的另行估价；二是按市场价格确定，即保险事故发生后，保险人的赔偿金额不得超过保险标的的市场价格；三是按法律规定确定，如《中华人民共和国海商法》第二百一十九条规定，船舶的保险价值包括船壳、机器、设备的价值，以及船上燃料、物料、索具、给养、淡水的价值和保险费的总和。

（七）保险金额

保险金额简称保额。我国《保险法》第十八条规定：“保险金额是指保险人承担赔偿或者给付保险金责任的最高限额。”即保险金额是保险当事人双方约定的，在保险事故发生时，保险人应赔偿或给付的最高限额。保险金额是保险人计算保险费的重要依据。在财产保险中，保险金额的确定以保险标的的价值为依据；在人身保险中，由于人的价值无法用货币衡量，因而一般由保险合同双方自行约定保险金额。

财产保险合同中的保险金额不得超过保险价值，超过保险价值的，超过的部分无效；保险金额低于保险价值的，除合同另有约定外，保险人按照保险金额与保险价值的比例承担赔偿责任。

（八）保险费及其支付办法

保险费是指投保人为使被保险人获得保险保障，按合同约定支付给保险人的费用。保险费是保险基金的来源。缴纳保险费是投保人应履行的基本义务。保险费的多少，由保险金额、保险费率和保险期限等因素决定。

保险费率一般用百分率或千分率表示。保险费率由纯费率和附加费率组成。其中，纯费率是保险费率的基本组成部分，在财产保险中，主要依据保险标的的损失率确定纯费率，在人身保险中，则是依据人的死亡率或生存率、利率等因素确定纯费率。而附加费率主要是依据保险企业在一定期限内的各种营业费用及预定利润确定的。

保险费既可以一次性支付，也可以分期支付；既可以现金支付，也可以转账支付。但不论采取什么方式支付保险费，都应在保险合同中载明。

（九）保险金赔偿或者给付办法

保险金赔偿或给付办法是指保险人承担保险责任的方法。保险金赔偿或给付的方法，原则上应采取货币形式，但也有一些财产保险合同约定，对特定的损失可以采取修复、置换等方法。保险金赔偿或给付办法的明确约定及记载，有利于保险人更好地履行保险赔付责任，减少保险双方的赔付纠纷。

（十）违约责任和争议处理

违约责任是指保险合同当事人因其过错，不能履行或不能完全履行保险合同规定的义务时，根据法律规定或合同约定所必须承担的法律后果。在保险关系中，任何一方违约都会给对方造成损失，因此，应在合同中明确规定哪些行为是违约行为以及违约应承担的法律责任，以保障保险双方的合法权益。

争议处理是指保险双方解决保险合同纠纷的方式。保险合同的争议处理方式，一般包括协商、仲裁和诉讼三种。

（十一）订立合同的时间

保险合同应注明订立的时间，以便确认保险责任开始时间、投保人对保险标的是否具有保险利益以及其他涉及保险当事人之间的权利义务关系。注明订立保险合同的时间，还有助于确认保险合同订立前是否已经发生保险事故，以便查明事实真相、避免骗赔事件的发生。

三、保险合同的条款解释原则

保险合同订立后，可能因种种原因使保险双方当事人及关系人对保险合同条款的内容有不同的理解以致双方发生争议。在争议的情况下，一般由当事人双方协商解决，若协商不能达成一致，则应通过仲裁机关或者法院做出裁决或判决。为保证裁决或判决的客观和公正，需要依照法律的规定或行业习惯确定一定的条款解释原则。保险合同条款的解释原则，可以概括为以下三点：

（一）文义解释

文义解释是指对合同条款的文字应按照其通常的含义并结合上下文来解释；同一个合同中出现的同一个文句，前后的解释应当相同；条款中出现的专业术语，应按照其所属行业的通常含义进行解释。在保险合同中，对一般条文的解释，应该按照该文字通常的含义并结合合同的整体内容来解释；对保险专业术语、法律术语及其他专业术语，可以依据《保险法》及相关的法律、法规或行业惯例等进行解释。

（二）意图解释

意图解释就是指对保险合同条款应遵循签约当时双方当事人的真实意图，从当时的客观情况出发来进行解释。保险合同的条款是保险双方当事人意思表示一致而确立的，因此，解释时应充分尊重双方当事人订立合同时的真实意图。在双方对合同条款有歧义而又无法运用文义解释原则时，应通过分析背景材料等方式，对签约当时双方当事人的真实意图进行逻辑上的推断。

（三）解释应有利于被保险人和受益人

由于保险合同一般是由保险人事先拟定的，是附合合同，保险合同条款主要是格式条款，在订立保险合同时，投保人往往只能表示接受或不接受，保险人在条文的拟定上处于主动地位，被保险人则居于被动地位。而且，保险条款的专业性较强，有些保险专业术语一般人难以理解，因此，对保险条款有两种或两种以上的解释时，应当做出不利于提供格式条款一方的解释，即解释应有利于被保险人和受益人。

第四节　保险合同的订立、变更、中止、复效和终止

一、保险合同的订立

保险合同的订立是投保人与保险人意思表示一致之后进行的法律行为。

（一）保险合同的订立程序

与其他合同一样，保险合同的订立，大致有两个程序：要约和 承诺。

1. 要约

要约是要约人以缔结合同为目的而做出的意思表示。它是合同当事人一方向另一方表示愿与其订立合同的提议。一个有效的要约应具备三个条件：要约人应明确表示订立合同的愿望，要约应具备合同的主要内容，要约在其有效期内对要约人具有约束力。在保险合同中，一般来说投保人为要约人，投保人填写投保单，并交给保险人的行为被视为要约。投保单一经保险人接受，便成为保险合同的一 部分。

2. 承诺

承诺是受约人对要约人提出的要约全部接受的意思表示，即受约人向要约人表示愿意完全按照要约内容与其订立合同的答复。一个有效的承诺也应具备三个条件：承诺不能附带任何条件；承诺应由受约人本人或其合法代理人做出；承诺应在要约的有效期内做出。在保险合同的订立过程中，一般是投保人提出要约，保险人根据投保单的内容签发保险单、保险凭证或暂保单，合同即告成立，但有时情况并不这么简单。在签订合同的过程中，双方当事人往往有个协商过程，如要约人对受约人提出要约，受约人对要约人的要约提出修改或附加条件，这时受约人的行为就被认为是提出了新的要约，原要约人与受约人的法律地位互换，即原要约人成为新的受约人，原受约人成为新的要约人。一个合同的签订可能经过要约——新要约……反复多次直至承诺的过程，保险合同也不例外。如果保险人对投保人的要约附加了新的内容或条件，则保险人成为新要约人，投保人成为新受约人。合同能否成立，则要看最后一位要约人的要约能否得到最后一位受约人的承诺。

（二）保险合同的成立

保险合同的成立是保险双方当事人就保险合同条款达成协议。《保险法》第十三条规定："投保人提出保险要求，经保险人同意承保，保险合同成立。保险人应当及时向投保人签发保险单或者其他保险凭证。"

（三）保险合同的订立形式

订立保险合同应该采取书面形式。保险合同的书面形式主要有投保单、保险

单、保险凭证和暂保单等。

1. 投保单

投保单是投保人向保险人申请订立保险合同的一种书面形式的要约。在投保单中应列明订立保险合同所必需的项目。投保单一般有统一的格式，由保险人事先准备好，投保人应按保险人所列项目据实逐一填写。投保单一经保险人承诺，即成为保险合同的重要组成部分。投保人对在投保单中所填写的内容，应承担相应的法律后果，例如，投保人在填写投保单时未履行如实告知义务，足以影响到保险人决定是否同意承保或者提高保险费率的，保险人有权解除保险合同，并不承担赔偿或者给付保险金的责任。

2. 保险单

保险单简称保单，是指保险人与投保人之间订立保险合同的正式的书面证明。保险单通常是由保险人签发的，是对投保人要约的一种承诺。保险单是保险双方履约的依据。在保险单上应将保险合同的全部内容详尽列明，包括保险双方当事人、关系人的权利和义务。即保险单上除应列明保险项目（如被保险人的名称、保险标的、保险费、保险金额、保险期限等）外，还应附上保险合同条款，以便保险双方明确各自应享有的权利、应承担的义务。

3. 保险凭证

保险凭证又称为小保单，是一种简化了的保险单，是保险人向投保人签发的证明保险合同已经成立的一种书面凭证。保险凭证与保险单具有同等的法律效力。保险凭证没有列明内容时，以保险单的条款为准；保险凭证与保险单的内容相冲突时，以保险凭证为准。保险凭证只在少数几种业务中使用，如货物运输保险等。采用保险凭证的主要目的在于简化手续。

4. 暂保单

暂保单又称为临时保单，是保险单或保险凭证出立前发出的临时性的保险单证。使用暂保单主要是基于三种情况：保险代理人已招揽到保险业务但尚未向保险人办妥保险手续；保险公司的分支机构接受投保，但尚需请示上级公司；保险双方当事人已就合同的主要条款达成协议，但有些条件尚需进一步商榷。在以上情况下，保险人可先出具暂保单，作为投保人已保险的证明。暂保单的法律效力与正式保单相同，但其有效期较短，一般为30天。在暂保单的有效期间，保险人一旦确定承保并签发保险单，暂保单即自动失效而为保险单所取代；保险人如果确定不予承保，则有权随时提前终止暂保单的效力。

二、保险合同的变更

保险合同的变更是指在保险合同有效期内，保险合同当事人、关系人对合同所做的修改或补充。保险合同成立并生效后，具有法律约束力，保险双方一般不得擅自变更。但是，如果主观意愿或客观情况发生变化，也可以依法变更保险合同。保险合同的变更，主要是保险合同主体的变更或内容的变更。

（一）保险合同主体的变更

保险合同的主体变更是指保险合同的当事人或关系人的变更，主要是投保人、被保险人或受益人的变更，保险人一般不会变更。保险合同的主体变更，不改变保险合同的客体和内容。

1. 财产保险合同主体的变更

财产保险合同主体的变更是指投保人或被保险人的变更。财产保险合同主体的变更意味着财产保险标的的转让。财产保险标的的转让可以因买卖、继承、赠予等法律事实的出现而发生，从而导致保险标的从一个所有权人转移至另一个所有权人。在这种情况下，要使保险合同继续有效，就需要变更保险合同中的被保险人。

（1）一般财产保险合同主体的变更

在一般情况下，财产保险标的的转让应当通知保险人，经保险人同意继续承保后，依法变更被保险人。保险人可以根据财产保险合同主体变更引起的风险状况的变化，加收或退减部分保险费。

（2）货物运输保险合同主体的变更

在财产保险中，货物运输保险合同由于其标的流动性大，运输过程中经常通过货物运输单据的转让而发生物权转移。因此，法律允许货运险合同不经保险人同意即可变更被保险人，但须被保险人记名背书。

2. 人身保险合同主体的变更

人身保险合同主体的变更，一般取决于投保人或被保险人的主观意愿，而不以保险标的的转让为前提。人身保险合同主体的变更可以是投保人、被保险人或受益人的变更。

（1）投保人的变更

如果投保人与被保险人是同一人，要变更投保人应通知保险人；如果投保人与被保险人不是同一人，要变更投保人应征得被保险人的同意并通知保险人。被保险人为无民事行为能力人或限制民事行为能力人时，投保人的变更应符合法律法规的相关规定。投保人的变更应经过保险人的核准及办理相关手续，方能有效。

（2）被保险人的变更

人身保险合同的被保险人是保险标的，因而一般不能变更。在特殊情况下，人身保险被保险人的变更主要指团体保险中由于员工的流动而发生的被保险人人数等的变更。

（3）受益人的变更

人身保险合同主体的变更主要是指受益人的变更。被保险人或者投保人可以变更受益人并书面通知保险人。保险人收到变更受益人的书面通知后，应当在保险单上批注。投保人变更受益人时须经被保险人同意。

（二）内容的变更

在保险合同的有效期内，投保人或被保险人与保险人经协商同意，可以变更保险合同的有关内容。

保险合同的内容变更是指合同约定事项的变更，也就是保险关系双方各自所承担的义务和享有的权利的变更。如保险合同中的保险责任、保险金额、保险期限等发生变化，财产保险的保险标的的价值、数量、存放地点、危险程度等发生变化，人身保险的被保险人的职业、投保人的交费方式等发生变化，都属于保险合同的内容变更的范围。

保险合同内容发生变更，投保人或被保险人应主动向保险人申请办理批改手续，保险人同意后，应在原保单或者其他保险凭证上批注或附贴批单，或者由投保人和保险人订立变更的书面协议。

保险合同的变更往往意味着保险人承担风险的增加或减少，为此可能需要加收或退减部分保险费。

为了明确保险双方当事人在保险合同变更后的权利和义务，按照国际惯例，合同变更后的有效性按下列顺序认定：手写批注优于打印批注；加贴的附加条款优于基本条款；加贴的批注优于正文的批注。

三、保险合同的中止与复效

保险合同的中止与复效仅适用于人身保险合同。

（一）保险合同的中止

保险合同的中止是指保险合同暂时失去效力。在人身保险中，保险期限一般较长，投保人可能因为种种主客观原因不能按期缴纳续期保险费，为了保障保险双方的合法权益，并给投保人一定的回旋余地，各国的保险法一般都对缴费的宽限期及合同中止做了明确规定。我国《保险法》第三十六条规定："合同约定分期支付保险费，投保人支付首期保险费后，除合同另有约定外，投保人自保险人催告之日起超过30日未支付当期保险费，或者超过约定的期限60日未支付当期保险费的，合同效力中止，或者由保险人按照合同约定的条件减少保险金额。"即人身保险的保险合同生效后，如果投保人未按期缴纳保险费，并超过了60天的宽限期，保险合同的效力中止。在保险合同中止前的宽限期内如果发生了保险事故，保险人应承担赔付责任；但是对于在保险合同中止后发生的保险事故，保险人不承担赔付责任。保险合同的中止并不意味着保险合同的解除，经过一定的程序仍然可以恢复合同的法律效力。

（二）保险合同的复效

保险合同的复效是指保险合同效力的恢复。保险合同效力中止后，经保险人与投保人协商并达成协议，在投保人补交保险费后，可以恢复保险合同的效力。但是按照我国《保险法》的规定，自合同效力中止之日起满两年双方未达成协议的，保险人有权解除合同。

四、保险合同的终止

保险合同的终止是指合同双方当事人确定的权利义务关系的消灭。保险合同的终止主要包括下面几种情况：

（一）保险合同的解除

保险合同的解除是指在保险合同的有效期限届满前，当事人依照法律规定或者合同约定提前终止合同效力的法律行为。

保险合同的解除按解约的主体可以分为投保人解除保险合同、保险人解除保险合同和保险双方约定解除保险合同三种情况。

1. 投保人解除保险合同

由于保险合同是在平等自愿的基础上订立的，因而在一般情况下，投保人可以随时提出解除保险合同。

我国《保险法》第十五条规定："除本法另有规定或者保险合同另有约定外，保险合同成立后，投保人可以解除保险合同，保险人不得解除保险合同。"根据我国《保险法》的规定，保险合同成立后，投保人一般可以解除保险合同，而不须承担违约责任。但是，某些保险合同具有特殊性，如货物运输保险合同和运输工具航程保险合同，保险责任开始后，难以确定终止责任的具体时间、空间，因此，投保人不能要求解除保险合同。如果保险双方当事人通过合同约定，对投保人解除合同做出了限制，投保人也不得解除保险合同。

2. 保险人解除保险合同

按照各国的保险法规定，保险人一般不能解除保险合同，否则应承担违约责任。因为如果允许保险人任意解除保险合同，可能严重损害被保险人的利益。例如，保险人可能在得悉风险增大（如洪灾预报）时解除保险合同，使被保险人得不到应有的保险保障。如前所述，我国《保险法》第十五条中明确规定，保险人不得解除保险合同。也就是说，为了保障被保险人的合法权益，在一般情况下，保险人不能随意解除保险合同，但是，如果《保险法》另有规定或保险合同另有约定，保险人仍然可以解除保险合同。

根据我国《保险法》的规定，保险人在下列情况下有权解除保险合同：

第一，投保人故意或者因重大过失未履行如实告知义务，足以影响保险人决定是否同意承保或者提高保险费率的，保险人有权解除合同。

第二，未发生保险事故，被保险人或者受益人谎称发生了保险事故，向保险人提出赔偿或者给付保险金请求的，保险人有权解除合同，并不退还保险费。

第三，被保险人故意制造保险事故的，保险人有权解除合同，不承担赔偿或者给付保险金的责任。

第四，投保人、被保险人未按约定履行其对保险标的的安全应尽责任的，保险人有权要求增加保险费或解除合同。

第五，在保险合同有效期内，保险标的危险程度显著增加的，被保险人按照合同约定应及时通知保险人，保险人有权要求增加保险费或者解除合同。被保险人未履行通知义务的，因保险标的危险程度显著增加而发生的保险事故，保险人不承担赔偿责任。

第六，人身保险的投保人申报的被保险人年龄不真实，并且其真实年龄不符合合同约定的年龄限制的，保险人可以解除合同，并按照合同约定退还保险单的现金价值。

第七，自保险合同效力中止之日起满二年，保险双方当事人未达成复效协议的，保险人有权解除保险合同。

我国《保险法》的上述规定，赋予了保险人在投保人、被保险人和受益人严重违反法律规定及合同约定的情况下解除保险合同的权利，这既是对被保险人及其关系人违法行为的惩戒，又是对保险人合法权益的维护，体现了诚实信用原则和公平互利原则。

3. 保险双方约定解除保险合同

这种情况简称为约定解除或协议注销。保险合同当事人在不违反法律法规或公共利益的前提下，可以在合同中约定当一定的事实发生时，一方或双方当事人有权解除合同，并且可以约定行使解除权的期限。如原中国人民保险公司的船舶战争险条款规定，对于定期保险，保险人有权在任何时候向被保险人发出注销战争险的通知，在发出通知后 14 天期满时终止战争险责任。① 又如，我国的简易人身保险条款规定，交付保险费一周年以上，并且保险期已满一周年的，投保人或被保险人不愿继续保险的，可向保险人申请退保。

可见，所谓约定解除是指保险双方经过协商可以在保险合同中规定一方或双方当事人以一定条件注销保险合同的权力。

保险合同解除的程序是：在法律规定或保险合同约定的条件下，具有解约权的一方当事人，可以单方决定解除保险合同，但解约方应将解除保险合同的通知做成书面文件并及时通知对方当事人。任何一方不遵守法律的规定或保险合同约定，擅自解除保险合同的，应当承担相应的违约责任及其他法律责任。

（二）保险合同的期满终止

这是保险合同终止的最普遍的原因。保险期限是保险人承担保险责任的起止时限。如果在保险期限内发生了保险事故，保险人按照合同约定赔偿了保险金额的一部分，保险合同期满时，保险合同的权利义务关系终止；如果在保险期限内没有发生保险事故，保险人没有赔付，保险合同载明的期限届满时，保险合同自然终止。一般而言，只要超过了保险合同规定的责任期限，保险合同就终止，保

① 李嘉华，魏润泉，陈继儒. 保险学概论［M］. 北京：中国金融出版社，1983：161.

险人就不再承担保险责任。

（三）保险合同的履约终止

保险合同是保险双方当事人约定在一定的保险事故发生时，保险人承担赔偿或给付保险金责任的合同。因此，保险合同约定的保险事故发生，保险人履行完赔偿或者给付保险金责任后，无论保险期限是否届满，保险合同即告终止。

（四）保险标的发生部分或全部损失而终止

我国《保险法》第五十八条规定："保险标的发生部分损失的，自保险人赔偿之日起三十日内，投保人可以解除合同；除合同另有约定外，保险人也可以解除合同，但应当提前十五日通知投保人。合同解除的，保险人应当将保险标的未受损部分的保险费，按照合同约定扣除自保险责任开始之日起至合同解除之日止应收的部分后，退还投保人。"保险标的发生部分损失后，保险标的本身的状况及面临的风险已经有所变化，因此，我国《保险法》允许保险双方当事人终止保险合同。

保险标的发生全部损失，保险合同也应该终止。一方面，保险标的可能因保险事故全部灭失，此情况下保险人按保险金额全额赔付后，保险合同如前所述因履约而终止；另一方面，如果保险标的因除外责任而全损（例如被保险人故意烧毁保险房屋），由于保险标的已不存在，因而保险合同失去了保障对象只能终止。

复习思考题

一、名词解释

保险人　被保险人　受益人　保险代理人　保险经纪人　保险公估人　保险利益　保险标的　保险金额

二、简要回答下列问题

1. 什么是保险合同？保险合同具有哪些特征？

2. 什么是投保人？作为投保人需要具备哪些条件？

3. 简述保险合同的解释原则，说明为什么保险合同的解释要有利于被保险人和受益人。

4. 简述保险合同的订立程序，说明保险合同订立的主要形式有哪些。

5. 保险合同的变更有哪几种情况？保险合同的变更应该采取什么形式？

6. 保险合同终止有哪几种情况？

7. 简述保险合同解除的原因及程序。

第四章 保险合同的基本原则

内容提要：在商业保险业务的长期发展过程中，为了规范保险行为，保证保险补偿制度的健康运行，逐渐形成了一些公认的准则，在法律上或保险合同中对这些准则做了相应的规定。本章介绍的保险合同基本原则共有六个，其中前三个原则是财产保险合同和人身保险合同共同遵循的原则，而后三个原则是财产保险合同特有的原则。通过本章的学习，要求学生掌握各原则的含义和主要内容。

第一节 最大诚信原则

一、最大诚信原则的基本含义和产生的原因

（一）最大诚信原则的基本含义

诚信即诚实和守信用，具体而言就是要求一方当事人对另一方当事人不得隐瞒、欺骗，做到诚实；任何一方当事人都应该善意地、全面地履行自己的义务，做到守信用。诚实信用原则是各国立法对民事、商事活动的基本要求。比如，《中华人民共和国合同法》第六条规定：“当事人行使权利义务应当遵循诚实信用原则。”当事人在订立合同过程中故意隐瞒与订立合同有关的重要事实或者提供虚假情况，及有其他违背诚实信用原则的行为，给对方造成损失的，应当承担损害赔偿责任。

由于保险经营活动的特殊性，保险交易活动中对诚信的要求更为严格，要求合同双方当事人在订立和履行保险合同过程中做到最大诚信。最大诚信原则的基本含义是：保险双方当事人在签订和履行保险合同时，必须保持最大的诚意，互不欺骗和隐瞒，恪守合同的承诺，全面履行自己应尽的义务。否则，将导致保险合同无效，或承担其他法律后果。

（二）最大诚信原则产生的原因

在商业保险的发展过程中，最大诚信原则起源于海上保险，当投保人与保险

人签订保险合同时，投保的船舶和货物可能已在异地，保险人不能对保险财产进行实地了解，只能凭投保人对保险标的风险情况的描述，来决定是否承保、以什么条件承保等。这就客观上要求投保人对保险标的及风险状况的描述必须真实可靠，否则，将影响保险人对风险的判断。随着海上保险业务的发展，最大诚信逐步成为海上保险的一项基本准则。最早把最大诚信原则通过法律进行规范的是1906年英国的《海上保险法》，该法第十七条规定：海上保险合同是建立在最大诚信基础上的，如果合同任何一方不遵守最大诚信，另一方即可宣告合同无效。后来，各国制定的保险法大都规定了这一原则。我国《保险法》第五条规定："保险活动当事人行使权利、履行义务应当遵循诚实信用原则。"

保险交易活动必须坚持最大诚信原则的主要原因在于保险合同双方信息的不对称性，表现在两个方面：

1. 保险人对保险标的的非控制性

在整个保险经营活动中，投保人向保险人转嫁的是保险标的未来面临的特定风险，而非保险标的本身。无论承保前还是承保后，保险标的始终控制在投保人、被保险人手中，投保人对保险标的及风险状况最为了解，保险人在承保时虽然要对保险标的进行审核，但往往因没有足够的人力、物力、时间对投保人、被保险人及保险标的进行详细的调查研究，其对保险标的及风险状况的判断主要依靠投保人的陈述。这就要求投保人、被保险人在合同订立与履行过程中将有关保险标的的情况如实告知保险人。投保人对保险标的及风险程度等情况陈述的完整准确与否，直接影响到保险人是否承保、保险费率的确定和保险合同履行过程中对保险标的风险状况的把握，投保人的任何欺骗或隐瞒行为，必然会侵害保险人的利益。因此，为保证保险经营活动的正常进行，维护保险人的利益，要求投保人、被保险人遵循最大诚信原则。

2. 保险合同的专业性

保险合同因投保人与保险人意思表示一致而成立，并以双方相互诚实信用为基础，投保人向保险人支付保险费转移风险，相当程度上是基于信赖保险人对保险条款所做的解释和说明。保险合同是附合合同，合同条款一般由保险人事先拟定，具有较强的专业性和技术性，投保人不熟悉保险业务知识，在签约时会处于不利地位。这就要求保险人也应坚持最大诚信原则，将保险合同的主要内容告知投保人、被保险人。

二、最大诚信原则的主要内容和法律规定

最大诚信原则的基本内容包括告知与说明、保证、弃权与禁止反言。告知与说明是对保险合同双方的约束；保证主要是对被保险人的约束；弃权与禁止反言的规定主要用于约束保险人。

（一）投保人的告知义务

1. 告知的含义

告知是投保人或被保险人在保险合同签订和履行的过程中对保险标的及其相关重要事项向保险人所做的陈述。告知分广义告知和狭义告知两种。广义告知是指保险合同订立时，投保方必须就保险标的风险状态等有关事项向保险人进行口头或书面陈述，以及合同订立后，在保险标的风险增加或事故发生时通知保险人；而狭义告知仅指投保方就保险合同成立时保险标的有关事项向保险人进行口头或书面陈述。事实上，保险实务中所称的告知，一般是指狭义告知。关于保险合同订立后保险标的风险增加，或保险事故发生时的告知，一般称为通知。

2. 告知的形式和内容

国际上对于告知的立法形式有两种，即无限告知和询问告知。

无限告知，即法律或保险人对告知的内容没有明确规定，投保方须主动地将保险标的状况及有关重要事实如实告知保险人。

询问告知，又称主观告知，指投保方只对保险人询问的问题如实告知，对未询问的问题投保方不必告知。

早期保险活动中的告知形式主要是无限告知。随着保险技术水平的提高，目前世界上许多国家包括我国在内的保险立法都规定告知应采用询问告知的形式。我国《保险法》第十六条第一款规定："订立保险合同，保险人就保险标的或者被保险人的有关情况提出询问的，投保人应当如实告知。"在保险实务中，一般操作方法是保险人将需投保人告知的内容列在投保单上，要求投保人如实填写。要求投保方告知的主要内容是，在保险合同订立时，投保人应将那些足以影响保险人决定是否承保和确定费率的重要事实如实告知保险人。比如将人身保险中被保险的年龄、性别、健康状况、既往病史、家族遗传史、职业、居住环境、嗜好等如实告知保险人；将财产保险中保险标的的价值、使用性质、风险状况等如实告知保险人。

3. 违反告知义务的法律后果

投保人对保险人询问的事项，未尽如实告知义务时，各国保险法均规定，保险人有条件地取得解除保险合同的权利。因为，投保人违反如实告知义务，会使得保险人承保后处于不利的地位，若继续维持保险合同的效力，对保险人不公平，会损害保险人利益，反而会助长投保人不履行告知义务的行为。基于此，我国《保险法》第十六条第二、四、五款规定："投保人故意或者因重大过失未履行前未规定的如实告知义务，足以影响保险人决定是否同意承保或者提高保险费率的，保险人有权解除合同。投保人故意不履行如实告知义务的，保险人对于合同解除前发生的保险事故，不承担赔偿或者给付保险金的责任，并不退还保险费。投保人因重大过失未履行如实告知义务，对保险事故的发生有严重影响的，保险人对于合同解除前发生的保险事故，不承担赔偿或者给付保险金的责任，但应当退还保险费。”

从以上的规定可以看出：①投保人无论是故意不履行如实告知义务，还是因过失未履行如实告知义务，保险人都可以解除保险合同，保险人对于保险合同解除前发生的保险事故不承担赔付保险金责任；②由于投保人的故意与过失在性质上有所不同，《保险法》在是否退还保险费的问题上做了不同的规定，其目的在于惩戒故意不履行告知义务的行为。

4. 及时通知

所谓通知，是指投保人、被保险人在保险标的危险程度增加或保险事故发生时应尽快通知保险人，使保险人知悉有关情况。通知主要有以下几方面的内容：

第一，保险合同有效期内，若保险标的危险程度增加，应及时通知保险人，以便保险人决定是否继续承保，或以什么条件接受这种变化。因为在保险合同中，危险程度的大小是保险人决定承保以及确定保险费率的重要依据，而危险程度又取决于保险标的所处的不同条件或状态。如果保险标的所处的条件或状态发生了变化，导致当事人无法预见的有关危险因素及其危险程度增加，势必影响到保险人的根本利益。因此，投保人、被保险人应当将危险增加之事实告知保险人。被保险人未履行通知义务的，因保险标的危险程度增加而发生的保险事故，保险人不承担赔偿责任。

第二，被保险人在知道保险事故发生后，应及时通知保险人，以便保险人及时查勘定损。并有义务根据保险人的要求提供与确认保险事故的性质、原因、损失程度等有关的证明和资料。

第三，其他有关通知事项。在财产保险合同中，重复保险的投保人应当将重复保险的有关情况通知各保险人；保险标的的转让应当通知保险人，经保险人同意继续承保后，依法变更合同。因为保险标的的转让可能会使保险标的面临的风险状况发生变化，增加保险人承担的风险责任范围，影响保险人的经营稳定，所以，被保险人在保险标的转让时，应当通知保险人，经保险人同意后，变更合同中的被保险人后继续承保。

（二）保险人的说明义务

1. 说明义务的含义

保险人的说明义务，是指保险人应当向投保人说明保险合同条款的内容，特别是免责条款内容。

2. 说明的内容和形式

保险人说明的内容，主要是影响投保人决定是否投保及如何投保的一切事项。保险人有义务在订立保险合同前向投保人详细说明保险合同的各项条款，并对投保人提出的有关合同条款的提问做出直接、真实的回答，就投保人有关保险合同的疑问进行正确的解释。保险人可以书面或口头形式对投保人做出说明，也可以通过代理人向投保人做出说明。保险人应当就其说明的内容负责，对其代理人所做的说明，亦负同一责任。保险人说明义务的重心，是保险合同的免责条款。因为免责条款直接关系到保险人对被保险人承担赔付责任的范围，对投保决策具有决定性的作用，如果不对这些条款予以说明，投保人的投保决策可能与其真正的需要发生冲突，会影响投保人或被保险人的利益。

保险人履行说明义务的形式有两种：明确列明和明确说明。

第一，明确列明。保险人把投保人决定是否投保的有关内容，以文字形式在保险合同中明确载明。

第二，明确说明。不仅要将有关保险事项以文字形式在保险合同中载明，而且还须对投保人进行明确提示，对重要条款做出正确的 解释。

我国《保险法》规定保险人进行说明应采取后一种方式。《保险法》第十七条第二款规定："对保险合同中免除保险人责任的条款，保险人在订立合同时应当在投保单、保险单或者其他保险凭证上做出足以引起投保人注意的提示，并对该条款的内容以书面或者口头形式向投保人做出明确说明；未作提示或者明确说明的，该条款不产生效力。"

（三）投保人或被保险人之保证

1．保证的含义

保证是最大诚信原则的另一项重要内容。所谓保证，是指保险人要求投保人或被保险人对某一事项的作为或不作为，或者某种事态的存在或不存在做出许诺。保证是保险人签发保险单或承担保险责任的条件，其目的在于控制风险，确保保险标的及其周围环境处于签约时的状态中。保证属于保险合同的重要内容。

2．保证的形式

保证从表现形式上看，可分为明示保证与默示保证两种。

（1）明示保证

明示保证指以文字形式在保险合同中载明的保证事项，成为保险合同的条款。例如，我国机动车辆保险条款规定，被保险人及其驾驶人应当做好保险车辆的维护、保养工作，并按规定检验合格；保险车辆装载必须符合法律法规中有关机动车辆装载的规定，使其保持安全行驶技术状态；被保险人及其驾驶人应根据保险人提出的消除不安全因素和隐患的建议，及时采取相应的整改措施。明示保证是保证的重要表现形式。

（2）默示保证

默示保证指在保险合同中虽然没有以文字形式加以规定，但习惯上是社会公认或相关法律规定的投保人或被保险人应该遵守的事项。默示保险在海上保险中运用比较多，如海上保险的默示保证事项：①保险的船舶必须有适航能力；②要按预定的或习惯的航线航行；③必须从事合法的运输业务。默示保证与明示保证具有同等的法律效力，被保险人都必须严格遵守。

从保证的内容上看，保证分为承诺保证与确认保证。

(1) 承诺保证

承诺保证指投保人或被保险人对将来某一事项的作为或不作为的保证，即对未来有关事项的保证。例如，投保家庭财产保险时，投保人或被保险人保证不在家中放置危险物品；投保家庭财产盗窃险，保证家中无人时，门窗一定要关好、上锁。

(2) 确认保证

确认保证指投保人或被保险人对过去或现在某一特定事实的存在或不存在的保证。确认保证是要求对过去或投保当时的事实做出如实的陈述，而不是对该事实以后的发展情况做保证。例如，投保健康保险时，投保人保证被保险人在过去和投保当时健康状况良好，但不保证今后也一定如此。正是由于被保险人未来面临患病的风险，现在才有投保的必要。

3. 违反保证的法律后果

保险活动中，无论是明示保证还是默示保证，保证的事项均属重要事实，因而被保险人一旦违反保证的事项，保险合同即告失效，或保险人拒绝赔偿损失或给付保险金。而且除人寿保险外，保险人一般不退还保险费。

4. 保证与告知的区别

第一，告知的目的在于使保险人正确估计风险发生的可能与程度；保证的目的是控制风险。

第二，告知是在订立保险合同时投保人所做的陈述，并非保险合同的内容；而保证可以是保险合同的重要组成部分。

第三，保证在法律上被推定是重要的，任何违反都将导致保险合同被解除的后果；而告知须由保险人证明其确系重要，才能成为解除保险合同的依据。

(四) 弃权与禁止反言

弃权是指合同一方任意放弃其在保险合同中的某种权利。禁止反言，亦称禁止抗辩，指合同一方既然已经放弃这种权利，将来就不得反悔，再向对方主张这种权利。此规定主要用于约束保险人。比如在海上保险中，保险人已知被保险轮船改变航道而没提出解除合同，则视为保险人放弃对不能改变航道这一要求的权利，因改变航道而发生的保险事故造成的损失，保险人就要赔偿。

弃权与禁止反言的情况可能发生在保险代理关系中，保险代理人是基于保险人利益并以保险人名义从事保险代理活动，他们在业务活动中可能会受利益驱动而不按保险单的承保条件招揽业务，即放弃保险人可以主张的权利，保险合同一旦生效后，保险人不得以投保人未履行告知义务为由解除保险合同。《保险法》第一百二十七条规定："保险代理人根据保险人的授权代为办理保险业务的行为，由保险人承担责任。保险代理人没有代理权、超越代理权或者代理权终止后以保险人名义订立合同，使投保人有理由相信其有代理权的，该代理行为有效，保险人可以依法追究越权的保险代理人的责任。"

第二节　保险利益原则

一、保险利益原则及其意义

（一）保险利益与保险利益原则

保险利益是投保人或者被保险人对保险标的因存在某种利害关系而具有的经济利益。这里的利害关系是指保险标的的安全与损害直接关系到投保人的切身经济利益。它表现为：保险标的存在，这种利益关系就存在；如果保险标的受损，则投保人或被保险人的经济利益也会受损。如果保险事故发生导致保险标的损失，而投保人或者被保险人的经济利益毫无损失，则投保人或者被保险人对保险标的没有保险利益。比如在财产保险合同中，保险标的毁损灭失直接影响被保险人的经济利益，视为投保人对该保险标的具有保险利益；在人身保险合同中，投保人的直系亲属，如配偶、子女人等的生老病死，与投保人有一定的经济关系，视为投保人对这些人具有保险利益。

《保险法》第十二条第一、二、三、四、六款规定："人身保险的投保人在保险合同订立时，对被保险人应当具有保险利益。财产保险的被保险人在保险事故发生时，对保险标的应当具有保险利益。人身保险是人的寿命和身体为保险标的的保险。财产保险是以财产及其有关利益为保险标的的保险。保险利益是指投保人或者被保险人对保险标的具有的法律上承认的利益。"

一般而言，保险利益是保险合同生效的条件，也是维持保险合同效力的条件（不同的险种有一定的差异）。因此保险利益原则是保险合同的一项基本原则。

（二）保险利益成立的条件

保险利益是保险合同得以成立的前提，无论是财产保险合同同，还是人身保险合同，都应以保险利益的存在为前提。保险利益应符合下列条件：

1. 保险利益应为合法的利益

投保人或者被保险人对保险标的所具有的利益要为法律所承认。只有在法律上可以主张的合法利益才能受到国家法律的保护，因此，保险利益必须是符合法律规定的、符合社会公共秩序的、为法律所认可并受到法律保护的利益。例如，在财产保险中，投保人对保险标的的所有权、占有权、使用权、收益权或对保险标的所承担的责任等，必须是依照法律、法规、有效合同等合法取得、合法享有、合法承担的利益。因违反法律规定或损害社会公共利益而产生的利益，不能作为保险利益。例如，因盗窃、走私、贪污等非法行为所得的利益不得作为投保人的保险利益而投保，如果投保人为不受法律认可的利益投保，则保险合同无效。

2. 保险利益应为经济利益

由于保险保障是通过货币形式的经济补偿或给付来实现其职能的，如果投保人或者被保险人的利益不能用货币来反映，则保险人的承保和赔付就难以进行，因此，投保人对保险标的的保险利益在数量上应该可以用货币来计量，无法定量的利益不能成为可保利益。财产保险中，保险标的本身是可以估价的，保险利益也可以用货币来衡量。由于人身无价，一般情况下，人身保险合同的保险利益有一定的特殊性，只要投保人与被保险人具有利害关系，就认为投保人对被保险人具有保险利益；在个别情况下，人身保险的保险利益也可加以计算和限定，比如债权人对债务人生命的保险利益可以确定为债务的金额。

3. 保险利益应为确定的利益

确定的利益是指投保人或被保险人对保险标的在客观上或事实上已经存在或可以确定的利益。这种利益不仅是可以确定的，而且是客观存在的利益，不是当事人主观臆断的利益。这种客观存在的确定利益包括现有利益和期待利益。现有利益是指在客观上或事实上已经存在的经济利益；期待利益是指在客观上或事实上尚未存在，但根据法律、法规、有效合同的约定等可以确定在将来某一时期内将会产生的经济利益。在投保时，现有利益和期待利益均可作为确定保险金额的依据；但在保险财产受损索赔时，这一期待利益必须已成为现实利益才属索赔范围，保险人的赔偿或给付，以实际损失的保险利益为限。

（三）坚持保险利益原则的意义

1. 避免赌博行为的发生

保险和赌博都具有射幸性，若以与自己毫无利害关系的保险标的投保，被保险人就可能因保险事故的发生而获得高于所交保险费若干倍的额外收益，而如果没有发生事故则丧失保险费，这种以小的损失谋取较大的经济利益的投机行为是一种赌博行为。坚持保险利益原则，就把保险与赌博从本质上的区分开。英国历史上曾出现过保险赌博。投保人以与自己毫无利害关系的标的投保，一旦发生保险事故就可获得相当于保险费千百倍的巨额赔款，一些人就像在赛马场上下赌注一样买保险，这就严重影响了社会的安定。英国政府于17世纪中叶通过立法禁止了这种行为，维护了正常的社会秩序，保证了保险事业的健康发展。

2. 防止道德风险

投保人以与自己毫无利害关系的保险标的投保，就会出现投保人为了谋取保险赔偿而任意购买保险，并希望事故发生的现象；甚至为了获得巨额赔偿或给付，采用纵火、谋财害命等手段，制造事故，增加了道德风险事故发生的可能性。在保险利益原则之下，由于投保人与保险标的之间存在利害关系的制约，投保的目的是为了获得一种经济保障，在很大程度上可以防范道德风险。

3. 限制损失赔偿金额

财产保险合同是补偿性合同，保险合同保障的是被保险人的经济利益，补偿的是被保险人的经济损失，而保险利益以投保人对保险标的的现实利益以及可以实现的预期利益为限，因此是保险人衡量损失及被保险人获得赔偿的依据。保险人的赔偿金额不能超过保险利益，否则被保险人将因保险而获得超过其损失的经济利益，这既有悖于损失补偿原则，又容易诱发道德风险和赌博行为。再者，如果不坚持保险利益原则，还容易引起保险纠纷。

二、财产保险利益和人身保险利益之比较

（一）保险利益的认定

虽然一切保险利益均来源于法律、合同、习惯或惯例，但由于两大险种保险标的性质不同，保险利益产生的条件也不同。

1. 财产保险利益的认定

一般来说，财产保险的保险利益主要产生于投保人或被保险人对保险标的的各项权利和义务。它主要包括现有利益、期待利益和责任利益。现有利益是投保人或被保险人对保险标的现在正享有的利益，包括所有利益、占有利益、抵押利益、留置利益、债权利益等，是保险利益最为通常的形态；期待利益又称希望利益，是指通过现有利益而合理预期的未来利益，如盈利收入利益、租金收入利益、运费收入利益等；责任利益主要针对责任保险而言，是指因民事赔偿责任的不发生而享有的利益。基于财产保险保险标的的可估价性和保险合同的补偿性特点，保险利益的成立要符合以下条件：①可以用金钱计算；②必须是合法利益；③必须是确定的利益，即无论是现有利益还是预期利益，都必须是在客观上确定的，能够实现的利益，而不是凭主观臆测或推断可能获得的利益。

2. 人身保险利益的认定

各国保险立法对人身保险利益的规定有共同之处，即投保人对自己的寿命和身体具有保险利益。但当投保人为他人投保时，保险利益的认定却有不同的方法：

第一，利益主义。以投保人和被保险人之间是否存在金钱上的利害关系或者其他利害关系为判断标准，如英美的保险法以此方式认定保险利益。

第二，同意主义。不论投保人和被保险人之间有无利益关系，均以取得被保险人同意为判断标准，如韩国、德国、法国等的保险法以此方式认定。

第三，折中主义。将以上二者结合起来，如我国台湾地区以此法认定保险利益。

我国《保险法》第三十一条规定：“投保人对下列人员具有保险利益：

（一）本人；

（二）配偶、子女、父母；

（三）前项以外与投保人有抚养、赡养或者扶养关系的家庭其他成员、近亲属；

（四）与投保人有劳动关系的劳动者。

除前款规定外，被保险人同意投保人为其订立合同的，视为投保人对被保险人具有保险利益。

订立合同时，投保人对被保险人不具有保险利益的，合同无效。”

从以上规定可以看出，我国《保险法》在人身保险保险利益的认定上将投保人与被保险人具有利害关系和被保险人同意二者结合起来，既可以有效地防范道德风险，也具有灵活性。

（二）保险利益的量

1. 财产保险保险标的具有可估价性，决定了投保人或被保险人对保险标的的保险利益都有量的规定

投保人或被保险人对保险标的的保险利益，在量上表现为保险标的的实际价值，如果保险金额超过保险标的的实际价值，超过部分将因无保险利益而无效。这是因为财产保险合同是补偿性合同，投保人以其财产向保险公司投保的目的在于财产因保险事故受损时能获得补偿。如果补偿金额不受保险利益的限制，被保险人以较少的损失获得较多的赔偿，则与损失补偿原则相悖，也易诱发道德风险。因此，财产保险的损失补偿，以被保险人对保险标的具有的保险利益为限。

2. 人身保险的保险标的不可估价，因此保险利益一般没有客观的评判标准

投保人为自己投保，保险利益可以无限，但保险金额高低要受到缴费能力的限制；投保人为他人投保，保险利益的量取决于投保人与被保险人法律上的相互关系或经济上的相互关系和依赖程度，但除法律或保险合同对保险金额有限制外，保险利益一般没有严格的量的规定。在个别情况下，人身保险的保险利益也可加以计算和限定，比如债权人对债务人生命的保险利益可以确定为债务的金额加上利息及保险费。

（三）保险利益存在的时间和归属主体

此问题既涉及保险利益是在签约时存在，还是在保险合同有效期内和保险事故发生时皆应存在，也涉及保险利益是对谁的要求，是对投保人还是被保险人。

1. 在保险合同订立时不一定严格要求投保人必须具有财产保险利益，但保险事故发生时被保险人必须具有财产保险利益

财产保险合同利益的规定，主要目的在于衡量是否有损失以及损失的大小，为赔偿计算提供依据，并防止道德风险。因此财产保险强调保险事故发生时被保险人对保险标的必须具有保险利益。如果签约时投保人对保险标的具有保险利益，而保险事故发生时，被保险人对保险标的不具有保险利益，意味着被保险人无损失，依据补偿原则保险人将不负赔偿责任；反之，即使某些情况下签约时投保人对保险标的没有保险利益，但只要保险事故发生时被保险人对保险标的具有保险利益，保险人仍要承担赔偿责任。这种情况在海上保险中比较常见，在其他财产保险合同中也可能出现。比如，在国际贸易中以 CFR 条件进行货物买卖时，买方在接到卖方的装货通知后即可投保海洋货物运输险。但此时买方并未取得作

为物权凭证的提单，严格说来对货物不具有保险利益，但只要保险事故发生时买方对保险标的具有保险利益，保险人就要承担赔偿责任，这在世界各国基本上是一条公认的准则。

从另一个角度分析，多数情况下财产保险合同的投保人与被保险人为同一人，但在特殊的情况下投保人与被保险人不是同一人，比如在保险实务中出现的商场为购物顾客附赠财产保险、单位为职工购买家庭财产保险等。在这种投保人与被保险人不是同一人的情况下，投保人对于保险标的实际上并没有保险利益，保险合同是否有效关键看被保险人对保险标的是否具有保险利益。因为在此情况下投保人只有缴纳保险费的义务，一旦保险标的发生保险事故，投保人无从获取非分之利。只要被保险人对保险标的具有保险利益，就可以有效地防范道德风险。

2. 人身保险着重强调签约时投保人对保险标的具有保险利益，至于保险事故发生时这一条件是否存在，并不影响保单的效力和保险金的给付

投保人为自己买保险时，当然对保险标的具有保险利益，在保险合同有效期内也具有保险利益。但人身保险合同的投保人与被保险人不是同一人的情况比较多见，如丈夫为妻子投保，企业为职工投保等。如果投保人签约时对被保险人具有保险利益，那么保险合同生效后即使投保人与被保险人的关系发生了变化，如夫妻离婚、职工离开原单位等，投保人对被保险人没有了保险利益，不影响保险合同的效力，保险事故发生时保险人应承担保险金给付责任。因为：首先，人身保险合同不是补偿性合同，因而不必要求保险事故发生时投保人对保险标的一定具有保险利益。人身保险保险利益的规定，其目的在于防止道德风险和赌博行为，如果签约时做了严格的控制，道德风险一般较少发生于保险合同有效期内。其次，人身保险合同的保险标的是人，且寿险合同多数具有储蓄性，被保险人受保险合同保障的权利不能因为投保人与被保险人保险利益的丧失而被剥夺，否则，既有违保险宗旨，也有失公平。

第三节　近因原则

一、近因和近因原则

任何一张保险单上保险人承担风险责任范围都是有限的，即保险人承担赔付责任是以保险合同所约定的风险发生所导致的保险标的损失为条件，但在保险实务中，导致保险标的损失的原因有时错综复杂，为了维护保险合同的公正，近因原则应运而生。近因原则是判断风险事故与保险标的损失之间的因果关系，从而确定保险赔付责任的一项基本原则。长期以来，它是保险实务中处理赔案时所遵

循的重要原则之一。

保险损失的近因，是指引起保险损失最直接、最有效、起主导作用或支配作用的原因，而不一定是在时间上或空间上与保险损失最近的原因。近因原则是指保险赔付以保险风险为损失发生的近因为要件的原则，即在风险事故与保险标的损失关系中，如果近因属于保险风险，保险人应负赔付责任，近因属于不保风险，则保险人不负赔偿责任。自从英国1906年《海上保险法》写入这一原则至今，该原则被各国保险法规所采用。我国《保险法》只是在相关条文中体现了近因原则的精神，而未做明确的规定。

二、近因的判定

近因判定的正确与否，关系到保险双方当事人的切身利益。前面虽然对近因原则在理论上做了表述，但由于在保险实务中，致损原因多种多样，对近因判定也比较复杂，因此，如何确定损失近因，要根据具体情况做具体的分析。一般而言，在损失的原因有两个以上，且各个原因之间的因果关系未中断的情况下，其中最先发生并造成一连串事故的原因即为近因，保险人在分析引起损失的原因时应以最先发生的原因为近因。从近因的判断看，可能会有以下几种情况：

（一）单一原因造成的损失

单一原因致损，即造成保险标的损失的原因只有一个，那么，这个原因就是近因。若这个近因属于保险风险，保险人负赔付责任；若该项近因属不保风险或除外责任，则保险人不承担赔付责任。例如，某企业投保了企业财产保险，地震引起房屋倒塌，使机器设备受损。若该险种列明地震不属于保险风险，保险人不予赔偿；若地震被列为保险风险，则保险人应承担赔偿责任。

（二）同时发生的多种原因造成的损失

多种原因同时致损，即各原因的发生无先后之分，且对损害结果的形成都有直接与实质性的影响，那么，原则上它们都是损失的近因。至于是否承担保险责任，可分为两种情况：

第一，多种原因均属保险风险，保险人负责赔偿全部损失。例如，暴雨和洪水均属保险风险，其同时造成家庭财产损失，保险人负责赔偿全部损失。

第二，多种原因中，既有保险风险，又有除外风险，保险人的责任根据损失的可分性如何而定。如果损失是可以划分的，保险人就只负责保险风险所致损失的赔偿；如果损失难以划分，则保险人不予赔付或按比例赔付。

（三）连续发生的多种原因造成的损失

多种原因连续发生，即各原因依次发生，持续不断，且具有前因后果的关系。若损失是由两个以上的原因所造成，且各原因之间的因果关系未中断，那么最先发生并造成一连串事故的原因为近因。如果该近因为保险风险，保险人应负责赔偿损失；反之则保险人不负责。具体分析如下：

第一，连续发生的原因都是保险风险，保险人承担赔付责任。例如，财产保险中，火灾、爆炸都属于保险风险，如爆炸引起火灾，火灾导致财产损失，保险人应赔偿损失。

第二，连续发生的原因中既有保险风险又有除外风险，这又分为两种情况：①若前因是保险风险，后果是除外风险，且后因是前因的必然结果，保险人承担全部赔付责任；②前因是除外风险后因是保险风险，后果是前因的必然结果，保险人不承担赔付责任。

（四）间断发生的多项原因造成的损失

在一连串连续发生的原因中，有一项新的独立的原因介入，导致损失。若新的独立的原因为保险风险，保险人应承担赔付责任；反之，则保险人不承担赔付责任。

第四节 损失补偿原则

一、损失补偿原则的含义

财产保险合同本质上是一种补偿性合同，损失补偿原则是保险人理赔时应遵循的基本原则。

损失补偿原则可以这样表述：在财产保险合同中，当被保险人具有保险利益的保险标的遭受了保险责任范围内的损失时，保险人要对被保险人的经济损失给予补偿，且补偿的数额以恰好弥补被保险人因保险事故而造成的经济损失为限，被保险人不能获得额外利益。理解该原则应注意两点：

1. 只有被保险人在保险事故发生时对保险标的具有保险利益，才能获得补偿，这是损失补偿原则的前提

按照保险利益原则，投保人与保险人签订保险合同时，对保险标的具有保险利益是保险合同生效的前提条件。但对财产保险合同而言，不仅要求投保时投保人对保险标的具有保险利益，而且保险事故发生时，被保险人必须对保险标的具有保险利益，才能获得保险赔偿。因为投保人向保险人投保的目的是转移财产未来的风险，以确保其不因保险事故发生而丧失对保险标的具有的经济利益。当保险事故发生时，被保险人如果对保险标的无保险利益，对他来讲就无经济损失，也就不能从保险人那里获得经济补偿。因此，损失补偿原则是以保险利益原则为依据的，保险人是否对被保险人进行补偿，以保险事故发生时被保险人是否对保险标的具有保险利益为前提条件。

2. 保险人补偿的数额以恰好弥补被保险人因保险事故造成的经济损失为限

这包括两层含义：①被保险人以其财产足额投保的话，其因保险事故所遭受

的经济损失，有权按照保险合同规定获得充分的补偿；②保险人对被保险人的补偿数额，仅以被保险人因保险事故造成的实际损失为限，通过补偿使被保险人能够保全其应得的经济利益或使受损标的迅速恢复到损失前的状态，任何超过保险标的实际损失的补偿，都会导致被保险人获得额外利益，就违背了损失补偿原则。

二、损失补偿原则量的规定

损失补偿原则的基本含义如上所述。在保险实务中，要贯彻损失补偿原则，保险人要对其赔偿金额进行限制。保险理赔中赔偿金额一般要受三个方面的限制。

（一）以实际损失金额为限

衡量实际损失是多少，首先要确定保险标的发生损失时的市场价（实际价值）是多少，保险人的赔偿金额不能超过损失当时的市场价（定值保险、重值价值保险例外），否则将导致被保险人获得额外利益。由于保险标的的市场价在保险合同有效期内会发生波动，在市场价下跌的情况下，应以损失当时财产的市场价作为赔偿的最高限额，如果保险人按照保险金额进行赔偿，将会使被保险人获得额外利益。例如，一台空调年初投保时，当时的市场价为 7 000 元，保险金额定为 7 000 元。保险标的在年中因保险事故发生造成全损，这时的市场价已跌为 5 000 元。尽管保险单上的保险金额仍是 7 000 元，但如果保险单上没有特别约定，保险人最多只能赔偿被保险人 5 000 元。假如保险人赔偿 7 000 元给被保险人，那么被保险人用 5 000 元购买一台同样的空调后，还可赚得 2 000 元，其因保险事故发生而获得额外利益，这显然违背了损失补偿原则。

（二）以保险金额为限

保险金额是财产保险合同中保险人承担赔偿责任的最高限额，也是计算保险费的依据。保险人的赔偿金额不能高于保险金额，否则，将扩大保险责任，使保险人收取的保险费不足以抵补赔偿支出，影响保险人的经营稳定。例如，在上例中，如果年中空调全损时，市场价上涨为 8 000 元，由于保险单上的保险金额只有 7 000 元，被保险人最多也只能获得 7 000 元的赔偿。

（三）以保险利益为限

被保险人在保险事故发生时对保险标的具有保险利益是其向保险人索赔的必要条件，保险人对被保险人的赔偿金额要以被保险人对保险标的具有的保险利益为限。保险事故发生时，如果被保险人已丧失了对保险标的的全部保险利益，则保险人不予赔偿；如果被保险人丧失了对保险标的的部分保险利益，那么保险人对被保险人的赔偿仅以仍然存在的那部分保险利益为限。

综上所述，财产保险合同中约定的保险事故发生时，保险人对被保险人的赔偿金额要受实际损失金额、保险金额和保险利益三个量的限制，而且当三者金额不一致时，保险人的赔偿金额以三者中最小者为限。以上讨论的内容中，以实际损失金额为限仅对于不定值保险适用，对定值保险并不适用。因为定值保险是按照财产保险合同双方当事人约定的价值投保，在保险事故发生时，无论该财产的市场价如何涨跌，保险人均应按约定的价值予以赔偿，不再对财产重新进行估价。

三、被保险人不能获得额外利益

财产保险合同适用损失补偿原则，遵循该原则的实质是保险标的损失多少补偿多少，其最终结果是被保险人不能通过保险人的赔偿而获得额外利益，关于此原则各国在法律上都有相应的规定。如果允许被保险人获得大于其实际损失金额的赔偿，将可能导致被保险人故意损毁保险财产以获利，诱发道德风险，增加保险欺诈行为，不仅影响保险业务的正常经营，而且会对社会造成危害。因此，为了防止被保险人获得额外利益，在法律上和保险合同中要做以下规定：

第一，超额保险中超额部分无效。我国《保险法》第五十五条第一、二、三款规定："投保人和保险人约定保险标的的保险价值并在合同中载明的，保险标的发生损失时，以约定的保险价值为赔偿计算标准。投保人和保险人未约定保险标的的保险价值的，保险标的发生损失时，以保险事故发生时保险标的的实际价值为赔偿计算标准。保险金额不得超过保险价值。超过保险价值的，超过部分无效，保险人应当退还相应的保险费……"财产保险合同中，无论何种原因造成超额保险，除非合同上有特别约定，否则保险人在计算赔款时一律采取超过部分无效的做法。

第二，一个投保人虽然可以将其同一保险标的及其利益，同时向两个或两个以上的保险人投保同类保险，但在保险事故发生时，被保险人从各个保险人处获得的赔偿金额总和不得超过其保险财产的实际损失金额。

第三，因第三者对保险标的的损害而造成保险事故的，被保险人从保险人处获得全部或部分赔偿后，应将其向第三者责任方享有的赔偿请求权转让给保险人。

第四，如果保险标的受损后仍有残值，保险人要在赔款中作价扣除；或在保险人履行了全部赔偿责任后，被保险人将损余物资转给保险人所有。

以上的第二、三、四条是下一节将要讨论的分摊原则和代位原则。

第五节 代位原则和分摊原则

代位原则和分摊原则是损失补偿原则的派生原则，也是遵循损失补偿原则的必然要求和结果。

一、代位原则

代位原则的基本含义是指保险人对被保险人因保险事故发生遭受的损失进行赔偿后，依法或按保险合同约定取得对财产损失负有责任的第三者进行追偿的权利或取得对受损标的的所有权。代位原则包括权利代位和物上代位两项内容。

（一）权利代位

权利代位，也叫代位求偿权，是指保险事故由第三者责任方造成，被保险人因保险标的受损而从保险人处获得赔偿以后，应将其向第三者责任方享有的赔偿请求权转让给保险人，由保险人在赔偿金额范围内代位行使被保险人对第三者请求赔偿的权利。

权利代位是遵循损失补偿原则的必然结果。被保险人因保险事故发生而遭受的损失固然应该得到补偿，保险人对被保险人应承担的赔偿责任不应该因第三者的介入而改变。但若被保险人在得到保险金后又从第三者责任方获得赔偿，则其可能反因损失而获利，这显然与损失补偿原则相违背。为了避免被保险人获得双重利益，同时，也为了维护保险人的利益，被保险人在获得保险金后应将其对第三者责任方的赔偿请求权转让给保险人，这正是权利代位的立法本意。基于此，我国《保险法》第六十条第一款规定："因第三者对保险标的的损害而造成保险事故的，保险人自向被保险人赔偿保险金之日起，在赔偿金额范围内代位行使被保险人对第三者请求赔偿的权利。"

1. 权利代位的产生

权利代位的产生是有一定条件的，保险人要获得代位求偿权必须具备两个条件：一是由于第三者的行为使保险标的遭受损害，被保险人才依法或按合同约定对第三者责任方有赔偿请求权，也才会因获得保险金而将该赔偿请求权转让给保险人。因此，如果没有第三者的存在，就没有代位求偿的对象，权利代位就失去了基础。二是只有保险人按保险合同规定履行了赔偿责任以后，才取得代位求偿权。换言之，对第三者求偿权的转移是随保险人赔偿保险金而发生，而不是随保险事故的发生而发生。因此，在保险人赔偿保险金之前，被保险人可以行使此权利，从第三者处获得全部或部分赔偿，但他应该将此情况告知保险人，以减免保险人的赔偿责任。《保险法》第六十条第二款规定："前款规定的保险事故发生后，被保险人已经从第三者取得损害赔偿的，保险人赔偿保险金时，可以相应扣减被保险人从第三者已取得的赔偿金额。"

2. 权利代位的范围

保险人行使权利代位的范围，即其向第三者责任方求偿的金额，以其赔偿的保险金为限。这是由权利代位与保险赔偿之间的关系所决定的，保险人对被保险人赔偿保险金是其获得权利代位的条件，权利代位的目的是为了避免被保险人获双重利益，而非对被保险人享有保险标的权利的剥夺。所以，保险人从第三者那里可以得到的代位求偿金额以赔偿的保险金为限，超出保险金的部分仍归被保险人所有。《保险法》第六十条第三款规定：“保险人依照本条第一款规定行使代位请求赔偿的权利，不影响被保险人就未取得赔偿的部分向第三者请求赔偿的权利。”

3. 第三者的范围

如上所述，第三者责任方的存在是权利代位产生的前提条件。因此，应对第三者的范围做出界定，以明确保险人代位求偿的对象。这里的第三者是指对保险事故的发生和保险标的损失负有民事赔偿责任的人，既可以是法人，也可以是自然人。无论是法人或自然人，保险人都可以实施代位求偿权。但对保险人代位求偿的范围，许多国家的保险立法都有限制，其共同的规定是保险人不得对被保险人的家庭成员或雇员行使代位求偿权，我国法律上也有类似的规定。我国《保险法》第六十二条规定：“除被保险人的家庭成员或者其组成人员故意造成本法第六十条第一款规定的保险事故以外，保险人不得对被保险人的家庭成员或者其组成人员行使代位请求赔偿的权利。”为什么做这样的限制？因为这些人与被保险人有一致的经济利益关系，若因其过失行为导致保险财产损失，保险人对其有求偿权的话，实际上意味着向被保险人求偿。也就是说保险人一只手将保险金支付给被保险人，另一只手又把保险金收回，实质上保险人并未对被保险人履行赔偿责任。

4. 权利代位中被保险人的义务

保险人在权利代位中对第三者责任方的求偿权是因履行保险赔偿责任而从被保险人处转移来的。也就是说，保险人对第三者的求偿权始于被保险人，保险人只是代替被保险人行使此权利。被保险人是受害者也是知情者，被保险人有义务协助保险人向第三者责任方进行追偿，以维护保险人的利益。我国《保险法》第六十三条规定：“在保险人向第三者行使代位请求赔偿权利时，被保险人应当向保险人提供必要的文件和其所知道的有关情况。”

5. 被保险人不得妨碍保险人行使代位求偿权

代位求偿权是保险人向被保险人履行赔偿责任后所获得的一项权利，此权利受法律保护，被保险人有义务协助保险人向第三者责任方进行追偿，不得妨碍保险人行使该权利，以维护保险人利益。因此，我国《保险法》第六十一条规定：“保险事故发生后，保险人未赔偿保险金之前，被保险人放弃对第三者请求赔偿的权利的，保险人不承担赔偿保险金的责任。保险人向被保险人赔偿保险金后，被保险人未经保险人同意放弃对第三者请求赔偿的权利的，该行为无效。被保险人故意或者因重大过失致使保险人不能行使代位请求赔偿的权利的，保险人可以扣减或者要求返还相应的保险金。”

（二）物上代位

物上代位是指所有权的代位。保险人对被保险人全额赔偿保险金后，即可取得对受损标的的权利。物上代位通常有两种情况：一种情况是委付；另一种情况是受损标的损余价值（即残值）的处理。

委付是指放弃物权的一种法律行为。在财产保险合同中，当保险标的受损按推定全损处理时，被保险人以口头或书面形式向保险人提出申请，明确表示愿将保险标的的所有权转让给保险人，要求保险人按全损进行赔偿。保险人如果接受这一要求，被保险人签发委付书给保险人，委付即告成立。保险人一旦接受委付，就不能撤销；被保险人也不得以退还保险金的方式要求保险人退还保险标的。由于委付是受损标的所有权的转移，因此，保险人接受了委付后，可以通过处理受损标的获得利益，而且所获利益可以大于其赔偿的保险金。但保险人如果接受了委付，就接受了受损标的的全部权利和义务。因此，保险人一般在接受委付前，要进行调查研究，查明损失发生的原因以及对受损标的可能承担的义务，权衡利弊得失，慎重地考虑是否接受委付。

在保险实务中，物上代位的另一种情况是受损标的损余价值（残值）的处理。保险标的遭受损失后，有时尚有损余价值存在，保险人对被保险人的损失进行全额赔偿以后，受损标的的损余价值应归保险人所有。否则，被保险人将通过处置受损标的而获额外利益。保险人通常的做法是将保险标的的损余价值从赔款中扣除，保险标的仍留给被保险人。

我国《保险法》对物上代位的问题也做了相应规定。《保险法》第五十九条规定："保险事故发生后，保险人已支付了全部保险金额，并且保险金额相等于保险价值的，受损保险标的的全部权利归于保险人；保险金额低于保险价值的，保险人按照保险金额与保险价值的比例取得受损标的的部分权利。"

二、分摊原则

分摊原则的基本含义是指在重复保险存在的情况下，各保险人按法律规定或保险合同约定共同承担赔偿责任。但各保险人承担的赔偿金额总和不得超过保险标的的实际损失金额，以防止被保险人获额外利益。

（一）重复保险的存在是分摊的前提

我国《保险法》第五十六条第四款规定："重复保险是指投保人对同一保险标的、同一保险利益、同一保险事故分别与两个以上保险人订立保险合同，且保险金额总和超过保险价值的保险。"重复保险的存在是分摊的前提，因为只有在重复保险存在的情况下，才涉及各保险人如何分别对被保险人进行赔偿的问题。我国《保险法》并未对重复保险行为加以禁止，但为了防止重复保险的存在所导致的不良后果，防止被保险人获得额外利益，对各保险人如何承担赔偿责任做了规定，并对各保险人的赔偿金额总和做了限制。

（二）重复保险的分摊方法

为了防止被保险人在重复保险存在的情况下获得额外利益，明确各保险人的责任，保险法律或保险合同上要对分摊方法做出具体的规定。重复保险的分摊的方法主要有以下三种：

1. 保险金额比例责任制

这种方法是以每个保险人的保险金额与各保险人的保险金额总和的比例来分摊损失金额。计算公式为：

$$某保险人的赔偿金额=\frac{某保险人的保险金额}{各保险人的保险金额总额}\times损失金额$$

例：甲、乙二家保险公司同时承保同一标的、同一风险，甲保险单的保险金额为 4 万元，乙保险单保险金额为 6 万元，损失金额为 5 万元。两个保险人的保险金额总和为 10 万元。

$$甲保险人的赔偿金额=\frac{4}{10}\times5=2\text{（万元）}$$

$$乙保险人的赔偿金额=\frac{6}{10}\times5=3\text{（万元）}$$

2. 赔偿限额比例责任制

采用这种方法时，各保险人的分摊金额不是以保险金额为基础，而是依照每个保险人在没有其他保险人重复保险的情况下单独承担的赔偿限额与各保险人赔偿限额总和的比例来分摊损失金额。计算公式为：

$$某保险人的赔偿金额=\frac{某保险人的独立责任限额}{各保险人独立责任限额之和}\times损失金额$$

比如，依照前面的例子，甲保险人的独立责任限额为 4 万元，乙保险人的独立责任限额为 5 万元，则：

$$甲保险人的赔偿金额=\frac{4}{4+5}\times5\approx2.22\text{（万元）}$$

$$乙保险人的赔偿金额=\frac{5}{4+5}\times5\approx2.78\text{（万元）}$$

3. 顺序责任制

这种方法是按保险合同订立的先后顺序由各保险人分摊损失金额。即由先出具保险单的保险人首先负赔偿责任，第二个保险人只有在承保的财产损失金额超出第一张保险单的保险金额时，才依次承担超出部分的赔偿责任，以此类推。用此方式计算上例，甲保险人的赔偿金额为 4 万元，乙保险人的赔偿金额为 1 万元。

我国《保险法》第五十六条第二款规定：“重复保险的各保险人赔偿保险金的总和不得超过保险价值。除合同另有约定外，各保险人按照其保险金额与保险金额总和的比例承担赔偿保险金的责任。”显然，我国《保险法》规定的重复保险的分摊方法采用的是保险金额比例责任制。

复习思考题

1. 简述最大诚信原则的含义和主要内容。
2. 什么是保险利益？坚持保险利益原则有何意义？
3. 财产保险利益与人身保险利益有哪些差异？
4. 什么是近因和近因原则？保险实务中应如何判定近因？
5. 简述损失补偿原则质与量的规定。
6. 简述权利代位的有关事项。
7. 权利代位与委付有什么不同？
8. 什么是重复保险？保险人如何分摊赔款？

第五章 保险业务经营

内容提要：保险作为经营风险的特殊行业，其经营活动包括展业、承保、分保、理赔、投资等环节。本章在介绍保险经营原则和经营主体的基础上，对直接保险业务经营环节、再保险和保险投资业务做了介绍。

第一节 保险业务经营概述

一、保险经营的基本原则

（一）风险大量原则

风险大量原则是指保险人在可保风险的范围内，应根据自己的承保能力，争取承保尽可能多的保险标的。风险大量原则是保险经营的首要原则。这是因为：

第一，保险的经营过程实际上就是风险管理过程，而风险的发生具有偶然、不确定的特点，保险人只有承保尽可能多的保险标的，才能建立雄厚的保险基金，以保证保险经济补偿职能的履行。

第二，保险经营是以大数法则为基础的，只有承保大量保险标的，才能使风险发生的实际情形更接近预先计算的风险损失概率，以确保保险经营的稳定性。

第三，扩大承保数量是保险企业提高经济效益的一个重要途径。因为承保标的越多，保险费收入就越多，单位营业费用就相对下降。

（二）风险选择原则

为了保证保险经营的稳定性，保险人对投保的标的和风险并非来者不拒，而是有所选择。因为：

第一，任何保险合同对保险标的和可保风险范围都做了规定，保险费率是在测定了面临同质风险的同类标的损失概率的基础上制定的，为了保证保险经营的稳定，保险人必然要进行选择。

第二，防止逆选择。所谓逆选择，就是指那些有较大风险的投保人试图以平均的保险费率购买保险。逆选择意味着投保人没有按照应支付的公平费率去转移自己的风险。如居住在低洼地区的居民按照平均费率选择投保洪水保险。这样一来，由于某些更容易遭受损失的投保人购买保险而无须支付超过平均费率的保险费，保险人就成了逆选择的牺牲品，这样会影响保险人的财务稳定。

因此，保险人要按照风险选择原则，准确评价承保标的风险种类程度，以及投保金额的恰当与否，从而决定是否接受投保，以及以什么费率承保。保险核保是风险选择的重要环节。

（三）风险分散原则

风险分散原则是指保险人使承保风险的范围尽可能扩大。因为风险单位过于集中，保险标的金额过大，一次保险事故发生可能使保险人支出巨额赔款，可能导致保险企业偿付能力不足，从而损害被保险人利益，也威胁保险人的生存发展。因此，保险除了进行有选择的承保外，还要遵循风险分散的原则，尽可能地将风险分散，以确保保险经营的稳定。保险人分散风险一般采用承保时的分散和承保后的分散两种手段。

1. 承保时的风险分散

承保时的风险分散主要表现在保险人对风险的控制方面，即保险人对将承保的风险责任要适当加以控制。控制风险的目的是减少被保险人对保险的过分依赖，同时也是为了防止因保险而可能产生的道德风险。保险人控制风险的方法主要有以下几种：

（1）控制保险金额

保险人在承保时对保险标的要合理划分危险单位，按照每个危险单位的最大可能损失确定保险金额。例如，对于市区密集地段的建筑群，应分成若干地段，并科学估测每一地段的最大可能损失，从而确定保险人对每一地段所能承保的最高限额。若保险价值超过保险人的承保限额，保险人对超出部分不予承保。这样一来，保险人所承担的保险责任就能控制在可承受的范围之内。

（2）实行比例承保

即保险人按照保险标的实际价值的一定比例确定保险金额，而不是全额承保。例如，在农作物保险中，保险人通常按平均收获量的一定成数确定保险金额，如按正常年景的平均收获量的6~7成承保，其余部分由被保险人自己承担责任。

（3）规定免赔额（率）

即对一些保险风险造成的损失规定一个额度或比率，由被保险人负责赔偿。例如，在机动车辆保险中，对车辆损失险和第三者责任保险，每次保险事故发生，保险人赔偿时要根据驾驶员在交通事故中所负责任实行绝对免赔，以起到分散风险和督促被保险人加强安全防范的作用。

2. 承保后的风险分散

承保后的风险分散以再保险为主要手段。再保险是指保险人将其所承担的业务中超出自己承受能力的风险转移给其他保险人承担。

二、经营保险业务的组织形式

(一) 股份有限保险公司

股份有限公司是世界各国保险业广泛采取的一种组织形式，也得到各国保险法的认可。股份有限公司是指由一定数量的股东依法设立的，全部资本分为等额的股份，其成员以其认购的股份金额为限对公司的债务承担责任的公司。股份有限公司因其具有集聚闲散资金为大规模资金的功能，易于筹集大规模资本金来组建大的企业，这样不仅有利于规模经营，而且能够有效地分散投资风险，因而为广大的投资者所青睐。

股份有限保险公司的特点是：

(1) 保险股份有限公司是典型的合资公司

其股东的股权体现在股票上，并随股票的转移而转移。股份具有有限性，股东拥有多少股份就承担多少责任。若公司破产，股东仅以出资的股份承担有限责任。

(2) 保险股份有限公司易于积聚资金

保险股份有限公司能积聚大量闲散资金，财力雄厚，经营规模较大经营效率较高，使保险风险在较广的范围内分散，能满足保险基本的经营原则。

(3) 经营机制灵活

由于经营以盈利为目标，因而公司会不断开发新产品，努力降低经营成本，具有较强的市场竞争力。

(4) 采用固定保费制

采用固定保费制使被保险人没有增加额外负担的忧虑，有利于保险业务的拓展。

由于保险业的特殊性，为防止因股份过于集中而导致少数大股东操纵或者控制股份有限保险公司，保护其他股东的利益和被保险人的利益，有些国家法律上规定了每个股东所持股份的最高限额。

(二) 国有独资保险公司

国有独资保险公司的股东只有一个——国家。它本质上是有限责任公司，其资本金来源于国家投资，因此是一种特殊形式的有限责任公司。根据我国《公司法》的规定，国有独资公司是指国家授权的投资机构或者国家授权的部门，单独投资设立的有限责任公司。

与股份有限保险公司相比，国有独资保险公司具有以下特征：

(1) 投资主体单一

国有独资公司的投资主体只有国家或者国家的投资部门。除此之外，没有其他任何投资者。

(2) 无股东大会

遵循谁投资谁受益和谁投资谁承担投资风险的原则，国有独资保险公司因无其他投资主体，一切投资利益和风险都应由投资者独立享有和承担，因此无股东大会。国有独资保险公司只设立董事会、监事会等，董事会成员由国家授权的投资部门委派、变更，公司职工经选举进入董事会。公司的最高权力归于国家授权的投资部门。因此，有关公司的合并、分立、解散以及临时性增减资本金、发行债券等都应由国家授权的投资部门决定。也就是说，凡是股份公司股东大会的权利，在独资公司都归于国家授权的投资部门。当然，国家为了维护独资公司的独立性，也可以将股份公司的股东大会的其他权利授予董事会行使。

(三) 相互保险公司

相互保险公司是保险业特有的一种公司形态，是一种非盈利保险组织。公司由具有相同保险需求的人员组成，每个成员既是投保人和被保险人，同时又是保险人。这种保险组织没有股东，公司由保单持有人拥有，他们以缴付保险费为条件，只要缴付保险费，就可以成为公司成员，而一旦解除保险关系，也就自然脱离公司，成员资格随之消失。

相互保险公司没有资本金，以各成员缴付的保险费来承担全部保险责任。各成员以缴付的保险费为依据，参与分配公司盈余，如果发生亏空，也以所缴付的保险费为依据，计算各自的承担额进行弥补。

相互保险公司的权力机关是会员大会或者会员代表大会。会员的一切权利与义务都建立在缴付保险费的基础上，但其理事不限于会员，可以是非会员。以非会员为理事能够充分利用非会员的关系开展业务。在设立相互保险公司时，由会员或者非会员出资，支付开业费用和担保资金，但其性质属于借入资金，以公司设立后所筹集的保险费归还，在归还时，应支付利息。早期的相互保险公司筹集保险费采取赋课方式，现在则改为固定方式。若经营结果有盈余，以分红方式分配给会员；如果营运结果发生亏空，因现在的保险费筹集已经改为固定保险费方式，不能采取追加方式弥补，因此，以减少保险金的方式弥补。

最初的相互保险公司充分体现了相互性，即会员直接管理公司，实行公司自治，由所有会员相互承担风险责任。但是，随着公司规模的扩大，会员很难真正参与管理，现在已经演变为委托具有法人资格的代理人营运管理，负责处理一切保险业务。代理人通常由会员大会选举的指导委员会控制，但不承担任何责任，实际责任仍由所有会员承担。因此，相互保险公司的相互性已经部分消失，在内部组织机构的设置、保险业务的拓展、保险费率的拟定、保险基金的投资运用等方面，与股份制保险公司已无明显的差异。

相互保险公司比较适宜于长期性的人寿保险业务，会员间的相互关系能够较为长久地维系。因此，现在世界上不少规模大的人寿保险公司都是相互保险公司。然而，由于股份制保险公司推出了分红保单，相互保险公司的分红优势也日渐消失。

（四）保险合作社

保险合作社也是一种非营利的保险组织。保险合作社由社员共同出资入股设立，被保险人只能是社员。社员对保险合作社的权利以其认购的股金为限。社员一方面作为保险合作社的股东，另一方面又作为保险合作社的被保险人，保险合作社是保险人。社员关系为社团关系，而保险依据保险合同产生。要成为保险合作社的社员才有可能成为被保险人，但社员可以不与保险合作社建立保险关系。也就是说，保险关系的建立必须以成为社员为条件，但社员却不一定必须与合作社建立保险关系。保险关系的消灭既不影响社员关系的存在，也不影响社员身份。

（五）个人保险组织

个人保险组织就是个人充当保险人的组织。这种组织形式在各国都比较少见，迄今为止，只有英国伦敦的劳合社采用这种形式。劳合社至今仍是世界上最大的保险垄断组织之一，它是从劳埃德咖啡馆演变而来的，劳合社的每个社员就是一个保险人。他们常常组成承保小组，以组为单位对外承保，每个成员以其全部财产承担保险责任。现在，劳合社开始接纳法人作为保险人，并承担有限责任。

虽然在我国《保险法》中未直接规定我国保险公司的组织形式，但从有关保险公司出资额变更应当经保险监管机构批准，从规定中可以看出，保险公司的组织形式应为有限责任公司或股份有限公司。

我国保险市场上的保险组织主要是股份有限公司。原有的几家国有保险公司，除政策性保险公司外，国有保险公司通过股份制改造，逐步实现股权主体多元化、股权结构科学化和股份运作市场化，建立产权清晰、权责分明、政企分开、管理科学的规范的现代企业制度，成为真正意义上的市场竞争主体。在此基础上，可以形成科学高效的公司治理结构，健全内部制度，创新管理体制，为公司的可持续发展提供制度保障。

第二节　直接保险业务的经营环节

一、保险展业

展业又称推销保险单，是保险经营活动的起点，是争取保险客户的过程。展业对于保险人来说意义重大，没有稳定且日益扩大的保险客户群体，保险公司就难以维持经营。任何一家保险企业都要投入大量的人力物力进行展业，力求扩大自己的业务量和占有市场。

（一）保险展业的主要内容

1. 加强保险宣传

保险宣传是保险展业的重要内容。保险宣传的目的是为展业奠定基础，使更多的人了解保险知识，树立保险意识，并了解保险公司及保险公司提供的保险产品，最终促使其向保险公司投保。保险宣传可以通过多种途径，如销售人员上门宣传，在一些公共场所设点进行宣传，利用网络、电视、广播、报刊等媒体进行宣传等。

2. 帮助准客户分析自己所面临的风险

每个人或每个企业的生活状况或工作状况，健康状况或生产状况都会有所不同，所面临的风险也会不同。例如，准客户面临着财产损失风险、责任风险、意外伤害风险、疾病风险、残疾风险、死亡风险以及退休后的经济来源风险等，保险销售人员就要指导准客户去分析自己所面临的风险，应如何来应对这些风险。

3. 帮助准客户确定自己的保险需求

准客户确认自己所面临的风险及其严重程度后，需要进一步确定自己的保险需求。保险销售人员应当将准客户所面临的风险分为必保风险和非必保风险，那些对生产经营和生活健康将会产生严重威胁的风险，应当属于必保风险。有些风险事故虽然会给企业和个人带来一定的损失和负担，但却是企业和个人可以承受的，因此，如果有能力投保，就可以投保，如果没有足够的资金，也可以不投保。

4. 帮助准客户估算投保费用和制定具体的保险计划

对于准客户来说，确定保险需求后，还需要考虑自己究竟能拿出多少资金来投保。资金充裕，便可以投保保额较高、保障较全的险种；资金不足，就先为那些必须保险的风险投保。在此基础上，保险销售人员应替准客户安排保险计划，确定的内容应包括：保险标的情况、投保的险种、保险金额的多寡、保险费率的高低、保险期限的长短、险种的搭配等。

（二）保险展业方式

保险展业的方式主要有直接展业和间接展业两种。

1. 直接展业

直接展业是保险公司业务部门的专职业务人员直接向准客户推销保险，招揽保险业务。这种展业方式的优点是保险业务的质量较高，缺点是受保险公司机构和业务人员数量的限制，保险业务开展的范围较窄，数量有限。此外，采用这种方式支出的成本较高。所以，直接展业方式适用于那些规模较大，分支机构较为健全的保险公司。对团体保险业务和金额巨大的保险业务，也适合采用此方式。

2. 间接展业

间接展业是由保险公司利用保险专职业务人员以外的个人或单位，代为招揽保险业务。代保险公司展业的主要是保险中介人，包括保险代理人和保险经纪人。保险代理人是根据保险人的委托，向保险人收取代理手续费，并在保险人授权的范围内代为办理保险业务的单位或者个人，分为专业代理人、兼业代理人和个人代理人。保险代理人可以代保险人推销保险产品和收取保险费。保险经纪人是基于投保人的利益，为投保人与保险人订立保险合同提供中介服务，并依法收取佣金的单位，他们为投保人拟定投保方案、选择保险人、办理投保手续等。保险经纪人在开展业务的过程中，客观上为保险公司招揽了保险业务。间接展业的优点是：范围广，招揽的业务量大，而且费用较少，成本低。其不足之处是由于中介人的素质参差不齐，业务质量会受到一定的影响。

二、保险承保

承保是指保险人与投保人对保险合同的内容协商一致，并签订保险合同的过程，它包括核保、签单、收费、建卡等程序，而核保是承保工作的重要组成部分和关键环节。

(一) 保险核保的主要内容

所谓核保，也称为风险选择，是评估和划分准客户反映的风险程度的过程。根据风险程度，保险公司决定是拒保还是承保、怎么承保和采用什么保险费率。核保的目的在于通过评估和划分准客户反映的风险程度，将保险公司实际风险事故发生率维持在精算预计的范围以内，从而规避风险，保证保险公司稳健经营。

1. 审核投保申请

对投保申请的审核主要包括对投保人的资格、保险标的、保险费率等项内容的审核。

(1) 审核投保人的资格

审核投保人的资格主要是审核投保人对保险标的是否具有保险利益。一般来说，财产保险合同中，投保人对保险标的的保险利益来源于所有权、管理权、使用权、抵押权、保管权等合法权益；人身保险合同中，保险利益的确定是采取限制家庭成员关系范围并结合被保险人同意的方式。保险人审核投保人的资格，是为了防范道德风险。

(2) 审核保险标的

即对照投保单或其他资料核查保险标的的情况，如财产的使用性质、结构性能、所处环境、防灾设施、安全管理等。例如，承保企业财产险时，要了解厂房结构、占用性质、建造时间、建筑材料、使用年限以及是否属于危险建筑等，并对照事先掌握的信息资料核实，或对保险标的进行现场查验后，保险人再决定是否承保。

(3) 审核保险费率

根据事先制定的费率标准，按照保险标的的风险状况，使用与之相适应的费率。

2. 承保控制

控制保险责任就是保险人在承保时，依据自身的承保能力进行承保控制。

（1）控制逆选择

保险人控制逆选择的方法是对不符合保险条件者不予承保，或者有条件地承保。事实上，保险人并不愿意对所有不符合可保风险条件的投保人和投保标的一概拒保。例如，投保人以一栋消防设施较差的房屋投保火灾保险，保险人就会提高保险费率承保。这样一来，保险人既不失去该业务，又在一定程度上抑制了投保人的逆选择。

（2）控制保险责任

只有通过风险分析与评价，保险人才能确定承保责任范围，才能明确对所承担的风险应负的赔偿责任。一般来说，对于常规风险，保险人通常按照基本条款予以承保，对于一些具有特殊风险的保险标的，保险人需要与投保人充分协商保险条件、免赔金额、责任免除和附加条款等内容后再特约承保。特约承保是在保险合同中增加一些特别约定，其作用主要有两个：一是为了满足被保险人的特殊需要，以加收保险费为条件适当扩展保险责任；二是在基本条款上附加限制条件，限制保险责任。通过保险责任的控制，将使保险人所支付的保险赔偿金额与其预期损失额十分接近。

3. 控制人为风险

避免和防止逆选择和控制保险责任是保险人控制承保风险的常用手段。但是有些风险往往是保险人在承保时难以防范的，如道德风险和心理风险。

（1）道德风险

道德风险是指人们以不诚实或故意欺诈的行为促使保险事故发生，以便从保险活动中获取额外利益的风险因素。投保人产生道德风险的原因主要有二：一是道德沦丧；二是遭遇财务上的困难。从承保的角度来看，保险人控制道德风险发生的有效方法就是将保险金额控制在适当的额度内。例如，在财产保险中应避免超额保险；在人寿保险的核保中，如果投保人为他人购买保险而指定自己为受益人时，应注意保险金额的多少是否与投保人的收入状况相适应。

（2）心理风险

心理风险是指由于人们的粗心大意和漠不关心，增加了风险事故发生的机会并扩大损失程度的风险因素。如投保了火灾保险，就不再小心火灾；投保了盗窃险，就不再谨慎防盗。从某种意义上说，心理风险是比道德风险更为严重的问题。任何国家的法律对道德风险都有惩罚的方法，而且保险人可针对道德风险在保险条款中规定，凡被保险人故意造成的损失不予赔偿。但心理风险既非法律上的犯罪行为，而保险条款又难制定适当的规定限制它。因此，保险人在核保时常采用的控制手段有：

第一，实行限额承保。即对于某些风险，采用低额或不足额的保险方式，规定被保险人自己承担一部分风险。保险标的如果发生全部损失，被保险人最多只能够获得保险金额的赔偿；如果只发生部分损失，则被保险人按保险金额与保险标的实际价值的比例获得赔偿。

第二，规定免赔额（率）。

这两种方法都是为了刺激被保险人克服心理风险因素，主动防范损失的发生。

（二）保险承保的程序

1. 填写投保单

投保人购买保险，首先要提出投保申请，即填写投保单，交给保险人。投保单是投保人向保险人申请订立保险合同的依据，也是保险人签发保险单的依据。投保单的内容包括：投保人的名称、投保日期、被保险人名称、保险标的名称、种类和数量、投保金额、保险标的坐落地址或运输工具名称、保险期限、受益人以及保险人需要向投保人了解的事项等。

2. 审核验险

审核是保险人收到投保单后，详细审核投保单的各项内容；验险是对保险标的风险进行查验，以达到对风险进行分类的目的。

验险的内容，因保险标的的不同而有差异。

（1）财产保险的验险内容

财产保险的验险内容主要为以下几个方面：①查验投保财产所处的环境；②查验投保财产的主要风险隐患和重要防护部位及防护措施状况；③查验有无正处在危险状态中的财产；④查验各种安全管理制度的制定和落实情况，若发现问题，应督促其及时改正；⑤查验被保险人以往的事故记录，包括被保险人发生事故的次数、时间、原因、损害后果及赔偿情况。

（2）人身保险的验险内容

人身保险的验险内容包括医务检验和事务检验。医务检验主要是检查被保险人的健康情况，如检查被保险人过去的病史，包括家庭病史，以了解各种遗传因素可能给被保险人带来的影响。有时也会根据投保险种的需要进行全面的身体检查。事务检验主要是对被保险人的工作环境、职业性质、生活习惯、经济状况以及社会地位等情况进行调查了解。

3. 接受业务

保险人按照规定的业务范围和承保权限，在审核验险之后，有权做出拒保或承保的决定。如果投保金额或标的风险超出了保险人的承保权限，他只能向上一级主管部门提出建议，而无权决定是否承保或是否分保。

4. 缮制单证

缮制单证是在接受业务后填制保险单或保险凭证等手续的程序。保险单或保险凭证是载明保险合同双方当事人权利和义务的书面凭证，是被保险人向保险人索赔的主要依据。因此，保险单质量的好坏，往往影响保险合同能否顺利履行。填写保险单的要求有以下几点：①单证相符；②保险合同要素明确；③数字准确；④复核签章，手续齐备。

三、保险理赔

（一）保险理赔的原则

保险理赔是指保险人在保险标的发生风险事故导致损失后，对被保险人提出的索赔请求进行赔偿处理的过程。被保险人发生的经济损失有的是由保险风险引起的，有的则是由非保险风险引起的。即使被保险人的损失是由保险风险引起的，因多种因素和条件的制约，被保险人的损失不一定等于保险人的赔偿额和给付额。因此，保险理赔应遵循下列原则，以保证保险合同双方行使权利与履行义务：

1. 重合同、守信用

重合同、守信用是保险在理赔过程中应遵循的首要原则。保险理赔是保险人对保险合同履行义务的具体体现。在保险合同中，明确规定了保险人与被保险人的权利与义务，保险合同双方当事人都应恪守合同约定，保证合同顺利实施。对于保险人来说，在处理各种赔案时，应严格按照保险合同的条款规定受理赔案，确定损失。计算赔偿金额时，应提供充足的证据。

2. 实事求是

由于案发原因错综复杂，被保险人提出的索赔案件形形色色。因此，对于一些损失原因极为复杂的索赔案件，保险人除了按照条款规定处理赔案外，更应该实事求是、合情合理地处理，这样做才是既符合条款规定，又遵循实事求是的原则。

3. 主动、迅速、准确、合理

“主动、迅速”，即要求保险人在处理赔案时积极主动，不拖延并及时深入事故现场进行查勘，及时理算损失金额，对属于保险责任范围内的灾害事故所造成的损失，应迅速赔偿。“准确、合理”，即要求保险人在审理赔案时，分清责任，合理定损，准确履行赔偿义务。对不属于保险责任的案件，应当及时向被保险人发出拒赔的通知书，并说明不予赔付的理由。

（二）保险理赔的程序

1. 接受损失通知

保险事故发生后，被保险人或受益人应将事故发生的时间、地点、原因及其他有关情况，以最快的方式通知保险人，并提出索赔请求。发出损失通知书是被保险人必须履行的义务。发出损失通知书通常有时限要求，根据险种不同，被保险人在保险财产遭受保险责任范围内的损失后，应当在规定的时间内通知保险人。

被保险人发出损失通知的方式可以是口头方式，也可以是函电等其他方式，但随后应及时补发正式的书面通知，并提供各种必备的索赔单证，如保险单、账册、发票、出验证明书、损失鉴定书、损失清单、检验报告等。如果损失涉及第三者责任，被保险人在获得保险赔偿金后还需出具权益转让书给保险人，由保险人代为行使向第三者责任方追偿的权益。

2. 审核保险责任

保险人收到损失通知书后，应立即审核该索赔案件是否属于保险责任范围，其审核的内容包括以下几方面：①损失是否发生在保险单的有效期内；②损失是否由所承保的风险所引起；③损失的财产是否为保险财产；④损失是否发生在保险单所载明的地点；⑤请求赔偿的人是否有权提出索赔等。

3. 进行损失调查

保险人审核保险责任后，应派人到出险现场进行实际勘查，了解事故情况，以便分析损害原因，确定损害程度，认定索赔权利。

4. 赔偿给付保险金

保险事故发生后，经调查属实并估算赔偿金额后，保险人应立即履行赔偿给付的责任。对于人寿保险合同，只要保险人认定寿险保单是有效的、受益人的身份是合法的、保险事故的确发生了，便可在约定的保险金额内给付保险金。对于财产保险合同，保险人则应根据保险单类别、损害程度、标的价值、保险利益、保险金额、补偿原则等理算赔偿金后，再予以赔付。保险人对被保险人请求赔偿或给付保险金的要求应按照保险合同的规定办理。赔偿的方式通常以货币为多，在财产保险中，保险人也可与被保险人约定其他方式，如恢复原状、修理、重置等。

第三节　再保险

一、再保险及其特征

再保险又称为分保，是指保险人将自己承担的风险和责任向其他保险人进行保险的一种保险。从保险经营的角度看，保险人为了分散自己承保的风险，通过签订再保险合同，将其所承保的风险和责任的一部分转移给其他保险公司或再保险公司。分出业务的保险公司称为分出公司、分保分出人或原保险人；接受再保险业务的保险公司称为分入公司、分保接受人或再保险人。分保接受人将接受的再保险业务再分保出去，称为转分保，分出方为转分保分出人，接受方为转分保接受人。一个保险人既可以是分保分出人，又可以是分保接 受人。

再保险的基础是原保险，再保险的产生是基于原保险人经营中分散风险的需要。再保险具有两个重要特征：①再保险是保险人之间的一种业务经营活动；②再保险合同是一种独立合同。

在再保险业务中，分保双方责任的分配与分担是通过确定自留额和分保额来体现的，分出公司根据偿付能力所确定的自己承担的责任限额称为自留额或自负责任额；经过分保由接受公司承担的责任限额称为分保额、分保责任额或接受额。自留额与分保额可以用百分率表示，如自留额与分保额分别占保险金额的25%和75%，也可以用绝对值表示，如超过100万元以后的200万元。而且，根据分保双方承受能力的大小，自留额与分保额均有一定的控制线，如果保险责任超过自留额与分保额的控制线，则超过部分应由分出公司自负或另行安排分保。

自留额与分保额可以以保额为基础计算，也可以以赔款为基础计算。计算基础不同，决定了再保险的种类不同。以保险金额为计算基础的分保方式叫比例再保险；以赔款金额为计算基础的分保方式叫非比例再保险。

自留额和分保额都是按危险单位来确定的。危险单位是指保险标的发生一次灾害事故可能造成的最大损失范围。危险单位的划分既重要又复杂，应根据不同的险种和保险标的来决定。危险单位的划分关键是要和每次事故最大可能损失范围的估计联系起来考虑，而不一定和保单份数相等同。划分危险单位并不是一成不变的。危险单位的划分有时需要专业知识。对于每一危险单位或一系列危险单位的保险责任，分保双方通过合同按照一定的计算基础对其进行分配。

二、再保险的业务种类

（一）比例再保险

比例再保险是以保险金额为基础来确定原保险人的自负责任和再保险人的分保责任的再保险方式。在比例再保险中，分出公司的自负责任和分入公司的分保责任都表示为保险金额的一定比例。分出公司与分入公司要按这一比例分割保险金额，分配保险费和分摊赔款。比例再保险包括成数再保险和溢额再保险两种。

1. 成数再保险

成数再保险是指原保险人与再保险人在合同中约定保险金额的分割比率，将每一危险单位的保险金额，按照约定的比率在分出公司与分入公司之间进行分割的再保险方式。在成数再保险合同已经成立的前提下，不论原保险人承保的每一危险单位的保险金额有多大，只要该保险金额在合同规定的限额之内，都要按合同规定的比率来分割保险金额，每一危险单位的保险费和所发生的赔款，也按这一比率进行分配和分摊。总之，成数再保险的最大特征是“按比率”的再保险，即原保险人与再保险人保险金额的分割、保险费的分配、赔款的分摊都是按照合同规定的同一比例来进行的。因此，成数再保险是最典型的比例再保险。下面举例说明成数再保险的计算（见表5-1）。

表 5-1　　　　　　　　　　成数再保险计算表　　　　　　　　　单位：万元

船名	总额 100%			自留 30%			分出 70%		
	保险金额	保费	赔款	自留额	保费	自负赔款	分保额	分保费	摊回赔款
A	100	1	0	30	0.3	0	70	0.7	0
B	300	3	10	90	0.9	3	210	2.1	7
C	600	6	20	180	1.8	6	420	4.2	14
D	800	8	0	240	2.4	0	560	5.6	0
E	1 000	10	0	300	3.0	0	700	7.0	0
总计	2 800	28	30	840	8.4	9	1 960	19.6	21

2. 溢额再保险

溢额再保险是指原保险人与再保险人在合同中约定自留额和最高分入限额，将每一危险单位的保险金额超过自留额的部分分给分入公司，并按实际形成的自留额与分出额的比率分配保险费和分摊赔款的再保险方式。

由于在溢额再保险合同项下，原保险人与再保险人之间的保险费的分配、赔款的分摊都是按实际形成的保险金额的分割比率进行的，因此，溢额再保险也属于比例再保险。

在溢额再保险合同中，分出公司首先要对保险金额确定自留额，对于每一笔业务，将超过自留额的部分转移给再保险人，但以自留额的一定倍数为限。自留额和分出额与保险金额之间的比例分别称为自留比例和分保比例。自留比例和分保比例随不同保险标的保险金额的大小而变动。

例如：某一溢额分保合同的自留额为 50 万元，现有三笔业务，保险金额分别为 50 万元、100 万元和 200 万元。第一笔业务的保险金额在自留额之内，无须分保；第二笔业务的保险金额超过自留额，需要分保，实际自留额为 50 万元，分出额为 50 万元；第三笔业务的保险金额超过自留额，需要分保，实际自留额为 50 万元，分出额为 150 万元。本例第二笔业务的自留比例为 50%，分保比例为 50%；第三笔业务自留比例为 25%，分保比例为 75%。每笔业务按照实际形成的分保比例分配保险费和分摊赔款。

从以上可以看出，溢额再保险与成数再保险相比较，其最大区别是：如果某一业务的保险金额未超过分出公司的自留额，无须办理分保，只有在保险金额超过自留额时，才将超过的部分分给再保险人。也就是说，溢额再保险的自留额，是一个确定的数额，不随保险金额的大小变动，而成数再保险的自留额表现为保险金额的固定百分比，随保险金额的大小而变动。

溢额再保险的分入公司不是无限度地接受分出公司的溢额责任，通常以自留额的一定倍数，即若干“线”数为限，一“线”相当于分出公司的自留额。如自留额为50万元，分保额为5线，则分入公司最多接受250万元，即分保额最高为250万元。对于分出公司承保的巨额业务，可以签订多个溢额再保险合同，按合同签订的顺序，有第一溢额再保险、第二溢额再保险等。

（二）非比例再保险

非比例再保险是以赔款为基础来确定再保险当事人双方的责任的分保方式。当赔款超过一定额度或标准时，再保险人对超过部分的责任负责。

与比例再保险不同，在这种再保险方式中，分出公司和分入公司的保险责任和有关权益与保险金额之间没有固定的比例关系，因此称其为非比例再保险。非比例再保险有两个限额：一是分出公司根据自身的财力确定的自负责任额，即非比例再保险的起赔点，也称为免赔额；二是分入公司承担的最高责任额。以上两个限额需要在订立再保险合同时由当事人双方约定，一旦保险事故发生，便依照规定的限额进行赔付。如果损失额在自负责任额（再保险起赔点）以内，赔款由分出公司负责；损失额超过自负责任额，分入公司负责其超过部分，但不超过约定的最高限额。有时损失额可能超过分出公司的自负责任额和分入公司的最高责任限额之和，在此情况下，超过的部分由分出公司自己承担，或依据分出公司与其他分入公司签订的再保险合同处理。

例如：分出公司的自负责任额为1 000 000元，分入公司的最高责任限额为3 000 000元。现以保险金额和赔款不等的五个保险标的为例，说明赔款责任的分摊情况（见表5-2）。

表5-2　　赔款责任的分配情况

单位：万元

保险标的	保险金额	赔款	分出人自负额	接受人负责额	其他
A	700 000	500 000	500 000	0	0
B	900 000	700 000	700 000	0	0
C	2 000 000	1 400 000	1 000 000	400 000	0
D	4 000 000	4 000 000	1 000 000	3 000 000	0
E	4 800 000	4 200 000	1 000 000	3 000 000	200 000

非比例再保险分为超额赔款再保险和超额赔付率再保险。

1. 超额赔款再保险

这是由原保险人与再保险人签订协议，对每一危险单位损失或者一次巨灾事故的累积责任损失，规定一个自负额，自负额以上至一定限度由再保险人负责。超额赔款再保险又称为险位超赔再保险和事故超赔再保险。

（1）险位超赔再保险

这是以每一危险单位的赔款金额为基础确定分出公司自负赔款责任限额即自

负额，超过自负额以上的赔款，由分入公司负责。

（2）事故超赔再保险

这是以一次巨灾事故中多数危险单位的积累责任为基础计算赔款，是险位超赔在空间上的扩展。其目的是要确保分出公司在一次巨灾保险事故中的财务稳定。

无论是险位超赔再保险，还是事故超赔再保险，分入公司可接受分出公司的全部分出责任，也可只接受部分分出责任。超过分入公司接受部分的保险责任，仍由分出公司自己负责。

2. 超额赔付率再保险

超额赔付率再保险也称损失中止再保险，是按年度赔款与保费的比率来确定自负责任和再保险责任的一种再保险方式。在约定的年度内，当赔付率超过分出公司自负责任比率时，超过的部分由分入公司负责。

与超额赔款再保险不同，在超额赔付率再保险合同项下，分出公司与分入公司的责任划分并不以单个险位的赔款或一次事故的总赔款的绝对量为基础，而是以一年中赔款的相对量，即赔款与保费的比率为基础。其实质是对分出公司提供的财务损失的保障，以防止年度内某类业务的赔付率发生较大的波动而影响分出公司的经营稳定。

在超额赔付率再保险合同中，一般约定两个限制性的比率：一个是分出公司自负责任比率，另一个是分入公司的最高责任比率。当实际赔付率尚未超过合同约定的自负责任比率时，全部赔款由分出公司负责；反之，当实际赔付率已经超过合同约定的自负责任比率时，分出公司只负责自负责任比率以内的赔款，超过自负责任比率以上的赔款由分入公司负责，直至其最高责任比率。如果实际赔付率超过分出公司自负责任比率与分入公司最高责任比率之和，超过部分的赔款由分出公司自己负责。通常，在实收保费中，营业费占25%，净保险费占75%。因此，划分分出公司和分入公司的责任可以以75%的赔付率为界线。当分出公司的赔付率在75%以下时，由分出公司自己赔偿；当分出公司的赔付率超过75%时，超过部分由分入公司负 责赔偿。分入公司也有接受分入责任的限额，一般为营业费用率的两倍，即已得保费的50%。这就是说，分入公司仅对赔付率在75%~125%的赔款负责，并有金额限制，在两者中以低者为限。

例如有一超额赔付率再保险合同，约定分出公司的自负责任比率为70%，分入公司的最高责任比率为超过70%后的50%，即实际赔付率在70%以下的赔款由分出公司负责，超过70%~120%的赔款由分入公司负责。为了控制分入公司的绝对赔付责任，合同还规定分入公司的赔付责任以600 000元为限。

假设：

年净保费收入	1 000 000元
已发生赔款	800 000元

赔付率为 80%

赔款分担　分出公司负责 70%　　700 000 元

分入公司负责 10%　　100 000 元

如果当年已发生赔款为 1 350 000 元，赔付率为 135%，则分出公司负责其中的 70%，即 700 000 元的赔款，分入公司负责其中的 50%，即 500 000 元的赔款。剩下的 15%，即 150 000 元的赔款将仍由分出公司负责。

三、再保险业务的安排方式

在再保险经营实务中，有三种安排方式可以选择。

（一）临时再保险

临时再保险是指对于保险业务的分入和分出，分出公司和分入公司均无义务约束的一种再保险安排方式。临时再保险是产生最早的再保险安排方式，分出公司根据自己的业务需要将有关风险或责任进行临时分出的安排，一般由分出公司或分保经纪人向其选定的分入公司提出再保险建议，开出临时再保险要保书，分入公司接到要保书后，对分保的有关内容进行审查，以决定是否接受。该种再保险安排方式比较灵活，但由于每笔业务要逐笔安排，所以手续烦琐，增加了营业费用开支。临时再保险一般适合于新开办的或不稳定的业务。

（二）合同再保险

合同再保险也称为固定再保险，是指分出公司和分入公司对于规定范围内的业务有义务约束，双方均无权选择的一种再保险安排方式。双方签订再保险合同规定双方的权利、义务、再保险条件和账务处理等事项，凡经分出公司和分入公司议定，并在合同中明确规定的业务，分出公司必须按照合同的规定向分入公司办理分保，分入公司必须接受，承担相应保险责任。该种再保险合同没有期限规定，是长期性合同。订约双方都有终止合同的权利，但必须在终止前的三个月向对方发出注销合同的通知。

（三）预约再保险

预约再保险是指分出公司对合同规定的业务是否分出，可自由安排而无义务约束，而分入公司对合同规定的业务必须接受、无权选择的一种再保险安排方式。该再保险安排方式是在临时再保险基础上发展起来的，介于临时再保险与合同再保险之间。对分出公司而言，具有临时再保险性质；对分入公司而言，具有合同再保险性质。

第四节　保险投资

一、保险投资及其意义

保险投资也称为保险资金运用，是指保险公司将自有资本金和保险准备金，通过法律允许的各种渠道进行投资以获取投资收益的经营活动。在此，保险公司是保险投资的主体，保险资金则构成了保险投资活动中的客体，保险公司投资的目标则是通过保险资金的有偿营运，创造最大的投资价值。

在现代保险经营中，保险公司的业务大体分为两类：一类是承保业务（直接保险业务）；另一类是投资业务。作为保险经营业务两大支柱之一的保险投资，已经成为保险公司生存和发展的重要因素。在一个开放竞争的保险市场上，保险人想要依靠直接保险业务来获得较多的收益显然是一件相当难的事情。然而很多保险公司不仅生存下来了，而且发展势头还很好，其原因就在于保险人从保险投资活动中获得了丰厚的回报。投资利润不仅弥补了直接业务收益的减少甚至亏损，增加了保险基金的积累，而且使保险人降低保险费率成为可能，有利于减轻客户的负担，并为寿险公司开发诸如分红保单、投资连结保险等业务创造了条件，从而直接推动了保险业务的发展。此外，投资业务的开展也使得保险人成了各国资本市场上举足轻重的机构投资者，意味着保险公司通过资本市场向国民经济的其他行业渗透，它既使保险公司分享了其他行业的利润，也提升了保险业在国民经济中的地位。

二、保险可运用资金的来源

保险可运用资金主要由保险公司的自有资本金、非寿险责任准备金和寿险责任准备金三部分构成。

（一）自有资本金

保险公司的自有资本金包括注册资本（或实收资本）和公积金。注册资本或实收资本一般由《保险法》规定，在开业时可视作初始准备金，在经营期间又是保险公司偿付能力或承保能力的标志之一。公积金是保险公司依照有关法律、行政法规及国家财务会计制度的规定以及《公司法》的规定从历年的利润中提存的，它和保险公司的注册资本（或实收资本）共同构成保险公司的偿付能力。

（二）非寿险责任准备金

非寿险的基本特点是短期保险，保险期限是一年或一年以内，保险业务从性质上具有补偿性。非寿险责任准备金分为三大部分：保费准备金、赔款准备金和总准备金。

1. 保费准备金

保费准备金又称未了责任准备金或未满期责任准备金。保险公司在一个会计年度内签发保单后入账的保费称作入账保费。假定会计年度与日历年度一致，那么，在当年满期的保单，其对应的入账保费称已赚保费，在当年未满期的保单，其对应的入账保费则称未赚保费。未赚保费部分即为保费准备金。该项准备金一般由保险人按照《保险法》或保险监管部门规定的比例提取。

2. 赔款准备金

赔款准备金包括未决赔款准备金、已发生未报告赔款准备金和已决未付赔款准备金。

（1）未决赔款准备金

当会计年度结束时，被保险人已提出索赔，但在被保险人与保险人之间尚未对这些案件是否属于保险责任、保险赔付额度等事项达成协议，称为未决赔案。为未决赔案提取的责任准备金即为未决赔款准备金。未决赔款准备金的提取方法有逐案估计法和平均估计法。逐案估计法，即对未决赔案逐个估计在将来结案时需要支付的赔款数；平均估计法，即根据以往的保额损失经验，预先估计出某类业务的每件索赔的平均赔付额，再乘以该类未决索赔的件数，即得到未决赔款准备金数额。

（2）已发生未报告赔款准备金

有些损失在年内发生，但索赔要在下一年才可能提出。这些赔案因为发生在本会计年度，仍属本年度支出，故称已发生未报告赔案。为其提取的责任准备金即为已发生未报告赔款准备金。由于已发生未报告的赔案件数和金额都是未知的，因而只能由每家保险公司根据不同业务的不同经验来确定。最简单的办法是，用若干年该项赔款额占这些年份内发生并报告的索赔额的比例来确定提取数。

（3）已决未付赔款准备金

对索赔案件已经理算完结，应赔金额也已确定，但尚未赔付，或尚未支付全部款项的已决未付赔案，为其提取的责任准备金则为已决未付赔款准备金。该项准备金是赔款准备金中最为确定的部分，只需逐笔计算即可。

（三）寿险责任准备金

寿险的基本特点在于保险责任是长期性的，保险期间短则数年，长则数十年。保费或一次性趸缴，或分期均衡缴付。寿险责任准备金是指保险人把投保人历年缴纳的纯保费和利息收入积累起来，作为将来保险给付和退保给付的责任准备金。

我国《保险法》第九十八条对各种准备金的提取做了原则规定。

三、保险投资的形式

保险投资应根据资金来源的不同性质、用途和结构，在遵循资金运用安全性、盈利性和流动性原则的基础上，合理选择投资对象和投资结构。基于保险可运用资金的负债性，安全性是保险投资应遵循的首要原则，在符合安全性的前提下追求盈利性，保持合理的流动性。因此，《保险法》第一百零六条第一款规定：“保险公司的资金运用必须稳健，遵循安全性原则。”

一般而言，保险资金的运用有以下几种形式：

(一) 购买债券

保险资金一般有一定比例用于购买国库券、地方政府债券、金融债券和公司债券等可在二级市场流通的债券。这类投资具有安全性强、变现能力强、收益相对稳定的优点。尤其是国库券和地方政府债券基本上不存在不确定性风险，但其收益不如金融债券和公司债券。

(二) 投资股票

股票投资的特点是：收益高、流动性好，但风险大。股票收益来自股息收入和资本利得，股息收入的多少完全取决于公司的盈亏状况，资本利得则取决于未来股票价格的走向。因此，股票投资的风险比较大。

(三) 投资不动产

保险资金进行不动产投资一般是用于直接建造、购买并自行经营的房地产。房地产投资的特点是：安全性好、收益高、项目投资额大、期限长、流动性差。因此，房地产投资比较适合长期性保险资金的运用。

(四) 用于贷款

保险资金用于贷款是指向需要资金的单位或个人提供融资。贷款的收益率取决于市场利率。在不存在信贷资产的二级市场的情况下，信贷资产的变现能力不如有价证券，其流动性较差。贷款可分为信用放款和抵押放款两种形式。信用放款（包括担保放款）的风险主要是信用风险和道德风险，抵押放款的主要风险是抵押物贬值或不易变现的风险。

(五) 银行存款

存款是指保险公司将闲置资金存放于银行等金融机构。存款具有良好的安全性和流动性，但与其他投资相比则收益率较低。正因为如此，存款主要用于保险公司正常的赔付或寿险保单满期给付的支付准备金，一般不作为追求收益的投资对象。

各国政府基于经济环境和历史背景的差异，对保险资金运用的规定有所不同，采取了不同的监管方式，但总的来讲对资金运用的渠道和运用的结构都做了规定，特别是对高风险的投资项目在投资总额中的比例做了规定。

我国对保险资金运用采取了较为严格的监管方式，对投资渠道的限制较多，这和我国的保险资金运用所走过的曲折道路有关。

1979 年恢复国内保险业务时，中国人民保险公司并未开展保险资金运用业务，1984 年年底才开始从事这项业务。当时，中国人民银行对保险资金运用实行计划控制，加之其他一些原因，保险资金运用效益较低。20 世纪 90 年代初，随着保险资金运用渠道的全面放开，在投资权限分散、经验缺乏、管理跟不上的情况下，保险公司的资金广泛投入各个领域，产生了很大的投资风险，不良资产大量增加。针对这种情况，1995年颁布的《保险法》，对保险资金的运用做了严格规定，规定保险公司的资金运用，限于在银行存款、买卖政府债券、金融债券和国务院规定的其他资金运用形式，并规定保险公司的资金不得用于设立证券经营机构和不得用于设立保险业以外的企业。

近年来，随着寿险业务的快速发展，可运用资金大量增加，国务院开始逐步拓宽保险资金运用渠道，如允许保险公司进入全国银行同业拆借市场，从事债券买卖业务；申请购买信用评级在AA+以上的中央企业债券；参加沪、深两家证券交易所债券交易；通过购买证券投资基金间接进入证券市场等。在2009年颁布的新《保险法》第一百零六条中，增加了保险资金“投资股票、证券投资基金份额等有价证券”“投资不动产”的规定，删除了“保险公司的资金不得用于设立证券经营机构，不得用于设立保险业以外的企业”的条文。修订后的《保险法》首次允许保险资金投资不动产，适当放宽了保险资金的运用渠道。

保险业的快速发展对保险资金运用提出了更高的要求：一是由于寿险产品结构的变化，兼有保障和投资功能的产品逐步成为寿险市场的主导产品，保险公司的资金运用收益与客户的保单分红或投资账户收益直接挂钩，使得资金运用成为保险公司的重要业务。二是随着竞争的加剧，财产保险公司承保利润逐步下降，投资收益逐渐成为其重要利润来源。

虽然新《保险法》适当放宽了保险资金的运用渠道，但与欧美和日本等国同行相比，仍显不足。目前，美国和日本的保险公司不仅可开展政府债券、公司债券、股票、不动产投资、股权投资业务，而且还可进行抵押贷款、保单放贷等信贷业务。可见，新《保险法》为进一步拓宽保险资金运用渠道留下了不少的空间。

复习思考题

1. 简述保险经营的基本原则。
2. 股份制保险公司与相互保险公司各有什么特点？
3. 简述保险核保的内容。
4. 再保险有何特征？
5. 自留额、分保额与危险单位有什么关系？
6. 简述再保险的业务种类。
7. 再保险有哪些安排方式？
8. 保险投资有何意义？
9. 保险可运用资金来源于哪几个方面？
10. 保险资金运用的一般形式有哪些？我国《保险法》对保险资金运用形式是如何规定的？

第六章 人身保险

内容提要： 本章在简要概述人身保险的概念、特征及分类的基础上，对人寿保险的基本形态和其发展、人寿保险的常用条款以及意外伤害保险和健康保险分别进行了介绍。

第一节 人身保险概述

一、人身保险的概念

人身保险是集合多数人共同醵金，而在任何人的生命或身体因不幸事件或疾病、衰老等原因，以致死、伤、残、丧失工作能力或年老退休时，给付约定的保险金或年金的一种自愿互助的保险。从上述定义中，我们可以看出：

第一，人身保险的保险标的是人的生命或身体。以生命作为保险对象，要区分生命的不同阶段，生存或死亡表示人的生命的继续或终止，因此对生命的保障就是承保人的生死。以身体作为保障对象，要区别身体的不同部位及各种机能，以人的健康、生理机能、劳动能力等形式表现，因此对身体的保障，就是承保人的健康及各种能力。

第二，人身保险的保险责任就是人们在日常生活中以及成长过程中可能遭受到的种种不幸事故，或因疾病、衰老等原因造成的人的生、老、病、死、伤、残。

第三，人身保险的给付条件：一是保险期内保险事故发生，造成人的伤残、死亡等；二是保险期满，被保险人生存。

第四，人身保险金的给付形式大多是定额给付，即无论是期内保险事故发生，还是期满被保险人生存，保险人都按订约时双方约定的金额进行给付。

通常人们将人身保险又叫作人寿保险，实际上两者是不同的概念。人身保险的范围要比人寿保险大得多，人身保险泛指一切以人为保险对象的保险；而寿险仅以人的生命为保险对象。

二、人身保险的特征

人身保险和财产保险是我国保险业务的两大分类。两类保险的基本职能都是对因不幸事件所造成的经济损失给予一定的经济补偿，但由于人身保险的保险标的以及给付条件的不同，两大险种又存在着许多差异。人身保险的特征主要表现为：

（一）人身保险属于给付性保险

人身保险是非补偿性保险，人的生命或身体在遭受意外或疾病等造成伤残时，难以用货币确定伤残的程度，更难以用货币衡量被保险人死亡的价值量。因此人身保险事故发生时，保险人只能按合同约定的额度进行给付，不存在重复保险和超额保险，也不存在代位追偿的问题。如果被保险人同时持有若干有效保单，保险事故发生时，可以从各家保险人处获得约定的给付；如果事故是由第三方责任造成的，被保险人既可获得保险人的给付，也可获得责任方的赔偿。但如果医疗费用保险采用补偿方式进行给付，代位追偿和分摊原则就可应用。

（二）保险金额确定方法的特殊性

人的生命和身体是无价的，显然人身保险保险金额不能采用财产保险的确定方法。人身保险的保额确定的主要常用的方法是需要与可能确定法。需要是指投保人在人身保险事故发生时需要在经济上得到帮助的程度；可能是指投保人缴纳保费的能力。根据需要和可能由保险当事人双方协商决定一个确切的额度作为保险金额。一般地，需要包括：丧葬费用、医疗费用、子女教育婚嫁费用、遗属生活费用、债务、退休养老费用等。不同的需要，具体额度可能不同；同一种需要，不同的对象，其额度也可能不同。人们支付保费的能力一般要受收入水平、生活标准、社会工作地位、家庭负担等因素的 影响。

根据需要与可能确定保额，要恰如其分，既不能过高，也不能过低。过高，一方面可能产生“逆选择”或引发道德风险，危及被保险人的生命安全，违背保险的宗旨；另一方面应交的保费也高，容易导致保险合同的失效、退保，不利于保险业务的稳定。过低，保险事故发生时，被保险人得不到需要的保障，失去保险的意义。因此保险人在承保过程中，应积极配合投保人，根据投保人的实际情况，做出合理正确的选择。

除此之外，人身保险的保额确定方法还有“人的生命价值确定法”“新休曼式法”和“人身保险设计法”。“人身保险设计法”与“需要与可能法”大同小异，而“人的生命价值确定法”和“新休曼式法”由于其本身的局限性，在现实业务中极少运用。因此不再介绍。

（三）人身风险的特殊性

1. 风险的变动性和稳定性

人身保险承保的主要风险是人的生死。经验显示，人的死亡率随年龄增长而年年增大，不同年龄的死亡率绝不相同，特别是人到了一定年龄后，死亡率的上升呈加速增长的状态，从此意义而言，人身风险具有变动性。但同时，对于整体的死亡率来讲，死亡率因素较其他非寿险风险发生概率的波动而言，又具有相对稳定性。这是由许多专业机构对死亡率研究后得出的结论。因此，人身保险所承保的死亡风险在随被保险人的年龄增长而增加的同时，整体而言具有相对稳定性。

因此在人身保险的经营上，如果采用与各年龄死亡率相一致的自然保费，人身保险的经营将不得不面临下列困难：

（1）不利于保险人的逆选择将不可避免地存在

随着年龄的增长，费率也在不断增长，只有那些身体健康状况不断恶化，体力衰退的人因考虑到生命的危险，才会愿意继续缴纳越来越多的保险费，坚持投保。而那些健康的人则会由于逐年增加的保费负担而中途退出保险。这样保险人集中了大量的风险，使得正常情况下计算出来的费率难以维持。

（2）老年人保险成为不可能

按自然保费计算，年龄越大，应缴的保费越多，特别到了老年，应缴的保费相当于年轻人的几倍。受收入的限制，老年人难以承担高昂的保费，而往往老年人又最需要得到保险保障，因而最需要保险的老年人只能望保险而兴叹。对保险人而言，将大量的老年人排除在保险之外，不利于业务的发展。

（3）限制人身保险险种的发展

基于上述原因，采用自然保费经营人身保险，高龄人保险、永久性保险（终身保险）以及长期性保险都将受到极大的限制，阻碍了人身保险险种的发展和业务的扩大。

为了克服上述困难，在人身保险实务中采用了均衡保费，即将整个保险期内各年的自然保费进行加权平均，每期交付的保费相等。实行均衡保费的结果是：不仅克服了自然保费的局限性，而且由于初期多缴的部分计息，还可降低投保人应交保费的总水平，使人身保险经营在本质上区别于财产保险。

2. 人身风险的分散性

财产风险往往集中着大量的高额风险，如核电站、人造卫星以及高楼大厦等的承保。为了分散风险，分保是必须的。人身保险受人们交费能力的限制，单个人的保额一般不会很高，同时由于科技、医疗卫生保健的进步和发展，人身风险的发生往往是分散独立的，因此，在同一时间段，人身风险的发生分散于不同的家庭及地区。只有意外的大型灾害的出现，如火山爆发、特大洪灾发生时，才可能导致大量保险标的同时遭受损害的情况。因而，分保对于人身保险而言就不那么重要。

（四）人身保险保险期限的长期性

人身保险的保险期限大都是长期性的，特别是人寿保险，其保险的有效期限往往可以持续几年甚至几十年、上百年。而且，保险的缴费期和领取期也可以长达几十年。具体与保险险种和被保险人的年龄及投保人的选择有关，视具体情况不同而不同。由于期限长，使得人身保险采用年度均衡保费制，保费按复利计息。这对保险人而言，年年都有较稳定的保费收入，形成一笔可供保险人进行中长期投资的资金来源，充分发挥保险组织资金与融通资金的作用；对投保人而言，可减轻趸缴保险费的经济压力以及降低保险费的总水平。人身保险的长期性也要求有一套完整而严密的管理制度，随时记录整个保险期间的一切动态，并且对有关的往来单证要有一套档案管理制度，不能随意散失，以免影响法律效力。

（五）人身保险的保障性与储蓄性

财产保险一般只具保障性，人身保险则既有保障性，又具有储蓄性，人身保险的储蓄性表现如下：

第一，大多数人身保险本身就兼有储蓄性。如两全保险等，投保人投保的目的不仅是为了期内事故发生时获得保障，而且也是为了期满生存时得到一大笔储金。从本质上看，被保险人期满得到的保险金就是其储蓄。

第二，长期性人身保险实行均衡保费的结果，前期多缴的部分实际上就是投保人的储蓄，表现为保单上的现金价值。根据人身保险合同的规定，投保人可任意处置这部分现金价值。

第三，长期性人身保险分期交付保费，且保费按复利计息，这本身就是储蓄的表现。

人身保险虽包含了储蓄的内容，但并不等同于储蓄，不能将两者相提并论。首先，储蓄是一种自助行为，依靠自身力量来解决自己的困难。保险则是互助与自助的结合，被保险人得到的保险金不仅包含了自己所缴的保费连同利息，而且也包含了他人的分摊。其次，储蓄较为灵活自由，储蓄者可随时改变储蓄计划。人身保险一旦投保，被保险金不能随意变更合同内容，因而人们往往称人身保险是一种半强制性的储蓄。

由于保单具有的储蓄性，投保人可以用保单作抵押贷款，在中途退保时可以得到退保金。

此外，人身保险的保险利益也具有特殊性，保险费率的厘定和经营管理等方面与财产保险也存在差异。

三、人身保险的分类

人们需求的多样性及可变性，决定了人身保险险种的多样性及新险种的层出不穷。对于众多的人身保险险种，如何进行科学的归类，世界上还没有形成一个固定的原则和统一的标准。实际上，人身保险险种的分类，在不同的场合，根据不同要求，从各个角度，可以有不同的划分方法。

(一) 按能否分红分类，人身保险可划分为分红保险和不分红保险

1. 分红保险

分红保险是指保险人将其经营成果的一部分每隔一定时期以一定的方式分配给保单持有人。为了保证红利的分配，分红保险的费率一般高于不分红保险。保单持有人所得红利的高低，取决于寿险业务的盈亏，因此不稳定。

可分配的红利主要来源于三个方面：

第一，利差益，即超过预期的利息收益；

第二，费差益，即业务开支的节余；

第三，死差益，即实际死亡率与预计死亡率间存在着的有利差距。即保险人的实际业务中，死亡保险的死亡人数比预期的少；生存保险和年金保险的死亡人数比预期的多。

红利的领取方式有领取现款、抵充保费、存储生息、增额缴清保险和一年定期保险5种。实行分红保险，既可以提供保障，又可以使投保人获得高于银行利率的收益，有利于吸引更多的保户，促进保险业务的发展。

2. 不分红保险

与分红保险相对，投保人不分享保险人经营的成果。保单持有人所获得的保险利益与保险人经营的效益无关。不分红保险的费率低于分红保险。

(二) 按保障范围分类，人身保险可划分为人寿保险、意外伤害保险和健康保险

这部分的有关具体内容参见本章第二、三、四节。

(三) 按投保方式分类，人身保险可划分为个人人身保险和团体人身保险

1. 个人人身保险

个人人身保险是以个人为投保者，一张保险单承保一个被保险人的人身风险的人身保险。个人人身保险又分为普通人身保险和简易人身保险。普通人身保险的保险金额一般高于简易人身保险。

2. 团体人身保险

团体人身保险是以法人团体为投保人，一张保险单承保一法人团体的全部或大部分成员的人身风险的人身保险。团体人身保险又可分为团体人寿保险、团体年金保险、团体意外伤害保险和团体健康保险等。团体保险具有以团体的选择代替被保险人的选择、保额统一规定、保费较低且采用经验计费法等特点。

(四) 按风险程度分类，人身保险可划分为标准体保险和次健体保险

1. 标准体保险

标准体保险的被保险人的风险程度与保险人订立的正常费率相适应。标准体又称为健康体或强体，是指身体、职业、道德等方面没有明显的缺陷，可以用正常费率来承保的被保险人。人身保险的大部分险种是标准体保险。

2. 次健体保险

次健体保险就是不能用正常费率来承保的人身保险。次健体又称为弱体、非

标准体，是指被保险人存在超过风险，其风险程度超过了标准体的风险程度，因而只能用特殊的方法加以承保。次健体保险承保方法主要有：

（1）增龄法

它是指承保时，将被保险人的年龄依实际年龄再提高若干岁。如35岁的弱体投保，保险人承保时按40岁的标准费率征收保费。这种方法简单方便，但只能适用于超过风险显然是递增型的，而且是随年龄增加而无限增大的情形，实际上呈现如此超过死亡的疾病或障碍是极为少见的。

（2）定额特别保费法

这种方法是按强体保险承保，但只要超过风险存在，另外收取定额特别保险费（如每千元保额征收5元特别保险费），用以弥补各年超过风险的附加经费。这种方法适用于均衡型的超过风险。

（3）保额削减法

保险人按正常费率承保，但在合同中说明，从合同生效起的一定时期内，要削减保险金额，如果被保险人在削减期内死亡，保险人只能按削减后的保额进行给付，若超过了削减期死亡，保险人则按保险金额进行给付，削减的期间和削减的额度视被保险人的缺陷程度而定。这种方法适宜于递减型的超过风险。

第二节　人寿保险的形态

一、人寿保险的概念

人寿保险是以被保险人的生命为保险标的，以生存和死亡为给付保险金条件的人身保险。人寿保险是人身保险的主要组成部分，被保险人在保险期内死亡或期满生存，都可以作为保险事故，即当被保险人在保险期内死亡或达到保险合同约定的年龄、期限时，保险人按照合同约定给付死亡保险金或期满生存保险金。

人寿保险的基本特征如第一节所述，是定额给付性保险，保险期限长，风险具有变动性、稳定性和分散性，采用均衡保费等。

二、人寿保险的基本形态

人寿保险的基本形态通常包括三大险别：

第一，以生存为保险事故的生存保险；

第二，以死亡为保险事故的死亡保险；

第三，既可以生存又可以死亡为保险事故的生死混合保险。

（一）死亡保险

死亡保险是以被保险人在保险有效期内死亡或终身死亡为保险金给付条件的

人寿保险。保险人承担的基本责任就是被保险人的死亡。死亡保险如果是有期限的为定期死亡保险，不限定期限的为终身死亡保险。

1. 定期死亡保险（一般又称为定期寿险）

定期寿险是世界上出现得最早的寿险合同。1583 年 6 月 18 日承保的威廉·吉朋（Willian Gybbons）的 12 个月期的保单就属于此种保险。

（1）定期寿险的概念

定期寿险提供的是一特定期间的死亡保障。特定期间有两种表示法：①以特定的年数表示（如 5 年期死亡保险）；②以特定的年龄表示（如保至 50 岁）。无论以哪种方法表示期间，只要被保险人在保险有效期内死亡，保险人就给付保险金于受益人，如果被保险人生存至保险期满，保险合同即告终止，保险人既不退还已交保费，也不给付任何金额。如想继续获得此种保障，必须重新投保。

（2）定期寿险的特点

定期寿险大多期限较短。除长期性定期寿险外，通常它没有现金价值，不具备储蓄因素。其保险费一般只含保障因素和最低限度的附加费开支，不计利息。根据生命表，在一定时期内，死亡概率小于生存概率，被保险人通常都较保险期间活得更久，其保费也较低。然而根据生命规律，越接近晚年，死亡概率增长的速度越快，从而导致保费的快速增长。因此，定期寿险较低的保费所代表的是较少的给付。事实上，由于定期寿险是以在期内死亡为条件给付保险金，显然大多数投保此险种的被保险人在特定期内的死亡概率都较高。另外，定期寿险满期时，被保险人有继续投保或终止的权利，希望继续投保而情愿缴高额保费者，显然不健康者居多。基于上述原因，定期寿期存在着较为严重的逆选择，其费率必然也是较高的。

（3）定期寿险的适用范围及局限性

定期寿险提供的是特定期内的死亡保障，且保费较低，因此它适宜于：①在特定的期间内对被保险人的生命具有合同上权益关系的人投保，以免被保险人在特定期间内死亡使投保人的利益遭受损失；②家庭负担较重，经济负担能力较差，又有保险需求的人投保。除此之外，偏重死亡保障的人也适宜于投保定期寿险。

定期寿险的局限性表现为：①当投保人对保险保障的需求超过特定期间，而又需要保障时，可能因其变为不可保体而永远丧失保险保障；也可能由于被保险人的年龄增大，费率过高，而交付不起高昂的保费，被排除在保险保障之外。②定期寿险大多不具备储蓄性质，投保人不能获得保险与储蓄的双重好处，对于偏重储蓄的人则是一个限制。

2. 终身死亡保险（又称终身寿险）

终身寿险是一种不定期限的死亡保险。保单签发后，除非应缴的保费不缴，或因解约而早期停效，被保险人在任何时候死亡，保险人都得给付保险金。由于人固有一死，因此终身寿险的给付是必然要发生的，受益人始终会得到一笔保险金。终身寿险属长期性保险，保单都具有现金价值，带有一定储蓄性质，因而适宜于需要终身保障和中度储蓄的人投保。

（二）生存保险

生存保险是以被保险人于保险期满或达到某一年龄时仍然生存为给付条件的一种人寿保险。生存保险的保费可以趸缴，也可以分期缴付。保险金的给付可以一次付清，也可以分期给付。因此生存保险有两种形态：单纯的生存保险和年金保险。

1. 单纯的生存保险

单纯的生存保险与定期死亡保险恰好相反，在单纯的生存保险中，保险金的给付是以被保险人在期满时生存为条件，如果被保险人中途死亡，保险人既不给付保险金，也不退还已交的保费。这种纯粹的生存保险如果不加以限制，就会使不幸者更加不幸，有利者更加有利，最后可能导致与赌博性质差不多的结果，因而在现实业务中一般不以单纯的生存保险作为单独的保险形式推行，而是附加死亡保险和其他人身保险。如我国目前开办的独子险以及子女教育婚嫁保险等，都是以生存保险作为基本险而附加了死亡或意外伤害保险。

2. 年金保险

（1）年金保险的概念

年金保险就是在被保险人生存期间，按合同的规定，每隔一定的周期向被保险人支付一定的保险金的一种生存保险。简言之，以年金的方式支付保险金的生存保险就是年金保险。

习惯上，人们常把年金保险称为年金，实际上两者是不同的。年金是大概念，年金保险只是年金的一种，年金的收付有确定的期间，与收付人的生命无关；年金保险的给付期则取决于被保险人的生命因素，人的生死是事先不能预料的偶然事件，因而其给付期是不确定的。为了区别两者，一般称前者为确定年金，后者为不确定年金。

在年金保险中，领取年金额的人为年金受领人，保险人定期给付的金额为年金领取额（或年金收入），投保人交付的保费又叫年金购进额或（年金现价）。

（2）年金保险的特点

年金保险的特点主要有：①年金保险是生存保险的特殊形态，其特殊之处在于保险金的给付采取了年金方式，而非一次性给付。②年金保险保单上仍有现金价值。其现金价值与普通生存保险保单上的现金价值一样，随保单年度的增加而增加，至缴费期结束（而非保险期满）时，现金价值为最高。③年金保险的保险期间包括缴费期和给付期（有的包括等待期）。缴费期指年金保险的投保人分次交纳（年金现价）保费的期间，给付期指保险人整个给付年金额的期间。如某人30岁投保终身年金，要在60岁时开始领取年金额，缴费至60岁，即从30岁投保开始至60岁为缴费期，60岁至终身为年金领取期。等待期指缴费期结束后需等待一段时期后，再进入年金的领取期。如30岁的人投保交费至50岁，60岁开始领取年金，从50岁至60岁这段时期就是等待期。无论以何种方式交付，必须缴清全部保费后，才能进入年金的领取期。

（3）年金保险的作用

首先，年金保险最通常的用途就是提供老年生活保障。用年金保险的方式提供老年生活保障至少有两大优点：①可以降低保费，提高老年生活水平，因为年金收入中不仅包括了投保人交付的本金及其利息，而且还包括了生存者的利益；②用于养老所需的年金保险一般支付周期为月，每月支付一定年金额，保证生活需要，可避免老人的浪费或使用不当，造成最后年月中生活无保障的局面。作为解决老有所养的年金保险，人们一般是在年轻时投保交费，年老退休时开始领取年金额。

其次，年金保险的另一作用就是可用来作为子女教育基金。如子女教育金保险就是一种年金保险。父母在子女年幼时投保，待子女满一定年龄时（如高中或大学时），开始领取年金额，作为子女上学的费用，至毕业时停止给付。这种类型的年金保险一般支付周期为年，给付期为子女就学期间，并且一般都附加了意外伤害或死亡保险。另外，一般保单还附有保费支付者条款。

最后，年金保单上具有现金价值，投保人可在交费期内退保领取现金价值。因此有人也把年金保险作为一种安全投资的方式，而且还可获得税法上的优惠。如美国某些处于高税率等级的人把投保年金保险作为一种策略来延缓现金价值积累中利息收入的纳税，直到他们退保获得年金的总付款价值时为止。

（三）两全保险（又称混合保险、储蓄保险、养老保险）

1. 两全保险的概念

两全保险是被保险人无论在保险期内死亡还是生存至期满，保险人都给付保险金的一种人寿保险。两全保险都规定有期间，仍以特定的年数和特定的年龄来表示。人非生即死，被保险人不是在保险期内死亡，就是生存至期满，因此，与终身寿险相似，受益人始终会得到一笔保险金。

2. 两全保险的特点

两全保险具有如下特点：

（1）两全保险是寿险业务中承保责任最全面的一个险种。

它不仅可以保障被保险人由于生存而导致的收支失衡的需要，而且可以排除由于本人死亡给家庭经济生活带来的困难或与其有经济利害关系的人的经济影响的后顾之忧。两全保险是生存保险和死亡保险结合的产物，因而从精算角度来讲，两全保险的保费等于定期寿险与生存保险两者保费之和。

（2）两全保险费率最高。

在定期死亡保险和生存保险中，保险人承担的责任要么是死亡，要么是生存。保险金的给付也存在两种可能：或给付或不给付。两全保险则既保生存又保死亡，且一旦投保，给付就必然要发生。因此，除了长期的两全保险与终身寿险的费率差不多外，短期两全保险比其他寿险的费率高很多，不适宜于经济负担能力差的人投保。

（3）两全保险的保费当中，既有保障的因素，又有储蓄的因素，而且储蓄因素占主要。

保费中储蓄因素的多少与保险期限的长短密切相关，保险期限长的，保费当中储蓄所占的比重小，保险期限短的，储蓄所占的比重大。

（4）两全保险的保额分为危险保额（或保障保额）和储蓄保额。

危险保额随保单年度的增加而减少，直至期满消失；储蓄保额则随保单年度的增加而增加，到期满全部为储蓄，即“保障递减，储蓄递增”。因此只有需要低度保障和高度储蓄的人才适宜于投保两全险。

3. 两全保险的用途

两全保险高度的储蓄性，使其常被作为半强迫性的储蓄方法或当作一项投保，以防止储蓄期间因死亡所带来的风险。一般地，投保人将其用于：

（1）教育基金

这是两全险最普遍的用途之一。通常此种情况下，附有保费支付者条款，即支付保费者（通常为双亲）如果在缴费期内死亡，可免缴以后的保费而保单继续有效的条款。

（2）老年退休基金

这是两全保险另一个普遍用途，就是提供老年退休时所需的资金。此种情况下，其保险期间通常至退休年龄为止，到退休时可获大笔保险金供老年生活所需。从此意义而言，两全保险又称为养老保险。

三、寿险形态的发展

为了满足人们对各种特定的不同的保险需求，增强寿险产品的竞争能力，可对寿险的基本形态进行修订和组合或增加其功能，形成内容更为复杂的现代寿险品种。这些产品与传统产品相比较，通常具有投资功能，是投资连结产品，或称为投资理财类保险产品。在保费缴纳方式、保单的现金价值或保险金额等方面是可以单独或共同变动的。其主要种类有变额人寿保险、万能人寿保险和变额万能人寿保险。

（一）变额人寿保险

1. 变额人寿保险的基本含义

变额人寿保险是一种保额随其保费分离账户的投资收益的变化而变化的终身寿险，于20世纪70年代在美国寿险市场上出现。这种产品可有效抵消通货膨胀给寿险带来的不利影响。变额寿险在各国的称谓有所不同。英国称为单位基金连结产品（Unit-linkedpolicy），加拿大称为权益连结产品（Equity-linkpolicy），美国称其为变额人寿保险，新加坡称为投资连结保险（Investment-linkedlifeinsurance）。我国也称为投资连结保险。如中国平安保险公司销售的“平安世纪理财投资连结保险”，但需注意的是，该保险产品为定期险。

变额寿险在许多方面与传统终身寿险类似。保费仍然为均衡保费，如投保人没缴纳保费，保单就会失效；也可对保单进行某种方式的选择，如可以选择减额缴清保险或展期保险；失效的保单可按复效条款进行复效。

变额寿险有分红型和不分红型两种。由于其利差益扣除投资管理费用后，用于增加保单的现金价值，所以分红型的变额寿险其红利来源为死差益和费差益两部分。

2. 变额人寿保险的特点

变额人寿保险通常具有以下特点：

第一，保费是固定的，但保单的保险金额在保证一个最低限额的条件下，是可以变动的。

第二，变额寿险通常开立有分离账户，在将保费减去费用及死亡给付分摊额后被存入投资账户。保险人根据资产运用状况，对投资账户的资产组合不断进行调整；保单所有人也可以在各种投资产品中自由选择调整组合。

第三，保单的现金价值随着保险人投资组合和投资业绩的状况而变动，某一时刻保单的现金价值决定于该时刻、该险种的保费投资账户资产的市场价值。

在该种保单的死亡给付中，一部分是保单约定的固定的最低死亡给付额，一部分是其分离账户的投资收益额。

（二）万能人寿保险

1. 万能人寿保险的基本含义

万能人寿保险简称万能寿险。它是为了满足那些要求保费支出较低且方式灵活的寿险消费者的需求而设计的，最早于1979年在美国寿险市场出现。万能寿险的保费缴纳方式很灵活，保险金额也可以调整。投保人在缴纳首期保费后可选择在任何时候缴纳任何数量的保费，只要保单的现金价值足以支付保单的相关费用。有时可以不用缴纳保费，投保人还可以在具有可保性的前提下，提高保额或降低保额。

万能寿险的基本做法是：从投保人缴纳的首期保费中，扣除首期的各种费用、死亡给付分摊、附加优惠条件的费用等后的剩余部分为保单最初的现金价值。该部分价值按新投资率计息累积到期末，成为期末现金价值，同时也是下一周期的起初价值额。在第二周期，投保人根据自己的情况缴纳或不缴纳保费，若该周期的期初价值额足以支付第二期的费用及死亡给付分摊额，投保人就不用缴费；若现金价值额不足，投保人缴纳的保费不够，则保单会因此而失效。若投保人在第二期期初缴纳了保费，则第二期的期初现金价值额为上期末现金价值加第二期保费减去费用和死亡给付额。第二期的期初现金价值额按新的投资利率累积到期末，成为第二期的期末现金价值额。该过程不断重复，一旦其保单的现金价值额不足以支付保单的死亡给付分摊额和费用，又未有新的保费缴纳，则保单失效。

2. 万能人寿保险的特点

和其他寿险相比，万能寿险有下面一些特点：

（1）死亡给付模式的可选择性

万能寿险为投保人提供了两种可供选择的给付模式（通常称为A方式和B方式）。A方式为一种均衡给付方式，与传统的具有现金价值的给付方式类似：在保险有效期内发生保险事故，受益人得到约定的死亡给付金。该方式的死亡给付金是净风险保额和保单的现金价值之和。但净风险保额每期都可能变化，通过调整，使净风险保额与现金价值之和保持均衡，成为均衡的死亡受益额。当保单的现金价值增加，风险保额相应减少，对应的所需缴纳的保费额减少。在B方式中，死亡给付额为均衡的净风险保额与现金价值之和。现金价值的变化直接影响到死亡给付额的大小，如现金价值的增加将会使死亡给付额等额增加，但对净风险保额的大小没有影响。

（2）保费交纳方式的灵活性

万能寿险的保单持有人可在保险公司规定的幅度内，选择任何一个数额，在任何时候交纳保费。通常情况下，保险人规定的首期保费较高，以支付足够的费用和死亡给付，同时也为了避免保单由于对保费缴纳没有严格的限制而导致过早终止。有时，保险人按保单签订时投保人的意愿建立目标缴费额，按照缴费目标进行开支计划，利用银行自动划拨的方式引导投保人缴费。有些保险人在保单中列入了基于缴纳最低保费时保单不失效条款，即在此条款下，即使保单已无现金价值，只要投保人缴纳年保单规定的最低保费，保单继续有效。

（3）现金价值的特殊性

万能寿险的现金价值为保费扣除各种分摊额后的累积价值。保单通常都规定一个最低的现金价值累积利率，通常为4%或5%，在长期累积下，保单所有者仍有较大的收益。有的保险人提供滚动式利率，如外界的某一移动平均利率（如5年期国债利率）为最低利率；也有的保险人的万能寿险保单的利率基于其投资利率或投资组合收益率而定。

（三）变额万能人寿保险

变额万能人寿保险简称变额万能寿险，针对将寿险保单的现金价值视为投资的保单所有人设计。变额万能寿险遵循万能寿险的保费缴纳方式，而其投保人也可以根据规定和自己的意愿降低保单保额，或在具备可保性的条件下，提高保额；但其资产由分离账户保存，其现金价值的变化与变额寿险相同，且没有现金价值的最低承诺。因此，该类寿险是缴费灵活的万能寿险和投资灵活的变额寿险相结合的寿险。

变额万能寿险的投资与变额寿险一样，是多种投资基金的集合。保单所有人可以在一定时期内将其现金价值从一个账户转移到另一个账户。但其死亡给付采取与万能寿险相同的方式。在B方式下，死亡给付随投资资产价值的大小不同而不同；在A方式下，为均衡死亡给付额，投资收益的大小只反映保单的现金价值。

在变额万能寿险中，保单所有人承担了保险人管理的投资账户上资产的投资风险。当投资账户的投资收益减少，保单的现金价值可能减少为零，若没有足够的保费缴纳，保单可能会失效。但是，保单的分离账户与保险公司的一般账户的资产分开，可以增加分离账户的变额万能寿险的保单的安全。

变额万能寿险与传统的保险产品完全不同，具有很强的投资功能，因此，在国外对其最高保额有限制，以区别于其他的金融投资工具，否则将得不到税收上的优惠。此类保险为高级投资连结产品。

第三节　人寿保险的常用条款

一、宽限期条款

（一）条款内容

宽限期条款的内容是：投保人如没有按时缴纳续期保险费，保险人给予一定时间的宽限（通常为31天，我国保险法规定为60天）。在宽限期内，保险合同仍然有效，若保险事故发生，保险人应按规定承担给付保险金的责任，但应从中扣除所欠缴的保险费连同利息。超过宽限期，仍未缴付保险费，保险合同即告停效。宽限期终了日若遇星期例假日，或法定休息日，或遇天灾地变，期限顺延。

（二）规定宽限期的目的

规定宽限期的目的在于避免合同非故意失效，保全保险人业务。人身保险的投保人在分期缴费方式下，缴纳首期保险费是合同生效的前提，按时缴纳续期保险费是维持合同效力的条件。在长期的缴费期间内，大多数投保人并非故意不按时缴纳保险费，而是因偶尔遗忘或暂时经济困难等客观原因未能按时缴费，如果保险人不给予一定时间的宽限，必然导致许多合同于中途停效，进而失效终止，这对被保险人而言，会因其客观原因（并非主观愿望）而使保障毁于一旦。因此宽限期的规定于合同双方都有利而无害。

二、复效条款

（一）条款内容

复效条款的基本内容是：投保人在停效以后的一段时期内，有权申请恢复保单效力，复效是对原合同法律效力的恢复，不改变原合同的各项权利和义务。

（二）复效的条件

复效须经投保人提出复效申请，并与保险人达成复效协议方可。为了防止逆选择，保险人对于申请复效，一般都规定了条件。主要有：

首先，申请复效的时间。任何民事法律权利都有时效限制，投保人申请恢复保单效力的权利也应有时效的限制。人身保险合同申请复效的时间一般规定为停效后的2年或3年内，我国保险法规定为2年，超过了这个期限，就不能复效，保单终止，保险人向受益人支付保单上的现金价值或退还已缴保费。

其次，申请复效应尽告知义务。与申请投保一样，申请复效仍要尽告知义务，提供可保性证明（生存类保险除外），此时只需告知保险人，被保险人在停效期间和复效当时的健康状况。只要能证明被保险人的健康状况在停效后未曾恶化，很少有保险人拒绝复效的情况。

再次，复效时，应补缴停效期间的保险费及利息，但保险人不承担停效期间发生的保障责任。因为：①从法律上讲，复效是从复效之日起恢复合同的法律效力，并不追溯以往。②从保险原理上讲，保险承保的只能是未发生的不确定事件，停效期内发生的保险事故属于已发生的确定事件，保险人不能负责。③从保险经营上讲，如果保险人要承担停效期间的保险责任，那么申请复效者大多是停效期间发生了保险事故的被保险人，因为这些人为了取得较多的保险金给付，宁愿补缴少量的保费和利息，这显然于保险人的经营不利。

最后，复效时须还清保单上的一切借款，或重新办理借款手续。

（三）复效与重新投保

人身保险合同停效后，被保险人要想重新获得保险保障，有两条途径：一是申请复效，二是重新投保。比较二者，各有适应情形。复效时保险费与原合同保持一致，停效期间连续计算在保险期间内，要补缴停效期间的保费和利息，不能获得此期间的保障。重新投保是投保人终止原合同——退保，与保险人重新订立新的人身保险合同。重新投保按投保时被保险人的年龄计算保险费，保费必然高于原合同，但保险期间从新订约时开始。因此，对于年轻的被保险人而言，终止原合同，重新订立新合同更为有利。复效一般适宜于年龄较大的被保险人，因这时重新投保的保费可能比原合同的保费高得多，在经济上不合算或者这时被保险人的年龄已超过了保险人可以承保的年龄而不能重新投保。另外，复效也适宜于保险人已经停止发售的险种。

三、贷款条款

（一）条款内容

贷款条款又称为保单贷款条款或保单质押贷款条款。其基本内容为：人身保险合同在保费缴满一定时期后（一般是1年或2年），投保人可凭保单向保险人申请贷款，其贷款的额度连同利息不得超过该保单上的现金价值。如果贷款本息达到保单上现金价值的数额时，合同终止。

保单质押贷款实际上是投保人处置保单的方式之一，其具体做 法是：

第一，只有保单上积存有现金价值时，投保人才能申请贷款。保单贷款实际上是投保人以保单上的现金价值为抵押的贷款。保险人在订立合同之初，投入了大量的原始费用，为了尽快收回投入的原始费用，发展新业务，保险人将订约初 1 年或 2 年内收取的保险费，在扣除了分摊死亡给付后的余额部分，全部用来摊销这些原始费用，因而保单订约后的一两年内保单上没有积存现金价值，在此期限内，投保人不能向保险人申请贷款。

第二，贷款的数目连同截至下一个缴费日的贷款利息，不能超过保单在那时用作保证的现金价值。如果贷款本息超过了保单上的现金价值，保险人向保单持有人发出归还贷款期限（一般为 31 天）的通知，届时如还未归还贷款，保险合同即行终止。合同终止后，无论是否发生保险事故，投保人都不能通过偿还贷款本息恢复其效力；合同终止后，保险人须注销保险合同，向投保人或被保险人发出终止合同的书面通知。

第三，保单贷款应按双方约定的利率计算，如果到结息日没有支付利息，该项利息并入贷款数目内一并计息。

第四，贷款期间保险合同为有效合同，在此期内发生的保险事故，保险人给付保险金；投保人退保，保险人应支付退保金。不过，保险事故的发生或退保的提出，并不免除投保人偿还债务的义务，所以应从保险金或退保金中扣还贷款本息。

（二）规定贷款条款的目的

规定贷款条款的主要目的是维持保单的继续率，解决投保人暂时资金紧张的困难。长期性人身保险合同都采用均衡保险费制，在此保费制下，每张保单上积存有现金价值，现金价值主要是投保人超缴的保费以及所生的利息，具有不没收的性质，投保人可根据其需要处置它。如果不允许投保人凭借保单向保险人借款，在投保人资金暂时困难，需要现金而又无其他解决途径时，只有通过退保，领取保单上的现金价值予以解决，这显然对保险人和投保人都不利。因此，为了维持保单的继续率，解决投保人的暂时经济困难，长期性人身保险合同都有贷款条款的规定。

四、自动垫缴保费贷款条款

（一）条款内容

自动垫缴保费贷款条款的基本内容是：投保人如在宽限期内尚未缴付保险费，除非投保人有反对声明，保险人得在保单的现金价值中自动提供贷款，用以抵缴保险费，使合同继续有效，直到累计的贷款本息达到保单上现金价值的数额为止。届时，投保人如再不缴付保险费，保险合同效力即行终止。

自动垫缴保费贷款是保单贷款方式之一，适宜于分期缴费的长期性人身保险合同。自动垫缴保费贷款条款的具体内容可分述如下：

第一，自动垫缴保费贷款意指不需投保人提出贷款申请，保险人自动提供贷款的目的在于垫缴保险费。自动垫缴保费贷款条款的实施，以订约时投保人的书面同意为条件，这是因为：自动垫缴保险费贷款经过一定时期后，投保人退保所得的退保金要扣除垫缴的本息。不征得投保人的同意，保险人就自动垫缴保费，如果垫缴保费期间未发生保险事故，投保人可能否认保险人的垫缴，在退保或期满领取退保金或满期保险金时，可能在其金额上与保险人产生纠纷，因此，只有在订约时，投保人出具了书面同意书的情况下，保险人方能实施这一条款。

第二，自动垫缴保费贷款的前提是保单上积存有现金价值。贷款仍需按一定的利率（一般是以当时国家银行的贷款利率）计息。当累计的贷款本息达到保单上现金价值的数额时，停止贷款，如果此时投保人再不缴付保险费，保险合同即告终止。

第三，自动垫缴保费期间，保险合同仍然有效，如果保险事故发生，保险人要从给付的保险金中扣除垫缴的本息。

（二）规定自动垫缴保费贷款条款的目的

此条款的目的与宽限期条款的目的一样，都是为了防止保单非故意停效，维持保单的有效率，保全保险人的业务。

五、不丧失价值任选条款

（一）条款内容

不丧失价值就是保单上的现金价值。不丧失价值任选条款的基本内容就是：规定投保人有权在合同有效期内选择有利于自己的方式处置保单上的现金价值。

（二）不丧失价值的处置方式

不丧失价值的处置方式通常有：

1. 解约退保，领取退保金

投保人采用这种方式，虽可得到解约退保金，但解约退保后，保险合同终止，被保险人失去保险保障，也可能会因为以后成为不可保体而永远失去保险保障；再者，投保人在领取退保金时要扣除解约费用，这对投保人而言也是不利的。

解约退保对于保险人而言，更是有弊而无利，因为：①解约退保可能意味着严重的逆选择。众所周知，解约退保者中极少属体弱多病、健康欠佳或从事较危险行业的被保险人。只有那些身体健康较佳者才会解约退保，这就可能导致实际死亡率较预期的增大的逆选择现象。②减少保险人的投资收益。解约退保，保险人从其责任准备金中支付退保金，可能影响保险人的投资规模，降低投资收益率。③影响保险人费用成本的收回。人身保险合同的初年成本和费用往往超过第1年的保费收入，这些费用除了在合同最初一二年度，由修正制责任准备金中收回一部分外，其余的要分摊到以后各年度才能收回，投保人的中途退保解约，使这部分成本费用难以收回。④解约退保过多会影响保险人的声誉和形象，失去潜在的投保人。因此，保险人在经营中，如何防止解约为一重大课题，唯有高的合同继续率，才能维持经营的安全。

2. 减额缴清保险

投保人如不愿继续缴纳保险费，可以减额缴清保险的方式处置保单上的现金价值。减额缴清保险就是投保人利用保单上的现金价值将原合同改变为一次缴清保险费的同类保险，改保后，保险期限和保险内容保持不变，只是保险金额比原合同有所减少。“减额”，是指保险金额的减少。“缴清”，是指保险费交付完毕，即投保人以当时保单上的现金价值作为趸缴保费投保与原合同种类相同的保险。改保后，投保人不再缴付保险费，但所享受的保障程度降低。这种方式适宜于被保险人身体健康状况良好，需要长期保障而又无力缴付保险费的保险合同。

3. 展延定期保险

展延定期保险指投保人利用保单上的现金价值将保险合同改为一次缴清保险费的定期保险，改保后，保险金额不变，只是保险期限要根据保单上的现金价值进行推算。这种方式对被保险人身体健康状况衰退或职业风险有所增加，而无力缴付保险费的保险合同适用。

上述三种方式的共同之处是：①以保单上积存有现金价值为前提；②必须于保险合同有效期内申请；③以当时保单上的现金价值作为趸缴保费（仅限于后两种方式）；④变更或退保时，如有保单贷款或自动垫缴保费贷款均需先扣除贷款本利。

六、保单转让条款

（一）条款内容

长期性人身保险合同都具有现金价值，类似于有价证券，保单持有人可作各种处置。保单转让条款的基本内容就是允许保单持有人在需要时转让保单，保单转让时须书面通知保险人，否则不生效力，保险人收到转让通知后，即受其约束。在此之前，保险人对转让合同是否生效不负责任。例如，某甲向乙贷款5万元，同意以其面额为5万元的定期死亡保单转让给乙，双方于2017年5月6日签订转让合同并于同日通知保险人，结果5月8日被保险人死亡，而保险人于5月9日才收到转让通知，这时保险人应将保险金支付给保险合同上的原受益人，而不是受让人乙。

保单转让后，受让人享有对保险金的请求权，实际上就是在变更受益人，因此，保单的转让应限于被保险人本人。

（二）保单转让的种类

保单转让通常分两种：

1. 绝对转让

绝对转让指受让人承受了保单的全部权利，成为新的保单持有人。如发生保险事故，全部保险金归受让人。

2. 相对转让

相对转让指受让人仅承受保单的部分权利。相对转让情况下，受让人于保险事故发生时，收到的只是已转让权益的那部分保险金，其余的仍归原受益人所有。

七、共同灾难条款

共同灾难条款是解决共同灾难发生时，受益权归属的依据。

（一）条款产生的原因

共同灾难，是指被保险人和第一受益人同死于共同的意外事故而言。例如，被保险人与第一受益人同死于一次灾难事故，可能出现下列三种情形：

第一种，明确知道两者死亡的先后顺序；

第二种，明确知道两者为同时死亡；

第三种，无法知道两者死亡的先后顺序。

第一种情况，保险金如何处理，较为明确：如果被保险人先于第一受益人死亡，保险金应归第一受益人；如果相反，保险合同应作为无受益人合同处理，保险金归被保险人，由其继承人领取。

第二、三种情况则较麻烦，容易引起许多法律上的纠纷。为了避免争端，美国大部分州通过了统一同时死亡法案，该法案认定在第二、三种情况下，第一受益人先死，被保险人后死，在无指定第二受益人的情况下保险金归被保险人所有，如有则归第二受益人。但是，只要稍能证明第一受益人后死于被保险人，此法案就无法运用。因此，为了解决上述复杂的法律关系，保险人设计了共同灾难条款，作为共同灾难发生时，解决保险金归属问题的法律依据。

（二）条款内容

共同灾难条款规定：只要第一受益人与被保险人同死于一次事故中，不论谁先死，谁后死，还是同时死亡，都认定第一受益人先死，被保险人后死，保险金不是归第二受益人（保单指定有第二受益人情况下），就是归被保险人，由被保险人的继承人享有。共同灾难条款的产生使问题得以简化，避免了许多无谓的纠纷。

八、不否定条款

（一）条款内容

不否定条款又称为两年后不否定条款、不可争条款、不可抗辩条款。其基本内容是：在被保险人生存期间，从保险合同生效之日起满一定时间后（通常为两年），保险人将不得以投保人在投保时违反诚信原则，未如实履行告知义务为理由，主张解除合同。

不可争条款的除外情况一般包括下列几种：

（1）投保人停缴保险费。

投保人超过了宽限期未缴付保险费，保险合同效力处于停止状态。

（2）被保险人年龄误告。

年龄是计算保险费的主要因素，如果误报的年龄不予更正，不根据实际情况调整保险待遇，就会出现合同双方权利义务不对等的情况。

（3）永久完全残疾、丧失工作能力的给付。

这是为了防止已残疾者为了获得保险金而投保。

（4）意外死亡加倍给付。

如果被保险人在保险合同成为不可争文件后，由于意外事故死亡，保险人只按约定的保险金额给付，加保部分不予给付。

此外，投保人在订立合同时不具备法律要求的基本条件（如投保人与被保险人不存在保险利益），或由于其他原因（如被保险人被冒名顶替）致使合同从订立开始就无效的，保险人可在任何时间提出该合同是无效的。实际上因为这些合同本身就是无效合同，也就无所谓解除与否的问题，因此不可争条款对上述情况不起作用。

（二）条款产生的原因

不可争条款的规定，是为了防止保险人滥用权利，保护投保人的正当权益。根据诚信原则，要求投保人在投保时应据实告知被保险人有关健康的一切情况，如果投保人没有履行告知义务，法律赋予保险人有解除合同的权利。如果对此权利不加以限制，会损害投保方的正当权益，其表现在：

首先，如果被保险人在订立合同多年后才主张解除合同，这时被保险人可能由于健康状况的变化而成为不可保体，丧失获得保险保障的机会，也可能这时被保险人年龄较大，重新投保需要缴付较多的保险费。

其次，如果保险事故发生时，保险人借口告知不实，故意为难，拒付保险金，使被保险人失去应有的保障。因此为了保护投保人的正当权益，维持保险人的信誉，制定了此条款。

九、年龄误告条款

（一）条款内容

年龄误告条款是如何处理被保险人年龄申报错误的依据。条款的基本内容是：如果投保时，误报了被保险人的年龄，保险合同仍然有效，但应予以更正和调整。如果被保险人的真实年龄已不符合保险合同规定的年龄限制，保险合同无效，退还已缴保险费。我国《保险法》第三十二条规定："投保人申报的被保险人年龄不真实，并且其真实年龄不符合合同约定的年龄限制的，保险人可以解除合同，并按照合同约定退还保险单的现金价值。"由此，被保险人的年龄不符合承保年龄限制而订立的保险合同属于不可争条款的范围。

（二）调整方法

被保险人年龄误报可能出现两种情况：一是年龄报大了，二是年龄报小了。可能导致的结果也有两种：一是实缴保费多于应缴保费，即溢缴保险费，二是实缴保费小于应缴保费。前者如死亡类保险合同的被保险人申报年龄大于真实年龄，后者则是相反的情况。对上述两种情况应分别进行调整：

1. 溢缴保费时的调整

被保险人年龄误报导致溢缴保费时，其调整方法有两种：

第一种，在保险事故发生或期满生存给付保险金时，如果发现了误报年龄时一般应按真实年龄和实际已缴保费调整给付金额。调整公式为：

$$应付保险金=约定保险金额\times\frac{应缴保险费}{实缴保险费}$$

公式中的实缴保险费指投保人按错报年龄实际已缴纳的保险费，应缴保险费是按被保险人真实年龄计算应该缴纳的保险费。

第二种，在保险合同有效期间，如果发现了被保险人的年龄误报，既可以按前式调整保险金额，也可以退还溢缴保险费。一般地，保险人都按第一种方式调整保险金额，只有在调整后的保险金额超过了保险合同规定的限度时，才运用退还溢缴保费方式进行调整。我国保险法规定，溢缴保险费时，应当退还多收的保险费。

2. 保险费少缴时的调整

一般分两种情况：

第一，在合同有效期间，可要求投保人补交少交的保险费；

第二，在保险事故发生时，则只能按实交保费调整给付金额，调整公式如上。

十、自杀条款

在人寿与健康保险合同中，自杀都是作为除外责任。

（一）条款内容

自杀条款规定：在人寿与健康保险合同有效期内，如果被保险人自杀，保险人不承担责任。这里有两种情况：

1. 有时间限制

对被保险人的自杀作了时间上的限制，即从保险合同生效日或复效日起的一定时间内（通常为两年），如果被保险人自杀保险人不承担给付责任，但如果超过了这个时间限制，被保险人自杀，则属于保险人的责任范围。

2. 无时间限制

指合同生效后，在合同有效期内，无论被保险何时自杀，保险人都不承担给付保险金的责任。

（二）条款规定的原因

第一，保险人承保的风险应该是非本意的，被保险人自杀是人为的故意行为造成的，保险人不能承保责任。

第二，自杀是违反自然规律的，是社会不提倡的行为，因此保险人不能为社会所反对的行为提供保障。

第三，保险人规定自杀条款的另一大原因在于防止有人利用自杀谋得保险金，防止道德风险的发生。

（三）自杀条款的限制

自杀条款不适用于被保险人为无行为能力人的保险合同中。这要分两种情况：①订立合同时被保险人就没有行为能力，这种合同仅限于一些包含死亡责任的险种（如我国开办的中小学生平安险等）。这些险种的死亡给付额要受法律的限制。②订立合同时被保险人是有行为能力人，而在合同持续期间丧失了行为能力（指精神病患者）。对于前者，合同中不应列入自杀条款，对于后者，则应取消此条款。因为：

1. 无行为能力人的自杀并非真正含义上的自杀

按《法学词典》的解释：构成自杀必须具备两个条件：一是要有主观愿望，即需要有结束自己生命的愿望；二是要有足以实施结束自己生命的行为，两者缺一不可。显然，无行为能力的人由于其认识能力等各种能力的限制，不能认识死亡的含义，也不能意识到自己行为的真正后果，缺乏判断是非的能力，即使实施了结束自己生命的行为，其主观愿望也难以成立（如精神病患者跳楼自杀），因此对这些人不存在自杀的问题。

2. 保险人规定自杀除外责任的一个重要原因是防止有人利用自杀骗取保险金

如果无行为能力为未成年人，就其行为能力而言是不可能有利用自杀谋取保险金的动机的。如果被保险人是精神病患者，则更谈不上谋取保险金的动机了。因此自杀条款不适用于这类保险合同。

《保险法》第四十四条规定：“以被保险人死亡为给付保险金条件的合同，自合同成立或者合同效力恢复之日起二年内，被保险人自杀的，保险人不承担给付保险金的责任，但被保险人自杀时为无民事行为能力人的除外。保险人依照前款规定不承担给付保险金责任的，应当按照合同约定退还保险单的现金价值。”

第四节　意外伤害保险

一、意外伤害保险的概念和特征

（一）意外伤害保险的概念

1. 什么是伤害

首先应明确什么是伤害？通常认为，任何一种因素使人的身体遭受到损害以致危害健康甚至引起死亡，就可以称为伤害，按人们习惯的称呼有时也叫损伤。伤害不仅是指机械性损伤，也包括烫伤、冻伤、中毒、溃疡、惊悸等。即使是“电气伤害”“精神伤害”“生物伤害”“化学伤害”“原子核对人体的辐射”等，也可视为伤害。在现代社会中，风险日益增多，伤害的种类也不断增多。

但是从法医学的观点来看，伤害仅仅指由于客观外因所致的各种伤害，而不包括人体内部由于疾病所致的伤害。下面讨论的伤害和保险公司在实际业务中承保的伤害基本上沿用法医学上所称的伤害，但有时也对其外延加以扩大（如中毒等）。

2. 什么是意外伤害

意外是指伤害发生时被保险人事先没有预见到，或伤害的发生非被保险人的主观愿望，或伤害的发生对被保险人而言突然出现，即意外事件的发生必须具备非本意、外来、突然这三要素，此三要素互相统一，互相联系，缺一都不能构成意外事件。三要素中尤其以非本意的偶然为核心，外来、突然仅仅是对非本意的限定。现将三要素的含义分别解释如下：

（1）非本意

非本意是指意外事件的发生非被保险人的主观愿望，也不是被保险人所能预见的。例如，一正常航行的飞机因机械失灵坠毁发生空难，这种结果违背乘客乘坐飞机的主观愿望，也不是乘客在搭乘飞机时能够预见的，故属于意外事件。

特别是有的意外事件，尽管本人能够预见到事件将要发生，也可以采取防范措施加以避免，但基于法律的规范或遵守职业道德不能躲避。例如，一银行职工面对持刀抢钱的歹徒，为保护国家财产挺身与歹徒搏斗受伤，仍属于意外事件导致的伤害。

（2）外来

这里所谓“外来”，是强调与前述法医学定义伤害的含义保持一致，即出现意外事件的原因是由被保险人身体外部的因素所引起的。例如，车祸、摔伤、食物中毒等，只要是人体以外的因素所导致的事件均视为意外。

（3）突然

突然是指事件的发生对被保险人来讲，来不及预防，即指事件发生的原因和结果之间仅具有直接瞬间的关系。例如，爆炸、飞机失事、空中坠落物体等引起的人身伤亡均属于意外。在生产劳动中发生的铅中毒和矽肺，尽管也属于非本意，是因外来的因素所造成的，但由于上述两种情况均属于长期接触有毒物质而形成的职业病，结果和原因之间不具有瞬时联系，故不属于意外事件。

值得注意的是，有些事件造成的结果不一定立即显示，即由于伤害后发生继发症所致，而对人体的损伤却是外来剧烈因素所造成的，亦可称为意外事件。例如，发生坠落以致出现内出血，虽然当时没有发现，后来因内伤致死也可作为意外事件。

综上所述，所谓意外伤害是指由于外来的、剧烈的、突然的事故所造成的人身伤害，它包括意外和伤害两个必要条件。例如，爆炸、倒塌、烫灼、碰撞、扭折、雷击、触电、中暑、冻伤、淹溺、窒息、急性中毒、坠跌、被人兽袭击、车船飞机失事以及劳动操作使用机器时发生的工伤事故等。

3. 什么是意外伤害保险

意外伤害保险的概念可定义为：当被保险人因遭受意外伤害使其身体残疾或死亡时，保险人依照合同规定给付保险金的人身保险。在意外伤害保险中，保险人承保的风险是意外伤害风险，保险人承担责任的条件是被保险人因意外事故导致残疾和死亡。

4. 意外伤害保险的分类

意外伤害保险按不同的分类方法可以分成不同的类别，如按投保的对象不同，可以分为个人意外伤害保险和团体意外伤害保险等。这里给大家介绍的是按承保的风险不同，将意外伤害保险分为普通意外伤害保险和特种意外伤害保险。

(1) 普通意外伤害保险

该类意外伤害保险是指在保险期限内由于普通的一般风险而导致的各种意外伤害事件。在实际业务中，许多具体险种均属此类意外伤害保险，如我国现开办的团体人身意外伤害保险、个人平安保险等。

(2) 特种意外伤害保险

该类意外伤害保险是指特定时间、特定地点或特定原因导致的意外伤害事件。由于“三个特定”，相对于普通意外伤害保险而言，后者发生保险风险的概率更大些，故称之为特种意外伤害保险。例如在游泳池或游乐场所发生的意外伤害，在江河漂流、登山滑雪等激烈的体育比赛或活动中发生的意外伤害等。实际开办此类业务时，大多采取由投保方和保险方协商一致后签订好条款，投保方只需做出“是”与“否”的附合。

(二) 意外伤害保险的特征

意外伤害保险的特征可以从它与人寿保险的比较中得出：

意外伤害保险和人寿保险两者都是采取定额保险的形式，即在投保时，由投保人和保险人约定一定数额，作为保险金额，当保险事故发生时，由保险人依照保险金额承担给付责任；在保险合同主体方面，二者的投保人与被保险人可以是同一人，亦可以不是同一人，两者都可以指定受益人。

它们的区别主要表现为：

第一，就可保风险而言，人寿保险承保的是人的生死，或死亡给付，或养老金的领取，或满期领取等，属人体新陈代谢自然规律，与人的年龄大小密切相关。而意外伤害保险承保的则是由于外来的、剧烈的、突然的事故对人体造成的伤害残疾或死亡，对每个人来说，无论年龄大小如何，其危险程度大体是相同的，因此其风险的发生与年龄关系不大而与被保险人从事的职业与生活环境密切相关。

第二，就费率制定而言，人寿保险在厘订费率时按人的生死概率，选择不同的生命表进行计算；而意外伤害保险费率的厘定则是根据过去各种意外伤害事件发生概率的经验统计计算，比较注重职业危险。不同的职业，发生意外伤害事故的概率不同，因此，其费率的大小也不同。

第三，就责任准备金提取来看，人寿保险一般均属长期性业务，保险人收取的保费是按均衡办法计算的。照这种计算模式，其保费一部分是作为当年死亡给付的危险保费，另一部分则是专门积存起来作为将来的死亡给付或期满给付的储蓄保险费。储蓄保费连同其按复利方式所产生的利息构成人寿保险的责任准备金，以保证将来履行保险责任。而意外伤害保险的保险期限最长一般为 1 年，属短期性业务，责任准备金的提取是从当年自留保险费中提取未到期责任准备金。

此外，意外伤害保险还具有季节性、短期性以及灵活性较强的特点。就季节性来看，春秋季节，相对而言是旅游人身意外伤害保险的旺季；炎热的夏季，游泳池人身意外伤害保险必然集中。就出险的概率而言，台风季节，轮船事故导致的人身意外伤害相对较多；寒冬腊月，北国冰封，导致跌倒摔伤的人身意外伤害相对较多。就其灵活性来看，实际业务中，许多意外伤害保险保单的订立，大多数是经当事人双方签订协议书，双方协商一致约定一个最高限额，作为保险金额，保险责任范围也显得相对灵活。就其期限来看，意外伤害保险除最长的保险期限为 1 年以外，多数意外伤害保险的期限均属于较短时间。如乘坐火车、轮船、飞机等各种运输工具的旅客，其参加的旅客意外伤害保险，保险期限为一次旅程；游泳池人身意外伤害保险，其保期只限定为一个场次对应的时间。

二、意外伤害保险的保险责任及给付方式

（一）意外伤害保险的保险责任

1. 意外伤害保险的责任范围

意外伤害保险的保险责任是指，在保险期限内，当被保险人因遭受意外伤害而造成死亡或残疾，由保险人履行全部或部分保险金的给付。意外伤害保险的保险责任范围分为两大类：

第一类，由意外伤害造成的死亡，其对应所给付的保险金为死亡保险金；

第二类，由意外伤害造成的残疾（全部残疾或部分残疾），所给付的保险金为残疾保险金。

2. 保险人承担责任的条件

在意外伤害保险中，保险人承担责任的条件包括：

第一，在保险有效期内被保险人发生意外伤害事故；

第二，在责任期限内被保险人残疾或死亡；

第三，被保险人的残疾或死亡与意外事故之间存在因果关系。

3. 关于责任期限的规定

责任期限是意外伤害保险特有的概念，是指自被保险人遭受意外伤害之日起的一定时间期限（如 90 天、180 天、1 年），有时亦称观察期。意外伤害保险中有关责任期限的规定，是指被保险人在自遭受意外伤害起多长时间内造成死亡或残疾才构成保险责任。如被保险人先受到伤害，然后导致死亡，这种以伤害为直接原因的被保险人死亡，必须发生于伤害之日起的 180 天之内。这种情况下，即或被保险人死亡时间已超出保险期限，保险方仍应承担死亡保险的给付。

特别来讲，在意外伤害保险中，由于意外伤害事件导致被保险人失踪，为了维护投保方的利益，可以在意外伤害保险条款中附失踪条款或在保单中注明有关失踪的特别约定，保险效力应继续到宣告死亡之日，而不受保险期限的约束。

对于意外伤害造成的残疾，所谓责任期限实际上是确定残疾程度的时间界限。当被保险人遭受意外伤害后，往往需要经过一段时间的治疗，才能确定是否造成残疾以及造成何种程度的残疾。如被保险人在保险期限内遭受意外伤害，责任期限尚未结束，治疗过程已终结并被确定为残疾时，保险方应当根据已确定的残疾程度给付残疾保险金。但若被保险人在保险期限内遭受意外伤害，责任期限结束时而治疗过程尚未终结，那么无论被保险人的组织残缺或器官机能的丧失程度将来如何，应当推定责任期限结束时这一时刻，被保险人的残疾程度是永久性的，并据以给付残疾保险金。之后无论是被保险人的程度减轻或加重，保险人均不再承担残疾保险金的追偿或给付。

4. 除外责任

除外责任就是保险人不承担的风险责任。意外伤害保险的除外责任分为以下几类：

第一，危险的发生是被保险人故意行为造成的，并非出于偶然，如自杀；

第二，违反法律和社会公德的，如被保险人因犯罪致死；

第三，事故的发生以及后果是难以估计的，如战争致死。

5. 特别约定

意外伤害保险的特别约定是指：许多伤害事件，从保险原理上来讲并不是不能承保，而是保险人考虑到此类意外伤害事件发生时，其保险责任不易确定，或此类意外伤害事件的或然率不易把握，限于保险方的技术原因一般不予以承保。只有经过合同双方对此类意外伤害事件的互相协商，遵循公平、等价有偿的准则，考虑到此类危险的特殊性，有时还要加收保险费，做到权利义务对等，方能承保。特别约定承保的意外伤害事件分为以下几类：

第一，战争使被保险人遭受的意外伤害事件；

第二，被保险人在激烈的体育活动或比赛中遭受的意外伤害；

第三，核辐射造成的意外伤害等。

（二）意外伤害保险的给付

如前所述，意外伤害保险合同属定额保险合同，所以，当发生保险事件后，保险人是按定额保险合同的方式承担保险责任。意外伤害保险的保险责任不外乎是死亡保险金和残疾保险金的给付，其中以残疾保险金的给付较为复杂。现分别介绍如下：

1. 死亡保险金的给付

一般意外伤害保险条款中，均应明确规定死亡保险金的数额或死亡保险金占保额的比例。例如，规定被保险人因意外伤害死亡时给付保险金额 5 000 元、10 000 元，或规定被保险人因意外伤害死亡时给付保险金额全数或 80%、50%等。

2. 残疾保险金的给付

残疾保险金的给付较死亡保险金的给付更为复杂，因此在处理上一定要慎重。在意外伤害保险合同中，均以“永久完全失明”“永久完全残疾”或“局部永久残疾”作为确定残疾保险金的给付依据。“永久完全失明”是指永久不能恢复的失明，“永久完全残疾”是指人体完全丧失生理机能或身体功能状态，“局部永久残疾”是指机体一部分（如目、耳、鼻或其他机体）处于丧失工作能力或生活能力的状态。此二者是有所区别的。

残疾保险金的给付金额是由保险金额和残疾程度两个因素确定的。残疾程度是指人体永久完全丧失生理机能或身体功能状态的程度，通常用百分比表示。残疾保险金的给付金额由下式计算：

$$残疾保险金=保险金额\times残疾程度百分比$$

可见，一份意外伤害保险合同，在保险金额一定的情况下，发生意外伤害事件后，依照残疾程度的高低，我们可以很方便地计算出残疾保险金。

第五节 健康保险

一、健康保险的概念和特征

（一）健康保险的定义

健康保险是为人类健康提供保障的保险。这是以人的身体作为保险标的，在被保险人因疾病或意外事故所致医疗费用支出或收入损失时，保险人承担赔偿责任的一种人身保险。对上述定义须知：

第一，健康保险是人身保险的一大分类，它所提供的保障事故包括意外伤害和疾病两种。

意外伤害和疾病两者发生的原因和性质是不同的。意外伤害是指突发的、非预期的、身体外部原因造成的；疾病的发生是由身体内在原因间接引起的，虽然疾病多起于外来原因，但必须于身体内部经一定时间的酝酿，才形成疾病。健康保险将这两者作为其保险事故。

第二，健康保险的责任是意外事故或疾病所致的医疗费用或收入损失。

在保险给付处理上，意外事故所致的给付与疾病所致的给付有所不同，前者较后者宽大。这是由于伤害事故发生较为确定，如四肢残缺、失明、死亡等，甚为明显；疾病则不然，可能存在一部分或全部的心理因素，疾病的发生、持续或其严重性，道德风险因素存在的可能性较大，小疾大医，一人保险、全家受益的情况也时有发生，因此疾病的保险给付必须审慎。

（二）健康保险的特征

健康保险和意外伤害保险同属于短期性保险，二者的基本情况具有共同的特征，在国外将两者归类为非寿险。在保险期限、保险事故、保费计算及要素、责任准备金性质等方面，两者共同区别于人寿保险（参见“意外伤害保险”一节）。这里仅就健康保险和意外伤害保险进行比较，以进一步认识健康保险。

1. 保险责任不同

健康保险和意外伤害保险都将意外伤害作为保险事故，但两者的责任范围不同。意外伤害保险的责任限于被保险人因意外事故所致的死亡或残疾，而健康保险则承担因意外事故所致的医疗费用或收入损失的赔偿责任。例如：某被保险人发生车祸受伤住院治疗后残疾，如果此人投保的是意外伤害保险，保险人只承担残疾给付而不负责赔偿医疗费用；如果此人投保的是健康保险，保险人则承担受伤住院的医疗费用和住院期间以及残疾后不能工作的收入损失的赔偿（具体责任视健康保险的险种不同而有别）。

2. 合同性质不同

意外伤害保险大多是定额给付，属给付性合同，保险事故发生后，保险人按合同约定的金额进行给付。健康保险合同大多属于补偿性合同，其保险金的给付基础有三：①定额给付。类似于寿险和意外伤害保险。②实际补偿。按实际发生的费用给付，但有最高额的限制。③预付服务。由保险人直接支付医疗费用。

因此，在健康保险中，存在着重复保险和代位追偿的问题。如果保险事故是由第三方责任引起的，保险人既可以在给付了保险金后，要求被保险人将向第三方追偿的权力转交于保险人，也可以在第三方进行了赔偿后，不予给付或补足差额（限于补偿性的健康保险合同）。如果存在重复保险，也应按重复保险下的赔偿方式进行给付。

二、健康保险的种类

健康保险主要有医疗保险和收入损失保险两大类。

（一）医疗保险

1. 医疗保险的概念

医疗保险又称为医疗费用保险，是健康保险的一大险种。医疗费用保险是指被保险人因意外事故或疾病所需的医疗费用由保险人进行补偿的健康保险。医疗保险既可以单独承保，也可以附加于人寿保险和意外伤害保险，例如我国中小学生平安险中就附加了医疗费用保险。

在医疗保险中，保险事故为意外事故和疾病，保险人的责任为负责被保险人支出的医疗费用补偿。医疗费用是被保险人在医疗机构接受各种医治而发生的费用，如医疗费、手术费、住院费、护理费、医院设备费等。按医疗服务的特性划分可将医疗费划分为门诊费、药费、住院费、护理费、医院杂费、手术费用、各种检查费用等。不同的健康保险单保障的项目不同。

2. 医疗费用保险中的常见规定

（1）观察期，又叫试保期间

为了防止预有疾病（即带病投保）的存在，在医疗费用保险中一般都有观察期的规定。观察期是指从保险合同生效日开始后的一定时期内（一般为半年），被保险人因疾病所致的医疗费用，保险人不承担责任；观察期过后，保险人才承担责任。但观察期内意外事故所致的医疗费用仍在保险人的责任范围内，保险人应承担给付保险金的责任。观察期的规定同样适用于后面所讲的收入损失保险。

（2）免赔额

为了避免小额的经常性的医疗费用赔款的支出，节省费用，医疗保险一般都有免赔额的规定，即只有被保险人的实际医疗费用超过一定的额度时，保险人才开始给付。医疗费用保险一般采取绝对免赔额的赔款方式。

（3）保险限额

医疗保险的赔偿总限额是合同上约定的保险金额。除此之外，医疗保险对单项医疗费用也规定了限额。其内容主要是：①规定住院费用的给付限额，包括每天的给付限额和住院天数的限制。②规定外科手术费用的给付限额。对于外科手术费用，在医疗保单中常列表规定各项手术的给付限额，此表称为外科费用表。③规定每次门诊费用的给付限额。医疗费用保险对每次门诊的医疗费用规定给付限额，并要规定给付的门诊的次数。大额的医疗费用保险还对一定时期内的总的医疗费用给付实行限额控制，如每年的医疗费 1 000 元，超过 1 000 元部分自负。④规定各种疾病的给付限额，即对每种疾病的医疗费用（包括门诊、住院、手术等费）规定一个给付限额。

（4）共保条款

大多数大额医疗费用保险都有共保条款。共保条款的内容是，被保险人要按一定的比例自负一定的医疗费用，如共保比例为 80%，意指被保险人自负 20%的医疗费用，其余 80%由保险人赔偿。如果同一张保单既有免赔额又有共保比例，一般是超过免赔额部分的医疗费用按共保比例给付。共保条款运用的目的在于促使被保险人在发生意外事故或生病时，只支出必要合理的医疗费用，是保险人控制成本的手段。

（5）除外责任

医疗费用保险都有除外责任的规定，不同的保险具体的除外责任有所差异，但总的说来，医疗费用保险的除外责任包括：①被保险人在投保前患有的疾病不属于保险责任。②战争或战争行为。③除了作为定期航班上的乘客以外的空难。④自我伤害。不论被保险人精神正常与否，自我伤害均属于除外责任。⑤各种整容外科手术、牙科治疗、视听检查及眼镜、助听器、怀孕及产科费用。⑥其他社会保险支付的医疗费用。

3. 医疗保险的主要险别

（1）普通医疗保险

普通医疗保险，又称为普通医疗费用保险，是指保险人对被保险人因意外事故或疾病所致的一般性医疗费用（外科除外），承担给付责任的医疗保险。普通医疗费用保险的给付以在医院的医疗费用为主，同时也可以包括因疾病在家疗养或在私人诊所治疗的费用。这些费用主要包括门诊费用、医药费用、检查费用等。由于医药费用和检查费用的支出难以控制，因此此险种都规定有免赔额和共保比例。

（2）住院保险

住院保险，又称为住院费用保险，是指保险人承担被保险人因住院而发生的各项费用的疾病保险。住院费用主要包括每天医疗房间的费用、住院期间医生费用、利用医院设备费用、手术费用、医药费用等。由于住院时间的长短直接影响费用的高低，一般此险种都对每次住院的时间做了限制，并且也有每日给付限额以及共保比例的规定。

(3) 总括医疗费用保险

保险人对于被保险人因疾病或意外事故所致的医药费、住院费、手术费、检查费、化验费等，不分项目，规定一个总的给付限额，在限额内给付。由于保险责任包括一切医疗费用，因此此险种的保险费率较高，一般都要确定一个免赔额和共保比例。

(4) 手术保险

手术保险中，保险人承担的责任是被保险人因病或意外事故需做必要的手术而发生的所有的手术费用。一般都规定了给付限额和给付期间。

(5) 特种疾病保险

特种疾病保险中，保险人仅以保险合同中订明的疾病为依据给付医疗保险金。例如癌症保险，仅负责给付被保险人因患癌症而支付的各种医疗费用。特种疾病一般是指较为严重的、难以治疗的疾病。通常这种保险的保险金额较高，以满足特种疾病对各种医疗费用支出的需求，特种疾病保险的给付方式一般是在确诊为特种疾病后，立即一次性支付保险金。

(二) 收入损失保险

1. 收入损失保险的概念

收入损失保险又称为工作能力丧失收入保险或收入保障保险。收入损失保险是指在保险合同有效期内，如果被保险人因意外事故或疾病丧失工作能力以致不能获得正常收入或收入减少时，由保险人分期给付保险金的一种健康保险。

在收入损失保险中，保险人承担的责任事故仍旧是意外事故和疾病，保险人的责任是被保险人因保险事故所致的收入丧失或减少。

2. 收入损失保险中的常见规定

(1) 保险对象

收入损失保险对被保险人的规定一般是：①要有正当职业，而且工作能力丧失时，必须使收入中断；②年龄一般不得小于 18 岁，最高不得大于 55 岁或 60 岁。

(2) 试保期间

试保期间指被保险人在投保开始后的一定时期内，因疾病所致的收入损失，保险人不承担给付责任。

(3) 免责期间

免责期间又叫等待期间，通常指被保险人于工作能力丧失开始日后的一定时间内（通常为 7~365 天），保险人不负给付责任，待免责期结束后，保险人才视被保险人丧失工作能力的情况给付保险金。规定免责期间的目的是：①观察被保险人丧失工作能力的持续状态，以判定是否为全部或部分工作能力丧失；②消除许多短暂的完全丧失工作能力的收入保险金给付。

（4）给付期限

在收入损失保险中，给付期限是指保险人对于不能正常工作或需要治疗的被保险人负责给付停工收入损失保险金的最长时间，一般规定为 90 天、180 天、360 天等。当被保险人因疾病或意外事故不能工作或需治疗时，保险人按日或按周定额给付收入损失保险金，给付的日数或周数以给付期限为限。给付期限结束时，即使被保险人仍不能工作或仍需治疗，保险人也不再负责。给付期限自给付收入损失保险金开始时起算。

（5）除外责任

收入损失保险的除外责任与医疗保险的除外责任差不多，参见前述内容。

（6）附加特约

在收入损失保险中，可采用附加特约的形式增加合同责任或调整合同的某些内容。附加特约的内容范围有：①免缴保险费。②双倍保险金给付。③按生活费用变化调整保险金。上述三种特约附加的内容与人寿保险合同中的这些附加特约相同。④意外死亡和致残的一次性保险金给付的责任。这种特约附加中，一般规定意外死亡的一次性保险金给付金额不超过完全丧失工作能力的月收入保险金的 200 倍，如完全丧失工作能力的月收入保险金为 200 元，则意外死亡的附加一次给付的保险金为 40 000 元以下。意外致残的一次性保险金给付金额为完全丧失工作能力月收入保险金的几倍（半残）或 24 倍（全残）。⑤没有造成丧失工作能力的意外伤害按伤残程度给付一定数额的保险金，并报销其医疗费用。

3. 收入损失保险的给付方式

收入损失保险的给付有定额给付或按收入比例给付两种方式。其给付的额度视丧失工作能力的程度而定。

（1）定额给付

定额给付指不论被保险人丧失工作能力前的收入如何，只要丧失工作能力，就视丧失工作能力的程度，按合同约定的额度分期给付保险金。例如，合同规定全部工作能力丧失，每月给付 200 元收入损失保险金，某被保险人事故发生前月收入为 1 500 元，保险人仍按 200 元每月进行给付。

（2）比例给付

比例给付指收入保险金视被保险人工作能力丧失的程度，按其原收入的一定比例进行给付。

全部工作能力丧失，其给付的保险金一般为工资的一定比例（一般为工资的 75%或 80%）。例如，某被保险人丧失工作能力前的正常收入为每月 800 元，伤害发生后，其工作能力全部丧失，不能获得任何收入。这时保险人每月给付给他的保险金为 640 元（800×80%＝640）。

部分工作能力丧失，保险人给付全部残疾时保险金的一部分。其计算式为：

$$月度补偿额=\frac{月度收入损失额}{以前月收入金额}\times月度完全丧失工作能力的收入保险金$$

续上例，如果此人是部分丧失工作能力，每月还能挣得400元收入，此时，他每月能领得的保险金为320元。

大多数的收入损失保险为定额给付。

复习思考题

1. 什么是人身保险？简述其保额确定的方法。
2. 人身风险具有哪些特点？其对寿险经营的影响如何？
3. 什么是两全保险？其经济性质如何？
4. 什么是年金和年金保险？其特点有哪些？
5. 弱体承保的方法主要有哪些？
6. 什么是万能寿险？有何特点？
7. 试讨论这句话：“定期寿险为最廉价的寿险形态。”
8. 什么是宽限期、停效及复效？简述申请复效必备的条件。
9. 年龄误报条款的内容是什么？简述其调整方法。
10. 什么是意外伤害保险？
11. 构成意外伤害事件的三要素是什么？三者的关系如何？
12. 意外伤害保险保险人承担责任的条件是什么？
13. 什么是健康保险？它与意外伤害保险有什么区别？
14. 什么是医疗保险？它与收入损失保险有何区别？

第六章附录1

华夏人寿保险股份有限公司
彩色人生终身寿险（至尊版）条款

在本条款中，“您”指投保人，“我们”和“本公司”指华夏人寿保险股份有限公司，“本合同”指您与我们之间订立的“华夏彩色人生终身寿险（至尊版）合同”。

1　您与我们订立的合同

1.1　合同构成

本合同是您与我们约定保险权利义务关系的协议，包括本保险条款、保险单或其他保险凭证、投保单、与保险合同有关的投保文件、合法有效的声明、健康告知书、变更申请书、批注、批单及其他您与我们共同认可的书面协议。

1.2　合同成立与生效

（1）您提出保险申请，我们同意承保，本合同成立。

（2）本合同生效日在保险单上载明。保单年度、保单周年日、保险费约定支付日均以该日期计算。

1.3　投保年龄

投保年龄是指投保时被保险人的年龄，投保年龄以周岁计算，本合同接受的投保年龄为0周岁（出生且出院满28日）至80周岁（含80周岁）。

1.4　犹豫期

（1）您收到本合同并书面签收之日起10日内（含第10日，保险监督管理机构对犹豫期天数另有规定的，从其规定）为犹豫期，在此期间请您仔细审阅本合同的各项内容，特别是责任免除条款、合同解除条款以及如实告知等内容。若您认为本合同与您的需求不相符，您可以在此期间提出解除本合同，我们将在扣除不超过10元的工本费后无息退还您所交纳的保险费。

（2）您在犹豫期内提出解除合同时需填写解除合同申请书，并提供保险合同及您的有效身份证件。自我们收到解除合同申请书时起，本合同即被解除，对于合同解除前发生的保险事故，我们不承担保险责任。

2　我们提供的保障

2.1　保险责任

在本合同有效期间内，我们按照以下约定承担保险责任：

身故保险金

（1）若被保险人身故，且被保险人身故时未满18周岁，我们按以下两项相比较大者给付身故保险金，同时本合同终止：

①被保险人身故时本合同的已交保险费；

②被保险人身故时本合同的现金价值。

（2）若被保险人于交费期满日之前（不含交费期满日）身故，且被保险人身故时已满 18 周岁，我们按以下两项相比较大者给付身故保险金，同时本合同终止：

①若被保险人身故时未满 65 周岁，本合同已交保险费的 160%；若被保险人身故时已满 65 周岁，本合同已交保险费的 120%；

②被保险人身故时本合同的现金价值。

（3）若被保险人于交费期满日之后（含交费期满日）身故，且被保险人身故时已满 18 周岁，我们按以下三项相比最大者给付身故保险金，同时本合同终止：

①被保险人身故时本合同当年度的保险金额；

②若被保险人身故时未满 65 周岁，本合同已交保险费的 160%；若被保险人身故时已满 65 周岁，本合同已交保险费的 120%；

③被保险人身故时本合同的现金价值。

分期支付保险费的，"已交保险费"按照身故时本合同的基本保险金额确定的年交保险费与交费年度数计算。一次性交纳保险费的，"已交保险费"按照身故时本合同的基本保险金额确定的一次性交纳的保险费计算。

2.2 责任免除

（1）因下列情形之一在本合同有效期间内导致被保险人身故的，我们不承担给付身故保险金的责任：

①投保人对被保险人的故意杀害、故意伤害；

②被保险人故意犯罪或抗拒依法采取的刑事强制措施；

③被保险人自本合同成立或复效之日起 2 年内自杀，但被保险人自杀时为无民事行为能力人的除外；

④被保险人主动吸食或注射毒品；

⑤被保险人酒后驾驶、无合法有效驾驶证驾驶或驾驶无有效行驶证的机动车；

⑥战争、军事冲突、暴乱或武装叛乱；

⑦核爆炸、核辐射或核污染。

（2）发生上述第②种情形导致被保险人身故的，本合同终止，您已交足 2 年以上保险费的，我们向其他权利人退还本合同的现金价值。

（3）发生上述其他情形导致被保险人身故的，本合同终止，我们向您退还本合同的现金价值。

2.3 保险金额

（1）本合同基本保险金额由您和本公司在投保时约定，但须符合本公司当时的投保规定，约定的基本保险金额将在保险单上载明，若基本保险金额发生变更，则以变更后金额为准。

（2）本合同首个保单年度内，当年度保险金额等于基本保险金额；从第二个保单年度起，年度保险金额每年按基本保险金额的3.5%以年复利增加，即当年度保险金额等于上一个保单年度的保险金额×（1+3.5%）。

（3）若您申请减少基本保险金额，当年度保险金额与基本保险金额须同比例减少，具体比例计算公式如下：

$$\text{减少比例}=\frac{\text{您申请减少的基本保险金额}}{\text{您申请时的基本保险金额}}$$

（4）基本保险金额减少后，我们将向您给付基本保险金额减少部分对应的现金价值，本合同自基本保险金额减少后的各期保险费按减少后的基本保险金额计算，我们将按减少后的保险金额承担保险责任，下一个保单年度的保险金额按减少后保险金额计算。

2.4　未成年人身故保险金限制

为未成年子女投保的人身保险，因被保险人身故给付的保险金总和不得超过国务院保险监督管理机构规定的限额，身故给付的保险金额总和约定也不得超过前述限额。

2.5　保险期间

本合同的保险期间为终身，自本合同生效日零时起算。

3　保险金的申请

3.1　受益人

（1）您或被保险人可以指定一人或多人为身故保险金受益人。身故保险金受益人为多人时，可以确定受益顺序和受益份额；未确定受益顺序和受益份额的，各受益人按照相同顺序和相等份额享有受益权。

（2）被保险人为无民事行为能力人或限制民事行为能力人的，可以由其监护人指定受益人。

（3）您或被保险人可以变更身故保险金受益人并书面通知我们。我们收到变更受益人的书面通知后，在保险合同上批注或附贴批单。

（4）您在指定和变更身故保险金受益人时，必须经被保险人同意。

（5）被保险人身故后，遇有下列情形之一的，保险金作为被保险人的遗产，由我们依照《中华人民共和国继承法》的规定履行给付保险金的义务：

①没有指定受益人，或者受益人指定不明无法确定的；

②受益人先于被保险人身故，没有其他受益人的；

③受益人依法丧失受益权或放弃受益权，没有其他受益人的。

（6）受益人与被保险人在同一事件中身故，且无法确定身故先后顺序的，推定受益人先于被保险人身故。

(7) 受益人故意造成被保险人身故、伤残、疾病的，或故意杀害被保险人未遂的，该受益人丧失受益权。

3.2　保险事故通知

您、被保险人或受益人应于知道保险事故发生之日起 10 日内通知我们。若故意或因重大过失未及时通知，致使保险事故的性质、原因、损失程度等难以确定的，我们对无法确定的部分，不承担给付保险金的责任，但我们通过其他途径已经及时知道或应当及时知道保险事故发生或虽未及时通知但不影响我们确定保险事故的性质、原因、损失程度的除外。

3.3　保险金申请

(1) 在本合同有效期间内，若发生符合本合同约定的保险金给付情形，根据发生情形的不同，受益人或被保险人的继承人可向我们申请给付保险金，但应当按照下列约定的程序和条件进行：

身故保险金申请

申请身故保险金的，申请人须填写保险金给付申请书，并向我们提供下列资料：

①保险合同；

②申请人的有效身份证件；

③国家卫生行政部门认定的医疗机构、公安部门或其他相关机构出具的被保险人死亡证明；

④被保险人的户籍注销证明；

⑤所能提供的与确认保险事故的性质、原因等有关的其他资料。

(2) 保险金作为被保险人遗产时，申请人还须提供可证明合法继承权的相关权利文件。

(3) 上述申请资料不完整的，我们将及时一次性通知申请人补充提供有关资料。

3.4　宣告死亡的处理

(1) 若被保险人在本合同有效期间内被人民法院宣告死亡，保险金申请人在申请身故保险金时还须提供人民法院出具的具有最终法律效力的宣告死亡证明文件。

(2) 被保险人在本合同有效期间内被人民法院宣告死亡的，我们将以人民法院出具的具有最终法律效力的宣告死亡证明文件所确定的死亡日期为被保险人身故日。

(3) 若被保险人在人民法院宣告死亡之后重新出现或确知其没有死亡，保险金申请人应于知道或应当知道被保险人生还消息之日起 30 日内将已领取的身故保险金一次性返还给我们。

3.5　保险金的给付

(1) 我们在收到保险金给付申请书及本合同约定的资料后，将在 5 日内做出核定；情形复杂的，在30日内做出核定。对属于保险责任的，我们在与受益人达成给付保险金的协议后10日内，履行给付保险金义务。

（2）我们未及时履行前款规定义务的，除支付保险金外，应当赔偿受益人因此受到的损失。

（3）对不属于保险责任的，我们自做出核定之日起3日内向受益人发出拒绝给付保险金通知书并说明理由。

（4）我们在收到保险金给付申请书及本合同约定的资料之日起60日内，对给付保险金的数额不能确定的，根据已有资料可以确定的数额先予支付；我们最终确定给付保险金的数额后，再给付相应的差额。

3.6 诉讼时效

申请人向我们请求给付保险金的诉讼时效期间为5年，自其知道或应当知道保险事故发生之日起计算。

4 保险费的交纳

4.1 保险费的交纳

（1）本合同的交费方式和交费期间由您和我们约定并在保险单上载明。

（2）分期支付保险费的，您在支付首期保险费后，应当在每个保险费约定支付日之前交纳当期保险费。

4.2 宽限期

（1）分期支付保险费的，您在支付首期保险费后，除本合同另有约定外，若您到期未支付保险费，自保险费约定支付日的次日零时起60日为宽限期。宽限期内发生的保险事故，我们仍会承担保险责任，但在给付保险金时会扣减您欠交的保险费。

（2）若您宽限期结束之后仍未支付保险费，则本合同自宽限期满的次日零时起中止。

5 现金价值权益

5.1 本合同现金价值

本合同保单年度末的现金价值会在保险合同中载明，保单年度之内的现金价值您可以向我们查询。

5.2 保单质押借款

（1）在本合同有效期间内，若本合同具有现金价值且不存在包含保单质押借款、自动垫交的保险费在内的未还款项及其利息，经您书面申请且我们审核同意后，您可在犹豫期后向我们办理保单质押借款。借款金额以借款时本合同现金价值的80%为最高限额，每次借款期限最长不超过180日。

（2）借款及利息应在借款到期时一并归还。若您到期未能足额偿还借款及利息，则所欠的借款及利息将作为新的借款按我们最近一次宣布的利率计息。

（3）借款本息达到本合同及保险单内其他保险合同的现金价值时，本合同及保险单内其他保险合同终止，本合同及保险单内其他保险合同的现金价值将全部用于偿还借款本息。

(4) 您申请保单质押借款须填写申请书及其他相关文件，并凭保险合同原件、您的有效身份证件办理。

5.3 保险费自动垫交

(1) 您在投保时选择保险费自动垫交方式的，若分期交付的保险费超过宽限期仍未交付，且此时本合同及保险单内其他保险合同的现金价值扣除未还款项及其利息后的余额足以垫交当期保险费，我们将以本合同及保险单内其他保险合同的现金价值扣除未还款项及其利息后的余额自动垫交应交付的保险费，本合同及保险单内其他保险合同继续有效。垫交的保险费视作您从本公司的保单质押借款。若本合同及保险单内其他保险合同的现金价值扣除未还款项及其利息后的余额不足以垫交当期保险费，本合同及保险单内其他保险合同自宽限期满的次日零时起中止。

(2) 在保险费自动垫交期间，若发生合同解除或保险金给付，我们将在您偿清垫交的保险费及利息后给付本合同及保险单内其他保险合同的现金价值或保险金。

5.4 减额交清

(1) 在本合同有效期内，若本合同生效满两年且有现金价值，您可以以书面形式向我们申请减额交清且我们审核同意后，我们将以本合同宽限期开始前一日的现金价值扣除您尚未偿还各项欠款之后的余额作为一次交清的保险费，重新计算本合同的基本保险金额。

(2) 减额交清后，本合同的基本保险金额会相应调整。您不需要再支付保险费，本合同其他条款继续有效。

6 合同中止和复效

6.1 合同中止

在本合同中止期间，我们不承担保险责任。

6.2 合同复效

(1) 本合同中止后2年内，您可以申请恢复合同效力（即复效）。经我们与您协商并达成协议，自您补交复效时应交纳的全部保险费及其利息、借款本息和其他未还款项及其利息的次日零时起，本合同效力恢复。

(2) 自本合同中止之日起满2年您和我们未达成协议的，我们有权解除合同。我们解除合同的，向您退还合同中止时的现金价值。

7 合同解除和变更

7.1 您解除合同的手续及风险

(1) 若您在犹豫期后申请解除本合同，请填写解除合同申请书并向我们提供下列资料：

①保险合同；

②您的有效身份证件。

（2）自我们收到解除合同申请书时起，本合同终止。我们自收到解除合同申请书之日起30日内退还本合同的现金价值。

（3）您在犹豫期后解除合同可能会遭受一定损失。

7.2 合同变更

本合同生效后，您和我们可以协商变更本合同的内容。变更本合同时，您应当向我们提出变更合同的申请，经我们审核同意后，由我们在保险单或者其他保险凭证上批注或者附贴批单，或者由您和我们订立变更的书面协议。

7.3 联系方式变更

为保障您的合法权益，您的住所、通讯地址或电话等联系方式变更时，请及时以书面形式或双方认可的其他形式通知我们。若您未以书面形式或双方认可的其他形式通知我们，我们按本合同载明的最后住所或通讯地址发送有关通知，均视为已送达给您。

8 明确说明与如实告知

8.1 明确说明

（1）订立本合同时，我们应向您说明本合同的内容。

（2）对保险条款中免除我们责任的条款，我们在订立合同时应当在投保单、保险单或其他保险凭证上做出足以引起您注意的提示，并对该条款的内容以书面或口头形式向您做出明确说明，未做提示或明确说明的，该条款不产生效力。

8.2 如实告知

（1）我们就您和被保险人的有关情况提出询问的，您应当如实告知。

（2）若您故意或因重大过失未履行前款规定的如实告知义务，足以影响我们决定是否同意承保或提高保险费率的，我们有权解除本合同。

（3）若您故意不履行如实告知义务，对于本合同解除前发生的保险事故，我们不承担给付保险金的责任，并不退还保险费。

（4）若您因重大过失未履行如实告知义务，对保险事故的发生有严重影响的，对于本合同解除前发生的保险事故，我们不承担给付保险金的责任，但应当退还保险费。

（5）我们在合同订立时已经知道您未如实告知的情况的，我们不得解除合同；发生保险事故的，我们承担给付保险金的责任。

8.3 本公司合同解除权的限制

前款约定的合同解除权，自我们知道有解除事由之日起，超过30日不行使而消灭。

自本合同成立之日起超过2年的，我们不得解除合同；发生保险事故的，我们承担给付保险金的责任。

9　其他需要关注的事项

9.1　年龄错误

您在申请投保时，应将与有效身份证件相符的被保险人的出生日期在投保单上填明，若发生错误按照下列方式办理：

(1) 您申报的被保险人年龄不真实，并且其真实年龄不符合本合同约定的投保年龄限制的，在保险事故发生之前我们有权解除合同，并向您退还本合同的现金价值。我们行使合同解除权适用“本公司合同解除权的限制”的约定。

(2) 您申报的被保险人年龄不真实，致使本合同载明的基本保险金额多于真实年龄对应的基本保险金额，我们有权更正基本保险金额。若已经发生保险事故，我们将根据真实年龄对应的基本保险金额计算并给付保险金。

(3) 您申报的被保险人年龄不真实，致使本合同载明的基本保险金额少于真实年龄对应的基本保险金额，我们将在您认可后根据真实年龄更正基本保险金额。若已经发生保险事故，我们将根据真实年龄对应的基本保险金额计算并给付保险金。

9.2　未还款项

我们在给付各项保险金、退还现金价值或返还保险费时，若您有欠交的保险费（包含宽限期内欠交的保险费）及其利息、未偿还的保单质押借款及其利息或其他未还款项及其利息，我们将在您偿清上述款项及相关利息后支付保险金、退还现金价值或返还保险费。

9.3　争议处理

在本合同履行过程中发生任何争议，当事人应根据本合同约定选择下列两种方式之一予以解决：

(1) 因履行本合同发生的争议，由当事人协商解决，协商不成的，提交双方共同选定的仲裁委员会，按其当时有效的仲裁规则仲裁解决。

(2) 因履行本合同发生的争议，由当事人协商解决，协商不成的，依法向有管辖权的人民法院起诉。

10　**释义**

10.1　保单年度

从本合同生效日或保单周年日零时起至下一年度的保单周年日零时止为一个保单年度。

10.2　保单周年日

保单周年日是指本合同生效日在合同生效后每年的对应日，不含本合同生效日当日。若当月没有对应的同一日，则以该月最后一日为对应日。

10.3　保险费约定支付日

保险费约定支付日是指本合同生效日在每月、每季、每半年或每年（根据交费方式确定）的对应日。若当月无对应的同一日，则以该月最后一日为对应日。

10.4 周岁

周岁是指按法定身份证明文件中记载的出生日期计算的年龄，自出生之日起为零周岁，每经过一年增加一岁，不足一年的不计。

10.5 有效身份证件

有效身份证件是指由政府主管部门规定的证明其身份的证件，如居民身份证及按规定可使用的有效护照、军官证、警官证、士兵证、户口簿等证件。

10.6 现金价值

现金价值是指本合同所具有的价值，通常体现为解除合同时，根据精算原理计算的，由我们退还的那部分金额。

10.7 交费年度数

交费年度数是指本合同自交纳首期保险费后所在的保单年度数与保险单载明的交费期间的较小值。

10.8 毒品

本合同中的毒品是指中华人民共和国刑法规定的鸦片、海洛因、甲基苯丙胺(冰毒)、吗啡、大麻、可卡因以及国家规定管制的其他能够使人形成瘾癖的麻醉药品和精神药品，但不包括由医生开具并遵医嘱使用的用于治疗疾病但含有毒品成分的处方药品。

10.9 酒后驾驶

酒后驾驶是指经检测或鉴定，发生事故时车辆驾驶人员每百毫升血液中的酒精含量达到或超过一定的标准，公安机关交通管理部门依据《道路交通安全法》的规定认定为饮酒后驾驶或醉酒后驾驶。

10.10 无合法有效驾驶证驾驶

无合法有效驾驶证驾驶是指下列情形之一：

(1) 没有驾驶证驾驶；

(2) 驾驶与驾驶证准驾车型不相符合的车辆；

(3) 持审验不合格的驾驶证驾驶；

(4) 持学习驾驶证学习驾车时，无教练员随车指导，或不按指定时间、路线学习驾车。

10.11 无有效行驶证

无有效行驶证是指下列情形之一：

(1) 机动车被依法注销登记的；

(2) 未依法按时进行或通过机动车安全技术检验。

10.12 机动车

机动车是指以动力装置驱动或牵引，上道路行驶的供人员乘用或用于运送物品以及进行工程专项作业的轮式车辆。

10.13　医疗机构

医疗机构是指经中华人民共和国卫生部门正式评定的二级或以上之公立医院，但不包括上述医院的分院、联合病房或联合病床，精神病院，专供康复、休养、戒毒、戒酒、护理、养老等非以直接诊治病人为目的的医疗机构。

10.14　利息

本合同保单质押借款的利息按我们收到保单质押借款申请书时已宣布的借款利率计算，我们在每年的1月1日和7月1日根据监管规定和市场情况宣布两次借款利率。

借款利率适用于本合同自动垫交的保险费和补交保险费的利息计算。

华夏人寿保险股份有限公司

彩色人生终身寿险（至尊版）基本保险金额表（男性）

（保险期间为终身，年交保险费1 000元）

表6-1　　单位：元

投保年龄＼交费期间	男性					
	一次交清	3年交	5年交	10年交	15年交	20年交
0	859	2 487	4 009	7 380	10 175	12 513
1	859	2 487	4 009	7 380	10 174	12 512
2	859	2 488	4 009	7 380	10 174	12 511
3	859	2 488	4 009	7 379	10 172	12 508
4	859	2 488	4 009	7 379	10 172	12 508
5	859	2 488	4 009	7 378	10 170	12 506
6	859	2 487	4 009	7 378	10 169	12 504
7	859	2 487	4 008	7 377	10 167	12 502
8	859	2 487	4 008	7 375	10 166	12 500
9	859	2 487	4 008	7 374	10 163	12 498
10	858	2 486	4 007	7 372	10 161	12 495
11	858	2 486	4 006	7 371	10 159	12 493
12	858	2 485	4 005	7 369	10 157	12 490
13	858	2 485	4 004	7 367	10 155	12 488
14	858	2 484	4 003	7 366	10 153	12 486
15	857	2 483	4 001	7 364	10 151	12 483
16	857	2 482	4 000	7 363	10 149	12 481
17	857	2 482	4 000	7 362	10 147	12 478
18	857	2 481	3 999	7 361	10 146	12 476
19	857	2 481	3 999	7 359	10 144	12 473
20	856	2 481	3 998	7 358	10 142	12 470
21	856	2 481	3 998	7 357	10 140	12 467
22	856	2 480	3 996	7 356	10 137	12 463

表6-1(续)

交费期间 投保年龄	男性					
	一次交清	3 年交	5 年交	10 年交	15 年交	20 年交
23	856	2 480	3 996	7 354	10 134	12 459
24	856	2 479	3 996	7 352	10 131	12 454
25	856	2 479	3 995	7 350	10 128	12 449
26	856	2 478	3 994	7 348	10 124	12 443
27	856	2 478	3 993	7 345	10 119	12 437
28	855	2 477	3 991	7 342	10 114	12 429
29	855	2 476	3 990	7 339	10 108	12 421
30	855	2 475	3 988	7 336	10 102	12 412
31	855	2 475	3 987	7 331	10 095	12 402
32	854	2 473	3 985	7 327	10 087	12 391
33	854	2 472	3 983	7 322	10 078	12 378
34	853	2 471	3 980	7 316	10 068	12 365
35	853	2 469	3 977	7 309	10 058	12 351
36	852	2 468	3 974	7 302	10 046	12 335
37	852	2 466	3 971	7 294	10 034	12 318
38	851	2 463	3 967	7 286	10 020	12 300
39	850	2 461	3 963	7 277	10 005	12 280
40	850	2 458	3 958	7 267	9 989	12 257
41	849	2 456	3 953	7 256	9 972	12 232
42	848	2 456	3 953	7 244	9 953	12 211
43	847	2 449	3 942	7 231	9 932	12 194
44	845	2 445	3 935	7 217	9 912	12 182
45	844	2 441	3 928	7 202	9 896	12 176
46	843	2 437	3 921	7 187	9 884	12 176
47	841	2 432	3 913	7 174	9 875	12 181
48	840	2 427	3 904	7 163	9 872	12 191
49	838	2 422	3 896	7 155	9 873	12 205
50	836	2 417	3 890	7 151	9 880	12 222
51	834	2 413	3 885	7 150	9 894	12 238
52	833	2 410	3 882	7 152	9 910	12 255
53	832	2 408	3 880	7 159	9 926	12 272
54	831	2 407	3 881	7 170	9 941	12 289
55	831	2 408	3 883	7 184	9 955	12 305
56	831	2 409	3 888	7 199	9 969	
57	832	2 412	3 894	7 214	9 980	
58	833	2 416	3 901	7 227	9 990	
59	835	2 421	3 909	7 238	9 997	
60	836	2 426	3 919	7 247	10 001	

表6-1(续)

交费期间 / 投保年龄	男性					
	一次交清	3 年交	5 年交	10 年交	15 年交	20 年交
61	838	2 432	3 931	7 253		
62	841	2 440	3 940	7 256		
63	844	2 449	3 946	7 254		
64	847	2 454	3 948	7 246		
65	851	2 455	3 945	7 231		
66	849	2 450	3 935			
67	848	2 444	3 923			
68	846	2 436	3 909			
69	843	2 427	3 892			
70	840	2 416	3 872			
71	837					
72	832					
73	827					
74	820					
75	812					
76	802					
77	790					
78	773					
79	746					
80	689					

华夏人寿保险股份有限公司
彩色人生终身寿险（至尊版）基本保险金额表（女性）

（保险期间为终身，年交保险费 1 000 元）

表 6-2　　单位：元

交费期间 / 投保年龄	妇女性					
	一次交清	3 年交	5 年交	10 年交	15 年交	20 年交
0	884	2 561	4 128	7 599	10 477	12 886
1	884	2 561	4 128	7 599	10 477	12 885
2	884	2 561	4 128	7 599	10 477	12 885
3	884	2 561	4 128	7 599	10 476	12 884
4	884	2 561	4 128	7 599	10 476	12 883
5	884	2 561	4 128	7 598	10 475	12 883
6	884	2 561	4 128	7 598	10 474	12 882
7	884	2 561	4 128	7 597	10 473	12 881
8	884	2 561	4 127	7 597	10 472	12 880

表6-2(续)

交费期间 / 投保年龄	妇女性					
	一次交清	3 年交	5 年交	10 年交	15 年交	20 年交
9	884	2 561	4 127	7 596	10 472	12 878
10	884	2 561	4 127	7 595	10 471	12 877
11	884	2 560	4 126	7 594	10 470	12 876
12	884	2 560	4 126	7 593	10 469	12 875
13	884	2 560	4 125	7 593	10 468	12 874
14	884	2 559	4 125	7 592	10 467	12 873
15	883	2 559	4 124	7 591	10 466	12 872
16	883	2 559	4 124	7 591	10 466	12 871
17	883	2 558	4 123	7 590	10 465	12 870
18	883	2 558	4 123	7 590	10 464	12 869
19	883	2 558	4 123	7 590	10 464	12 869
20	883	2 558	4 123	7 589	10 463	12 867
21	883	2 558	4 123	7 589	10 462	12 866
22	883	2 558	4 122	7 589	10 461	12 865
23	883	2 558	4 122	7 588	10 460	12 863
24	883	2 558	4 122	7 587	10 459	12 861
25	883	2 557	4 122	7 587	10 458	12 859
26	883	2 557	4 121	7 586	10 456	12 857
27	883	2 557	4 121	7 585	10 454	12 854
28	883	2 557	4 120	7 583	10 452	12 851
29	883	2 556	4 120	7 582	10 449	12 847
30	882	2 556	4 119	7 580	10 447	12 843
31	882	2 556	4 119	7 579	10 443	12 838
32	882	2 555	4 118	7 577	10 440	12 834
33	882	2 555	4 117	7 574	10 436	12 828
34	882	2 554	4 116	7 572	10 432	12 822
35	882	2 553	4 114	7 569	10 427	12 816
36	881	2 553	4 113	7 566	10 422	12 809
37	881	2 552	4 111	7 562	10 416	12 801
38	881	2 551	4 110	7 558	10 410	12 792
39	881	2 550	4 108	7 554	10 403	12 783
40	880	2 549	4 106	7 550	10 396	12 772
41	880	2 547	4 103	7 545	10 388	12 761
42	879	2 546	4 101	7 539	10 379	12 749
43	879	2 544	4 098	7 533	10 369	12 740
44	878	2 543	4 095	7 527	10 359	12 733
45	878	2 541	4 092	7 520	10 350	12 729
46	877	2 539	4 089	7 512	10 343	12 728

表6-2(续)

投保年龄 \ 交费期间	妇女性					
	一次交清	3 年交	5 年交	10 年交	15 年交	20 年交
47	876	2 537	4 085	7 505	10 337	12 730
48	876	2 534	4 081	7 499	10 334	12 734
49	875	2 532	4 077	7 494	10 334	12 740
50	874	2 529	4 073	7 491	10 336	12 749
51	873	2 527	4 070	7 489	10 342	12 758
52	872	2 525	4 068	7 489	10 350	12 767
53	872	2 524	4 066	7 492	10 358	12 776
54	871	2 523	4 066	7 496	10 366	12 786
55	871	2 523	4 067	7 503	10 373	12 794
56	871	2 523	4 068	7 510	10 380	
57	871	2 524	4 071	7 517	10 385	
58	872	2 526	4 074	7 532	10 390	
59	873	2 528	4 078	7 529	10 393	
60	873	2 531	4 083	7 532	10 395	
61	874	2 534	4 089	7 535		
62	875	2 537	4 093	7 535		
63	877	2 542	4 095	7 533		
64	878	2 544	4 096	7 528		
65	880	2 545	4 094	7 519		
66	880	2 542	4 088			
67	879	2 538	4 081			
68	878	2 534	4 073			
69	876	2 529	4 064			
70	875	2 524	4 053			
71	873					
72	871					
73	868					
74	865					
75	861					
76	856					
77	850					
78	842					
79	832					
80	820					

第六章附录2

华夏人寿华夏红年金保险（2017）

在本条款中，“您”指投保人，“我们”和“本公司”指华夏人寿保险股份有限公司，“本合同”指您与我们之间订立的“华夏红年金保险合同”。

1. 您与我们订立的合同

1.1　合同构成

本合同是您与我们约定保险权利义务关系的协议，包括本保险条款、保险单或其他保险凭证、投保单、与保险合同有关的投保文件、合法有效的声明、健康告知书、变更申请书、批注、批单及其他您与我们共同认可的书面协议。

1.2　合同成立与生效

（1）您提出保险申请、我们同意承保，本合同成立。

（2）本合同生效日在保险单上载明。保单年度、保单周年日、保险费约定支付日均以该日期计算。

1.3　投保年龄

投保年龄是指投保时被保险人的年龄，投保年龄以周岁计算，本合同接受的投保年龄为0周岁（出生且出院满5日）至70周岁（含70周岁）。

1.4　犹豫期

（1）您收到本合同并书面签收之日起10日内（含第10日，保险监督管理机构对犹豫期天数另有规定的，从其规定）为犹豫期，在此期间请您仔细审阅本合同的各项内容，特别是责任免除条款、合同解除条款以及如实告知等内容。

若您认为本合同与您的需求不相符，您可以在此期间提出解除本合同，我们将在扣除不超过10元的工本费后无息退还您所交纳的保险费。

（2）您在犹豫期内提出解除合同时需填写解除合同申请书，并提供保险合同及您的有效身份证件。自我们收到解除合同申请书时起，本合同即被解除，对于合同解除前发生的保险事故，我们不承担保险责任。

2. 我们提供的保障

2.1　保险责任

在本合同有效期间内，我们按照以下约定承担保险责任：

2.1.1　关爱金

自第5个保单周年日起至第9个保单周年日，若被保险人在任一保单周年日零时仍生存，我们将于该保单周年日按总保险费的6%给付一次关爱金。

分期支付保险费的，“总保险费”按照关爱金给付时本合同的基本保险金额确定的年交保险费与交费期间计算。一次性交纳保险费的，“总保险费”按照关爱金给付时本合同的基本保险金额确定的一次性交纳的保险费计算。

2.1.2　年金

自第10个保单周年日起，若被保险人在任一保单周年日零时仍生存，我们将于该保单周年日按本合同基本保险金额的一定比例给付一次年金。本合同约定的给付比例如下：

①若被保险人未满60周岁，则约定的给付比例为20%；

②若被保险人年满60周岁，则约定的给付比例为40%。

2.1.3　身故保险金

若被保险人在本合同有效期间内身故，我们按以下二项的较大者给付身故保险金，同时本合同终止：

①被保险人身故时的已交保险费；

②被保险人身故时本合同的现金价值。

2.1.4　全残保险金

若被保险人在本合同有效期间内全残，我们按以下二项的较大者给付全残保险金，同时本合同终止：

①被保险人全残时的已交保险费；

②被保险人全残时本合同的现金价值。

分期支付保险费的，“已交保险费”按照身故或全残时本合同的基本保险金额确定的年交保险费与交费年度数计算。一次性交纳保险费的，“已交保险费”按照身故或全残时本合同的基本保险金额确定的一次性交纳的保险费计算。

身故保险金与全残保险金，我们仅给付其中一项。

2.1.5　投保人意外身故豁免保险费

（1）若投保人在本合同交费期内因意外伤害导致身故，且同时满足下列两个条件的，我们将豁免本合同自投保人身故之日起的各期保险费，同时本合同继续有效：

①投保人与被保险人不为同一人；

②投保人身故时未满60周岁。

（2）上述豁免的保险费不包含以下款项：

①投保人身故之日前所欠交的保险费和利息；

②续期保险费交费宽限期内的应交未交保险费；

③保险单载明的其他保险合同的保险费。

2.1.6　投保人意外全残豁免保险费

（1）若投保人在本合同交费期内因意外伤害导致全残，且同时满足下列两个条件的，我们将豁免本合同自投保人全残之日起的各期保险费，同时本合同继续有效：

①投保人与被保险人不为同一人；

②投保人全残时未满60周岁。

（2）上述豁免的保险费不包含以下款项：

①投保人全残之日前所欠交的保险费和利息；

②续期保险费交费宽限期内的应交未交保险费；

③保险单载明的其他保险合同的保险费。

以上各项保险金或豁免保险费的申请与给付请参考“3.3 保险金申请”和“3.5 保险金的给付”。当您申请保险金给付时，如您存在“9.2 未还款项”中所列情形，我们将在您将所有欠款（含关爱金和年金给付当日应交未交的保险费）偿还完毕后，再给付保险金或豁免保险费。

2.2 责任免除

（1）因下列情形之一在本合同有效期间内导致被保险人身故或全残的，我们不承担给付身故保险金或全残保险金的责任：

①投保人对被保险人的故意杀害、故意伤害；

②被保险人故意犯罪或抗拒依法采取的刑事强制措施；

③被保险人自本合同成立或复效之日起2年内自杀，但被保险人自杀时为无民事行为能力人的除外；

④被保险人主动吸食或注射毒品；

⑤被保险人酒后驾驶、无合法有效驾驶证驾驶或驾驶无有效行驶证的机动车；

⑥战争、军事冲突、暴乱或武装叛乱；

⑦核爆炸、核辐射或核污染。

（2）发生上述第①种情形导致被保险人身故或全残的，本合同终止。您已交足2年以上保险费的，我们向其他权利人退还本合同的现金价值。

（3）发生上述其他情形导致被保险人身故或全残的，本合同终止，我们向您退还本合同的现金价值。

2.3 保险金额

本合同保险金额按本条款第2.1条规定，根据基本保险金额进行计算确定。基本保险金额由您和本公司在投保时约定，但须符合本公司当时的投保规定，约定的基本保险金额将在保险单上载明，若基本保险金额发生变更，则以变更后金额为准。

2.4 保险期间

本合同的保险期间为终身，自本合同生效日零时起算。

3. 保险金的申请

3.1 受益人

（1）您或被保险人可以指定一人或多人为身故保险金受益人。身故保险金受益人为多人时，可以确定受益顺序和受益份额；未确定受益顺序和受益份额的，各受益人按照相同顺序和相等份额享有受益权。

(2) 被保险人为无民事行为能力人或限制民事行为能力人的，可以由其监护人指定受益人。

(3) 您或被保险人可以变更身故保险金受益人并书面通知我们。我们收到变更受益人的书面通知后，在保险合同上批注或附贴批单。

(4) 您在指定和变更身故保险金受益人时，必须经被保险人同意。

(5) 被保险人身故后，遇有下列情形之一的，保险金作为被保险人的遗产，由我们依照《中华人民共和国继承法》的规定履行给付保险金的义务：

①没有指定受益人，或者受益人指定不明无法确定的；

②受益人先于被保险人身故，没有其他受益人的；

③受益人依法丧失受益权或放弃受益权，没有其他受益人的。

(6) 受益人与被保险人在同一事件中身故，且无法确定身故先后顺序的，推定受益人先于被保险人身故。

(7) 受益人故意造成被保险人身故、伤残、疾病的，或故意杀害被保险人未遂的，该受益人丧失受益权。

(8) 除另有约定外，关爱金、年金和全残保险金的受益人为被保险人本人。

3.2 保险事故通知

您、被保险人或受益人应于知道保险事故发生之日起10日内通知我们。若故意或因重大过失未及时通知，致使保险事故的性质、原因、损失程度等难以确定的，我们对无法确定的部分，不承担给付保险金的责任，但我们通过其他途径已经及时知道或应当及时知道保险事故发生或虽未及时通知但不影响我们确定保险事故的性质、原因、损失程度的除外。

3.3 保险金申请

(1) 在本合同有效期间内，若发生符合本合同约定的保险金给付情形，根据发生情形的不同，受益人或被保险人的继承人可向我们申请给付保险金，但应当按照下列约定的程序和条件进行：

3.3.1 关爱金申请

申请关爱金的，申请人须填写保险金给付申请书，并向我们提供下列资料：

①保险合同；

②申请人的有效身份证件；

③所能提供的其他与本项给付相关的资料。

3.3.2 年金申请

申请年金的，申请人须填写保险金给付申请书，并向我们提供下列资料：

①保险合同；

②申请人的有效身份证件；

③所能提供的其他与本项给付相关的资料。

3.3.3　身故保险金申请

申请身故保险金的，申请人须填写保险金给付申请书，并向我们提供下列资料：

①保险合同；

②申请人的有效身份证件；

③国家卫生行政部门认定的医疗机构、公安部门或其他相关机构出具的被保险人死亡证明；

④被保险人的户籍注销证明；

⑤所能提供的与确认保险事故的性质、原因等有关的其他资料。

3.3.4　全残保险金申请

申请全残保险金的，申请人须填写保险金给付申请书，并向我们提供下列资料：

①保险合同；

②申请人的有效身份证件；

③国家有关机关认可或具有合法资质的伤残鉴定机构出具的被保险人全残鉴定证明；

④所能提供的与确认保险事故的性质、原因等有关的其他资料。

3.3.5　投保人意外身故豁免保险费申请

申请投保人意外身故豁免保险费的，申请人须填写豁免保险费申请书，并向我们提供下列资料：

①保险合同；

②申请人的有效身份证件；

③国家卫生行政部门认定的医疗机构、公安部门或其他相关机构出具的投保人死亡证明；

④相关意外伤害的证明和材料；

⑤投保人的户籍注销证明；

⑥所能提供的与确认保险事故的性质、原因等有关的其他资料。

3.3.6　投保人意外全残豁免保险费申请

（1）申请投保人意外全残豁免保险费的，申请人须填写豁免保险费申请书，并向我们提供下列资料：

①保险合同；

②申请人的有效身份证件；

③国家有关机关认可或具有合法资质的伤残鉴定机构出具的投保人全残鉴定证明；

④相关意外伤害的证明和材料；

⑤所能提供的与确认保险事故的性质、原因等有关的其他资料。

（2）保险金作为被保险人遗产时，申请人还须提供可证明合法继承权的相关权利文件。

（3）上述申请资料不完整的，我们将及时一次性通知申请人补充提供有关资料。

3.4　宣告死亡的处理

（1）若被保险人在本合同有效期间内被人民法院宣告死亡，保险金申请人在申请身故保险金时还须提供人民法院出具的具有最终法律效力的宣告死亡证明文件。

（2）被保险人在本合同有效期间内被人民法院宣告死亡的，我们将以人民法院出具的具有最终法律效力的宣告死亡证明文件所确定的死亡日期为被保险人身故日。

（3）若被保险人在人民法院宣告死亡之后重新出现或确知其没有死亡，保险金申请人应于知道或应当知道被保险人生还消息之日起30日内将已领取的身故保险金一次性返还给我们。

3.5　保险金的给付

（1）我们在收到保险金给付申请书及本合同约定的资料后，将在5日内做出核定；情形复杂的，在30日内做出核定。对属于保险责任的，我们在与受益人达成给付保险金的协议后10日内，履行给付保险金义务。

（2）我们未及时履行前款规定义务的，除支付保险金外，应当赔偿受益人因此受到的损失。

（3）对不属于保险责任的，我们自做出核定之日起3日内向受益人发出拒绝给付保险金通知书并说明理由。

（4）我们在收到保险金给付申请书及本合同约定的资料之日起60日内，对给付保险金的数额不能确定的，根据已有资料可以确定的数额先予支付；我们最终确定给付保险金的数额后，再给付相应的差额。

3.6　诉讼时效

申请人向我们请求给付保险金的诉讼时效期间为5年，自其知道或应当知道保险事故发生之日起计算。

4. 保险费的交纳

4.1　保险费的交纳

（1）本合同的交费方式和交费期间由您和我们约定并在保险单上载明。

（2）分期支付保险费的，您在支付首期保险费后，应当在每个保险费约定支付日之前交纳当期保险费。

4.2　宽限期

（1）分期支付保险费的，您在支付首期保险费后，除本合同另有约定外，若您到期未支付保险费，自保险费约定支付日的次日零时起60日为宽限期。宽限期内发生的保险事故，我们仍会承担保险责任，但在给付保险金时会扣减您欠交的保险费。

（2）若您宽限期结束之后仍未支付保险费，则本合同自宽限期满的次日零时起中止。

5. 现金价值权益

5.1　本合同现金价值

本合同保单年度末的现金价值会在保险合同中载明，保单年度之内的现金价值您可以向我们查询。

5.2　保单质押借款

（1）在本合同有效期间内，若本合同具有现金价值且不存在包含保单质押借款、自动垫交的保险费在内的未还款项及其利息，经您书面申请且我们审核同意后，您可在犹豫期后向我们办理保单质押借款。借款金额以借款时本合同现金价值的80%为最高限额，每次借款期限最长不超过180日。

（2）借款及利息应在借款到期时一并归还。若您到期未能足额偿还借款及利息，则所欠的借款及利息将作为新的借款按我们最近一次宣布的利率计息。

（3）借款本息达到本合同及保险单内其他保险合同的现金价值时，本合同及保险单内其他保险合同终止，本合同及保险单内其他保险合同的现金价值将全部用于偿还借款本息。

（4）您申请保单质押借款须填写申请书及其他相关文件，并凭保险合同原件、您的有效身份证件办理。

5.3　保险费自动垫交

（1）您在投保时选择保险费自动垫交方式的，若分期交付的保险费超过宽限期仍未交付，且此时本合同及保险单内其他保险合同的现金价值扣除未还款项及其利息后的余额足以垫交当期保险费，我们将以本合同及保险单内其他保险合同的现金价值扣除未还款项及其利息后的余额自动垫交应交付的保险费，本合同及保险单内其他保险合同继续有效。垫交的保险费视作您从本公司的保单质押借款。若本合同及保险单内其他保险合同的现金价值扣除未还款项及其利息后的余额不足以垫交当期保险费，本合同及保险单内其他保险合同自宽限期满的次日零时起中止。

（2）在保险费自动垫交期间，若发生合同解除或保险金给付，我们将在您偿清垫交的保险费及利息后给付本合同及保险单内其他保险合同的现金价值或保险金。

6. 合同中止和复效

6.1　合同中止

在本合同中止期间，我们不承担保险责任。

6.2　合同复效

（1）本合同中止后2年内，您可以申请恢复合同效力（即复效）。经我们与您协商并达成协议，自您补交复效时应交纳的全部保险费及其利息、借款本息和其他未还款项及其利息的次日零时起，本合同效力恢复。

（2）自本合同中止之日起满2年您和我们未达成协议的，我们有权解除合同。我们解除合同的，向您退还合同中止时的现金价值。

7. 合同解除和变更

7.1　您解除合同的手续及风险

（1）若您在犹豫期后申请解除本合同，请填写解除合同申请书并向我们提供下列资料：

①保险合同；

②您的有效身份证件。

（2）自我们收到解除合同申请书时起，本合同终止。我们自收到解除合同申请书之日起30日内退还本合同的现金价值。

（3）您在犹豫期后解除合同可能会遭受一定损失。

7.2　合同变更

本合同生效后，您和我们可以协商变更本合同的内容。变更本合同时，您应当向我们提出变更合同的申请，经我们审核同意后，由我们在保险单或者其他保险凭证上批注或者附贴批单，或者由您和我们订立变更的书面协议。

7.3　联系方式变更

为保障您的合法权益，您的住所、通讯地址或电话等联系方式变更时，请及时以书面形式或双方认可的其他形式通知我们。若您未以书面形式或双方认可的其他形式通知我们，我们按本合同载明的最后住所或通讯地址发送有关通知，均视为已送达给您。

8. 明确说明与如实告知

8.1　明确说明

（1）订立本合同时，我们应向您说明本合同的内容。

（2）对保险条款中免除我们责任的条款，我们在订立合同时应当在投保单、保险单或其他保险凭证上做出足以引起您注意的提示，并对该条款的内容以书面或口头形式向您做出明确说明，未做提示或明确说明的，该条款不产生效力。

8.2　如实告知

（1）我们就您和被保险人的有关情况提出询问的，您应当如实告知。

（2）若您故意或因重大过失未履行前款规定的如实告知义务，足以影响我们决定是否同意承保或提高保险费率的，我们有权解除本合同。

（3）若您故意不履行如实告知义务，对于本合同解除前发生的保险事故，我们不承担给付保险金的责任，并不退还保险费。

(4) 若您因重大过失未履行如实告知义务，对保险事故的发生有严重影响的，对于本合同解除前发生的保险事故，我们不承担给付保险金的责任，但应当退还保险费。

(5) 我们在合同订立时已经知道您未如实告知的情况的，我们不得解除合同；发生保险事故的，我们承担给付保险金的责任。

8.3 本公司合同解除权的限制

前款约定的合同解除权，自我们知道有解除事由之日起，超过30日不行使而消灭。自本合同成立之日起超过2年的，我们不得解除合同；发生保险事故的，我们承担给付保险金的责任。

9. 其他需要关注的事项

9.1 年龄错误

您在申请投保时，应将与有效身份证件相符的被保险人的出生日期在投保单上填明，若发生错误按照下列方式办理：

(1) 您申报的被保险人年龄不真实，并且其真实年龄不符合本合同约定的投保年龄限制的，在保险事故发生之前我们有权解除合同，并向您退还本合同的现金价值。我们行使合同解除权适用“本公司合同解除权的限制”的约定。

(2) 您申报的被保险人年龄不真实，致使本合同载明的基本保险金额多于真实年龄对应的基本保险金额，我们有权更正基本保险金额。若已经发生保险事故，我们将根据真实年龄对应的基本保险金额计算并给付保险金。

(3) 您申报的被保险人年龄不真实，致使本合同载明的基本保险金额少于真实年龄对应的基本保险金额，我们将在您认可后根据真实年龄更正基本保险金额。若已经发生保险事故，我们将根据真实年龄对应的基本保险金额计算并给付保险金。

9.2 未还款项

我们在给付各项保险金、退还现金价值或返还保险费时，若您有欠交的保险费（包含宽限期内欠交的保险费）及其利息、未偿还的保单质押借款及其利息或其他未还款项及其利息，我们将在您偿清上述款项及相关利息后支付保险金、退还现金价值或返还保险费。

9.3 争议处理

在本合同履行过程中发生任何争议，当事人应根据本合同约定选择下列两种方式之一予以解决：

(1) 因履行本合同发生的争议，由当事人协商解决，协商不成的，提交双方共同选定的仲裁委员会，按其当时有效的仲裁规则仲裁解决。

(2) 因履行本合同发生的争议，由当事人协商解决，协商不成的，依法向有管辖权的人民法院起诉。

10. **释义**

10.1 保单年度

从本合同生效日或保单周年日零时起至下一年度的保单周年日零时止为一个保单年度。

10.2 保单周年日

保单周年日是指本合同生效日在合同生效后每年的对应日，不含本合同生效日当日。若当月没有对应的同一日，则以该月最后一日为对应日。

10.3 保险费约定支付日

保险费约定支付日是指本合同生效日在每月、每季、每半年或每年（根据交费方式确定）的对应日。

若当月无对应的同一日，则以该月最后一日为对应日。

10.4 周岁

周岁是指按法定身份证明文件中记载的出生日期计算的年龄，自出生之日起为零周岁，每经过一年增加一岁，不足一年的不计。

10.5 有效身份证件

有效身份证件是指由政府主管部门规定的证明其身份的证件，如：居民身份证、按规定可使用的有效护照、军官证、警官证、士兵证、户口簿等证件。

10.6 现金价值

现金价值是指本合同所具有的价值，通常体现为解除合同时，根据精算原理计算的，由我们退还的那部分金额。

10.7 全残

本合同所定义的全残是指至少满足下列情形之一者：

（1）双目永久完全（注①）失明（注②）；

（2）两上肢腕关节以上或两下肢踝关节以上缺失；

（3）一上肢腕关节以上及一下肢踝关节以上缺失；

（4）一目永久完全失明及一上肢腕关节以上缺失；

（5）一目永久完全失明及一下肢踝关节以上缺失；

（6）四肢关节机能永久完全丧失（注③）；

（7）咀嚼、吞咽机能永久完全丧失（注④）；

（8）中枢神经系统机能或胸、腹部脏器机能极度障碍，终身不能从事任何工作，为维持生命必要的日常生活活动，全需他人扶助的（注⑤）。全残的鉴定应在治疗结束之后由医疗机构（或鉴定机构）进行。若自被保险人遭受意外伤害之日起 180 日后治疗仍未结束，按第 180 日的身体情况进行鉴定。

注：①永久完全系指自上述“全残”情形发生之日起经过 180 日的治疗，机能仍完全丧失，但眼球摘除等明显无法复原的情况，不在此限。

②失明包括眼球缺失或摘除，或不能辨别明暗，或仅能辨别眼前手动者，最

佳矫正视力低于国际标准视力表0.02，或视野半径小于5度，并由我们确定的有资格的眼科医师出具医疗诊断证明。

③关节机能的丧失系指关节永久完全僵硬，或麻痹，或关节不能随意识活动。

④咀嚼、吞咽机能丧失系指由于牙齿以外的原因引起器质障碍或机能障碍，以至不能做咀嚼、吞咽运动，除流质食物外不能摄取或吞咽的状态。

⑤为维持生命必要的日常生活活动，全需他人扶助系指食物摄取、大小便始末、穿脱衣服、起居、步行、入浴等，皆不能自己为之，需要他人帮助。

10.8　交费年度数

交费年度数是指本合同自交纳首期保险费后所在的保单年度数与保险单载明的交费期间的较小值。

10.9　意外伤害

意外伤害是指遭受外来的、突发的、非本意的、非疾病的客观事件直接致使身体受到的伤害。

10.10　利息

利息是本合同保单质押借款的利息按我们收到保单质押借款申请书时已宣布的借款利率计算，我们在每年的1月1日和7月1日根据监管规定和市场情况宣布两次借款利率。

借款利率适用于本合同自动垫交的保险费和补交保险费的利息计算。

10.11　毒品

本合同中毒品是指中华人民共和国刑法规定的鸦片、海洛因、甲基苯丙胺(冰毒)、吗啡、大麻、可卡因以及国家规定管制的其他能够使人形成瘾癖的麻醉药品和精神药品，但不包括由医生开具并遵医嘱使用的用于治疗疾病但含有毒品成分的处方药品。

10.12　酒后驾驶

酒后驾驶是指经检测或鉴定，发生事故时车辆驾驶人员每百毫升血液中的酒精含量达到或超过一定的标准，公安机关交通管理部门依据《道路交通安全法》的规定认定为饮酒后驾驶或醉酒后驾驶。

10.13　无合法有效驾驶证驾驶

无合法有效驾驶证驾驶是指下列情形之一：

(1) 没有驾驶证驾驶；

(2) 驾驶与驾驶证准驾车型不相符合的车辆；

(3) 持审验不合格的驾驶证驾驶；

(4) 持学习驾驶证学习驾车时，无教练员随车指导，或不按指定时间、路线学习驾车。

10.14 无有效行驶证

无有效行驶证是指下列情形之一：

(1) 机动车被依法注销登记的；

(2) 未依法按时进行或通过机动车安全技术检验。

10.15 机动车

机动车是指以动力装置驱动或牵引，上道路行驶的供人员乘用或用于运送物品以及进行工程专项作业的轮式车辆。

10.16 医疗机构

医疗机构是指经中华人民共和国卫生部门正式评定的二级或以上之公立医院，但不包括上述医院的分院、联合病房或联合病床，精神病院，专供康复、休养、戒毒、戒酒、护理、养老等非以直接诊治病人为目的之医疗机构。

第七章　财产保险

内容提要：本章主要介绍了财产保险的概念、特征、保险标的的损失状态及财产保险基本的赔偿方式；分析了财产保险合同的两个重要的内容——保险价值与保险金额；介绍了财产保险的主要业务种类；并着重对火灾保险、机动车辆保险、责任保险做了介绍。

第一节　财产保险概述

一、财产保险的概念

财产是金钱、财物以及民事权利义务的总和。财产保险是对财产及其有关利益因灾害事故造成的损失进行补偿的保险。保险人集合众多面临同质风险的经济单位，当其中部分经济单位的财产及其利益因约定灾害事故的发生遭受损失时，保险人对被保险人赔偿保险金。

财产保险的概念应从以下几方面理解：

（一）财产保险的保险标的是财产及其有关利益

财产保险的保险标的是保险的对象，也是财产保险合同中约定的保险事故发生的本体。财产保险标的存在的形式有两种：有形财产与无形财产。前者是狭义的财产保险标的，它是客观存在的、有形的物质财产，该类保险标的的种类很多，如运输过程中的货物、汽车、轮船、机器设备、房屋等等；后者是投保人具有利害关系的某种经济利益，它包括预期收益、损害赔偿责任、权利和义务等。

（二）财产保险所承保的风险是各种自然灾害和意外事故

当保险单上约定的灾害事故发生使保险标的出现损失时，保险人对被保险人所遭受的实际经济损失进行赔偿。

（三）损失分摊机制是财产保险运行的基础

损失分摊机制的实质是保险人通过集合众多同类标的面临同质风险的经济单

位，将个别经济单位遭受的经济损失，在全体被保险人中进行分摊，即少数被保险人所遭受的经济损失由全体被保险人共同分摊。

二、财产保险的特征

与人身保险比较，财产保险具有以下特征：

（一）财产保险是补偿性保险

1. 保险标的具有可估价性

财产保险的保险标的的价值是可以确定的。就有形财产而言，其本身就有客观的市场价；就无形财产而言，投保人对其具有的经济利益也必须是确定的、可以用货币来估算的，否则不能作为保险标的。因此，财产保险合同中有一项特殊的内容——保险价值。

2. 保险金额的确定方法

由于财产保险的保险标的本身具有保险价值，因此保险金额是在对保险标的估价的基础上确定的。保险金额可以按标的的市场价确定，也可以按账面价或重置价确定。

3. 保险金的赔偿方式

基于财产保险标的的性质，财产保险是补偿性保险，保险标的的损失可以用货币来衡量，保险事故发生后，保险人对被保险人的赔偿要遵循损失补偿原则。即在保险金额限度内，按保险单约定的赔偿方式，损失多少，赔偿多少，被保险人不能获得超过实际损失的额外 利益。

（二）财产风险的性质

1. 与人身风险比较，财产风险较集中

首先，财产保险承保了一些高额保险，如飞机保险、人造卫星保险等，其保险金额较高，保险事故一旦发生，保险人要支出巨额的保险赔款。其次，财产保险还承保了一些巨灾风险，如洪水、风暴等，这些风险一旦发生，会使大量的保险标的同时受损，导致保险人的赔偿金额剧增。由于财产风险具有集中性，为了分散风险，保证保险经营的稳定，保险人往往要借助再保险安排分散风险。

2. 保险人要准确掌握财产风险的规律性有一定难度

财产风险与人身风险不同。首先，财产风险种类繁多、千差万别。其次，受人们的认识能力和科技发展水平的限制，人们对一些灾害事故还无法有效地预测和防范。再次，人们对财产风险的重视程度不够，统计资料不健全。基于以上原因，保险人要准确地掌握财产风险的规律性有一定难度，根据所掌握的风险资料制定的保险费率与所承保的财产实际发生的损失之间往往存在一定的偏差。

（三）财产保险一般是短期保险

人身保险，特别是人寿保险，其保险期限较长。由于保险期限长，人身保险具有以下特征：第一，采用年度均衡保险费制，保险费多为按年度分期交纳，保险费按复利计算；第二，对被保险人而言，既具有保障性，又具有储蓄性；第三，保险人每年都有固定的保险费收入，由此形成的保险基金可供保险人进行中长期投资。

财产保险与人身保险不同，其保险期限一般为一年或一年以内。由于期限短，保险实务中要求投保人投保时一次性交清保险费，保险费不计利息；其形成的保险基金一般不能作为保险人中长期投资的资金来源；财产保险只具有保障性，不具有储蓄性，保险单没有现金价值。

三、财产保险标的的损失状态

在保险实务中，财产保险标的的损失可以从不同的角度分类：按遭受损失的程度，可分为全部损失和部分损失；按损失的形态，可分为物质损失和费用损失；按损失发生的客体是否是保险标的本身，可分为直接损失和间接损失。

（一）全部损失和部分损失

1. 全部损失

全部损失简称全损，指保险标的因保险事故的发生而遭受全部损失的一种损失状态。全部损失可分为实际全损和推定全损。

实际全损是指保险标的因遭受保险承保范围内的风险事故而全部灭失，或受损程度已使其失去原有形态和特征的一种实质性的物质损失。

推定全损是指保险标的在遭受保险事故后，虽然尚未达到全部灭失、损毁状态，但是全部灭失是不可避免的，或估计恢复、修复该标的物所耗费用已达到或超过其实际价值或保险价值。

2. 部分损失

部分损失是指保险标的的损失未达到全部损失程度的一种损失状态。

（二）物质损失和费用损失

物质损失是指由于保险事故发生造成的保险标的本身的损失；费用损失是保险标的发生保险事故时，被保险人采取施救、保护、整理措施所产生的必要合理费用，以及保险单上约定的保险人承担的其他费用。

（三）直接损失和间接损失

保险事故发生造成的保险标的本身的损失是直接损失；由于保险标的发生保险事故所导致的保险标的以外的损失是间接损失，如汽车受损后所导致的在修理期间营运收入的丧失，企业财产受损后在停业期间利润的丧失和费用的增加等。保险人对直接损失要承担赔偿责任，对间接损失是否承担赔偿责任，以保险单上的约定为准。

四、财产保险合同的保险价值和保险金额

（一）保险价值与保险金额的概念

1. 保险价值的概念

保险价值是保险标的在某一特定时期内（或时点）用货币估算的经济价值。财产保险的保险标的具有可估价性，保险价值是财产保险合同的特有概念，它是确定保险金额与赔偿计算的依据。

保险价值以什么为标准来确定？财产保险标的有客观的判断标准，这个标准就是市场价（实际价值）。在保险实务中，经保险合同当事人双方约定，保险价值也可以按照保险标的的原始账面价、重置价等确定。由于市场价在保险合同有效期内会出现涨跌，这样会使投保时依据保险价值确定的保险金额与保险事故发生时的市场价不一致。对有些特殊的保险标的，其价值不易确定或确无市场价可循时，为了明确保险合同当事人的权利与义务，避免保险事故发生后双方因赔款计算而发生争执，可以按双方约定的价值确定，在保险事故发生时，以事先约定的价值作为赔偿的依据，不再另行估价。另外，在海上保险中，有法定的计算确定保险价值的标准。保险价值的存在使财产保险合同在保险金额的确定、承保方式和赔偿计算方式等方面都比人身保险合同复杂。

2. 保险金额的概念

保险金额是指保险人在保险合同中承担赔偿或者给付保险金责任的最高限额。财产保险的保险金额是根据保险标的的保险价值来确定的，一般作为保险人对受损标的最高的赔偿额度，以及施救费用的最高赔偿额度，也是保险人计算保险费的依据之一。除合同另有约定外，保险金额不是保险人认定的财产价值，也不是保险事故发生时赔偿的等额，而仅是保险人承担赔偿责任的最高限额。

（二）足额保险、不足额保险和超额保险

1. 足额保险

足额保险是指财产保险合同的保险金额与保险标的出险时的保险价值相等。在足额保险中，除合同另有约定外，一般当保险标的发生保险事故使被保险人遭受损失时，保险人对被保险人按实际损失进行赔偿，损失多少，赔偿多少。

2. 不足额保险

不足额保险是指财产保险合同的保险金额小于保险标的出险时的保险价值。不足额保险的产生一般有两种情况：一是投保时投保人仅以保险价值的一部分投保，使保险金额小于保险价值；二是投保时保险金额等于保险价值，但在保险合同有效期内，保险标的的市场价上涨，造成出险时保险单上约定的保险金额小于保险价值。在不足额保险中，由于投保人只是以保险标的的价值的部分投保，因此，保险事故发生时，除合同另有约定外，保险人按照保险金额与保险价值的比例承担赔偿责任，被保险人要自己承担一部分损失。

3. 超额保险

超额保险是指财产保险合同的保险金额大于保险标的出险时的保险价值。超额保险的产生一般有两种情况：一是投保时投保人以高于保险价值的金额投保，使保险金额大于保险价值；二是投保时保险金额等于保险价值，但在保险合同有效期内，保险标的的市场价下跌，造成出险时保险单上的保险金额大于保险价值。根据损失补偿原则，保险金额超过保险价值的，其超过部分无效。

（三）定值保险、不定值保险、重置价值保险和第一危险责任保险

保险价值是确定保险金额的基础和依据，保险金额应当反映保险标的的实际价值。根据保险价值确定的时间及保险价值确定的方式，财产保险的承保方式分为以下四种：

1. 定值保险

定值保险是投保时确定保险价值的承保方式。投保人和保险人签订保险合同时，除根据保险价值确定保险金额外，还要约定保险价值并在合同中载明。保险标的发生保险事故时，不论损失当时该保险标的的市场价是多少，保险人均按保险单上约定的保险金额计算赔偿。如果是全部损失，按保险金额赔偿；如果是部分损失，按损失程度计算赔偿。

财产保险合同中，以定值保险方式承保的主要有两类标的。一类是不易确定价值或无客观市场价的特殊标的，如艺术品，一般由双方约定保险价值，以免事后发生纠纷。另一类是运输中的货物等流动性比较大的标的，由于各地货物价格差别较大，保险事故发生后再来估算实际价值既困难又麻烦，而且易引起赔偿纠纷。此种保险方式实际上是以投保时双方约定的保险价值代替了损失发生时的保险价值。

2. 不定值保险

不定值保险是与定值保险相对的一种承保方式，投保人和保险人签订保险合同时不在合同中载明保险价值，只是订明保险金额作为赔偿的最高限额。当保险标的发生保险事故出现损失时，再来估计其保险价值作为赔款计算的依据。当保险金额等于或高于保险价值时，按实际损失金额赔偿；当保险金额小于保险价值时，其不足的部分视为被保险人自保，保险人按受损标的的保险金额与保险价值的比例计算赔款。

不定值保险方式在财产保险合同中运用得较多，财产保险的绝大部分险种都以不定值保险方式承保。

3. 重置价值保险

重置价值保险是投保人与保险人双方约定按保险标的的重置重建价值确定保险金额的一种特殊承保方式。在财产保险合同中，保险人一般要求投保人按保险标的的实际价值投保，当保险标的因保险事故发生而受损时，保险人按实际损失进行赔偿（或将受损财产恢复到损失前的状态）。但是，某些保险标的（如房屋、

建筑物、机器设备等），由于使用期限较长，如果按扣除折旧以后的实际价值投保的话，那么在保险标的受损后，被保险人从保险人那里获得的赔偿就不充分，不能使被保险人重置重建保险标的以恢复生产经营。因此，为使被保险人获得保险保障，保险人对某些标的可以按超过实际价值的重置重建价承保。

重置价值保险的实质是一种超额保险，只不过这种超额保险是经过保险合同双方当事人约定的，保险人认可的超额保险。所以，以这种方式承保的标的受损后，保险人按约定的重置重建价计算赔偿。

4. 第一危险责任保险

该承保方式是指经保险人同意，投保人可以保险标的实际价值的部分（即一次保险事故可能造成的最大损失范围）投保，以此确定保险金额。保险金额一经确定，只要损失金额在保险金额范围内，就视为足额保险，保险人按保险标的的实际损失赔偿。这种方式实质上是一种不足额保险，只不过是保险人认可的不足额保险，保险人对保险金额范围内的损失全额赔偿，而不按保险金额与保险价值的比例进行分摊。这种承保方式之所以叫作第一危险责任保险，是因为它把保险价值分为两个部分，保险金额范围内的部分是第一危险责任部分，该范围内损失保险人负责赔偿，超出保险金额范围的保险价值部分称为“第二危险”，视为未投保部分，保险人不负赔偿责任。

第一危险责任承保方式是针对某些在一次事故发生时不可能发生全损的保险标的所采取的一种特殊的承保方式，对被保险人较有利，因此，保险费率相对于其他承保方式要高一些。同时，保险人为了控制风险，在有些财产保险合同中要求保险单中所确定的的保险金额必须达到保险价值的一定比例，未达到此比例的仍作为不足额保险，损失金额要按照保险单上的保险金额与应达到的保险金额的比例进行分摊。

五、财产保险的基本赔偿方式

财产保险有三种基本的赔偿方式，依据不同的赔偿方式计算的赔偿金额是不相同的，保险单上要对赔偿方式做具体的规定。

（一）比例责任赔偿方式

这种赔偿方式的特点是按保险标的的保险金额与保险价值的比例计算赔偿金额。如果保险金额低于保险价值，被保险人的损失金额不能全部得到赔偿。而且，在损失金额一定的情况下，保险金额与保险价值的比例越小，被保险人所得到的赔偿金额越少；保险金额与保险价值的比例越大，被保险人所得到的赔偿金额越多。其计算公式如下：

$$\text{赔偿金额}=\text{损失金额}\times\frac{\text{保险金额}}{\text{保险价值}}$$

（注：保险金额不得大于保险价值）

从以上公式可以看出，当保险金额等于保险价值（足额保险）时，赔偿金额等于损失金额；当保险金额大于保险价值（超额保险）时，赔偿金额不能按此公式计算，赔偿金额仍然等于损失金额。因此，该赔偿方式只在不足额保险中采用，被保险人的未保部分视为自保，保险人只负投保部分的保险责任，体现了权利义务对等的原则。

例如：某一保险财产的保险价值为10万元，损失金额为6万元，由于保险金额的不同会出现以下三种情况：

（1）保险金额为10万元，是足额保险，如果保险合同没有其他限制，赔偿金额为6万元。

（2）保险金额为13万元，是超额保险，如果保险合同上没有其他规定，其超过部分无效，赔偿金额为6万元。

（3）保险金额为8万元，是不足额保险，依照上面的公式计算

赔偿金额 $=6\times\frac{8}{10}=4.8$（万元）

（二）第一危险责任赔偿方式

这种赔偿方式的特点是在保险金额范围内，赔偿金额等于损失金额。也就是说被保险人在保险金额范围内的损失，能够全部从保险人处获得赔偿。其计算公式为：

赔偿金额=损失金额

（注：赔偿金额不得大于保险金额）

以上例中的（3）为例，如果按照第一危险责任赔偿方式，赔偿金额为6万元。显然，这种赔偿方式对被保险人较为有利，因此保险费率要高于比例责任赔偿方式。该种赔偿方式往往适用于发生一次保险事故不会导致保险标的全部损失的情况，但为了控制风险，保险人一般要求保险金额必须达到保险标的价值的一定比例（比如80%）才视为足额保险。

（三）免责限度赔偿方式

这种赔偿方式为：事先规定一个免责限度（免赔额或免赔率），在规定免责限度内的损失，保险人不负赔偿责任；只有损失超过免责限度时，保险人才承担赔偿责任。以免赔率为例，又分为相对免赔率和绝对免赔率。

相对免赔率是指保险标的的损失率超过保险单上规定的免赔率时，保险人按实际损失不做扣除的赔偿。其公式如下：

赔偿金额=保险金额×损失率

（注：损失率必须大于免赔率）

相对免赔率主要用于减少因零星的小额赔款而必须办理的理赔手续，以节省费用。

绝对免赔率是指当保险标的的损失率超过保险单上规定的免赔率时，保险人

仅就超过免赔率的那部分进行赔偿。其公式如下：

赔偿金额=保险金额×（损失率-免赔率）

（注：损失率必须大于免赔率）

绝对免赔率主要用于货物运输保险和工程保险等险种中。由正常途耗或自然损耗而非灾害事故所导致的损失，保险人不应承担赔偿责任；同时，保险单上规定由被保险人自己承担一定的损失，以利于增强其防灾责任感。

第二节　财产保险的种类

随着现代保险事业的飞速发展，财产保险已经发展成为一个内涵非常丰富、外延极为广泛的概念，广义的财产保险包括了人身保险以外的所有险种（见图 7-1）。按照我国《保险法》第九十二条对保险公司业务范围的划分，财产保险业务包括财产损失保险、责任保险、信用保险等保险业务。随着保险业务的创新，财产保险的新险种不断出现，以下介绍的是财产保险的主要种类。在本章第三、四、五节和第八章，将对财产保险中有代表性的险种做介绍。

- 广义财产保险
  - 财产损失保险（狭义财产保险）
    - 工程保险
    - 火灾保险
    - 货物运输保险
    - 运输工具保险
    - 工程保险
    - 农业保险
  - 责任保险
  - 信用保证保险

图 7-1　广义财产保险

一、财产损失保险（狭义财产保险）

财产损失保险是以物质财产为保险标的的保险业务，其种类很多，主要险种包括以下几类：

（一）火灾保险

火灾保险是以存放在固定场所并处于相对静止状态的财产及其有关利益为保险标的，保险人承保因火灾、爆炸、雷击及其他灾害事故的发生所造成损失。我国目前开展的火灾保险主要有企业财产保险、家庭财产保险、财产一切险等（参见本章第三节）。

（二）货物运输保险

保险人承保货物在运输过程中因灾害事故及外来风险的发生而遭受的损失。

我国的货物运输保险分为海上货物运输保险、内陆货物运输保险、邮包保险等。货物运输保险中最有代表性的海上货物运输保险。（参见第八章第二节。）

（三）运输工具保险

保险人承保因灾害事故发生所造成的运输工具本身的损失及第三者责任，也可承保各种附加险。我国的运输工具保险主要有机动车辆保险、船舶保险、飞机保险等。（本章第四节将介绍机动车辆保险。）

（四）工程保险

保险人承保建筑工程和安装工程等在建设和施工过程中，因灾害事故发生所造成的损失，及由此造成的费用和责任。工程保险是一种包括财产损失保险和责任保险在内的综合性保险，它分为建筑工程保险、安装工程保险等。建筑工程保险主要承保各项土木工程建筑在整个建筑期间，由于发生保险事故造成被保险工程项目的物质损失、列明费用损失以及被保险人对第三者人身伤害或财产损失引起的经济赔偿责任。安装工程保险承保新建、扩建或改造的工矿企业的机器设备或钢结构建筑物在整个安装、调试期间，由于保险责任内的风险造成保险财产的物质损失、列明费用损失，及安装期间造成的第三者财产损失或人身伤亡引起的经济赔偿责任。

（五）农业保险

保险人承保种植业、养殖业标的因灾害事故的发生而受损所造成的经济损失。它分为种植业保险和养殖业保险两类。种植业保险以农作物和林木为保险标的，承保保险标的因保险责任范围内的灾害事故而受损所致的经济损失。按保险标的分类，种植业保险可以分为农作物保险和林木保险。养殖业保险是承保被保险人在进行各种养殖业生产活动中因保险责任事故的发生而遭受损失的一种农业保险。养殖业保险可以分为畜牧保险和水产养殖保险两大类，亦可细分为大牲畜保险、中小家畜家禽保险、牧畜保险、淡水养殖保险和海水养殖保险。

二、责任保险

责任保险以被保险人依法应承担的民事损害赔偿责任或经过特别约定的合同责任为保险标的，保险人承保经济单位和个人在进行各项生产经营活动、业务活动或在日常生活中，因疏忽、过失等行为造成他人的财产损失或人身伤亡，依法应承担的经济赔偿责任。

责任保险的承保方式有两种：一种是作为各种财产损失保险合同的组成部分或作为附加险承保，不签发单独的责任保险保险单；另一种是签发保险单单独承保的责任保险，包括公众责任保险、雇主责任保险、产品责任保险、职业责任保险等。（参见本章第五节）

三、信用保证保险

信用保证保险是由保险人作为保证人为被保证人向权利人提供担保的一类保

险业务。当被保证人的作为或不作为致使权利人遭受经济损失时，保险人负经济赔偿责任。理解信用保证保险应注意以下几点：

（一）信用保证保险是一种担保行为

信用保证保险的性质类似于银行的担保业务，也是一种担保业务，是保险人替被保证人向权利人提供担保。

（二）信用保证保险的保险标的是被保证人的信用风险

所谓信用风险，就是义务人不能按规定履行义务，可能给权利人造成的损失。这种保险标的与有形的财产标的不同，是一种无形的经济利益。较之其他财产保险，保险人在信用保证保险中承担的风险较广，除承保各种信用风险外，还承保一些经济因素、社会因素乃至政治因素造成的信用风险。

（三）信用保证保险的范围

在保险业务中，承保信用风险的业务有两类：一类是保证保险，另一类是信用保险。即信用保证保险分为保证保险和信用保险。应该说，保证保险与信用保险二者的性质是相同的，在承保内容与承保方式上也大同小异，它们的区别仅在于保证对象的不同。凡被保证人根据权利人的要求，要求保险人担保自己（被保证人）信用的保险，属保证保险；凡权利人要求保险人担保对方（被保证人）信用的保险，属信用保险。信用保证保险主要有合同保证保险、忠诚保证保险、商业信用保证保险、投资保险、出口信用保险等。（出口信用保险参见第八章第三节。

第三节　火灾保险

一、火灾保险的保险标的和保险风险

火灾保险，是指以存放在固定场所并处于相对静止状态的财产及其有关利益为保险标的，由保险人承担被保险财产因保险事故的发生而受损的经济赔偿责任的一种财产损失保险。我国的火灾保险业务按照投保主体不同分为企业财产保险与家庭财产保险。企业财产保险以团体为投保对象，因而它又可以称为团体火灾保险；而家庭财产保险则以城乡居民个人及其家庭为投保单位。

（一）火灾保险的保险标的

火灾保险的标的，主要是各种不动产和动产。不动产是指不能移动或移动后会引起性质、形状改变的财产，包括土地及土地的附着物，保险人对土地一般不承保，所以，火灾保险承保的主要是土地附着物，以房屋为主，还包括其他建筑物及附属设备。动产则是指能自由移动且不改变其性质、形态的财产。火灾保险承保的动产范围很广，包括各种生产资料、生活资料及其他商品，如机器设备、

原材料等生产资料。家用电器、家具、服装等生活资料，商店里准备出售的各种商品等。无论是何种财产，在保险单上都要注明具体的坐落地点。

（二）火灾保险所承保的主要风险

火灾保险承保的基本风险是火灾、雷击、爆炸，此外，还承保一系列自然灾害和意外事故。下面根据我国现行的火灾保险条款及条款解释，对火灾保险承保的主要风险予以说明。

1. 火灾

火灾指在时间或空间上失去控制的燃烧所引发的灾害。构成火灾责任必须同时具备三个条件：①有燃烧现象，即有热有光有火焰；②偶然、意外发生的燃烧；③燃烧失去控制并有蔓延扩大的趋势。

2. 雷击

雷击指由雷电造成的灾害。雷击的破坏形式分为两种：①直接雷击，即因雷电直接击中保险标的造成损失；②感应雷击，指由于雷击产生的静电感应或电磁感应使屋内的绝缘金属物体产生高电位放出火花引起的火灾，导致电器本身损毁，或因雷电的高电压感应致使电器部件损毁。

3. 爆炸

爆炸有两种形式：①物理性爆炸，指由于液体变为蒸气或气体膨胀，压力急剧增加并大大超过容器所能承受的极限压力而发生的爆炸，如锅炉、液化气罐爆炸等，此类爆炸事故的鉴别，以劳动部门出具的鉴定为准；②化学性爆炸，指物体在瞬息分解或燃烧时放出大量的热和气体，并以很大的压力向四周扩散的现象，如火药爆炸。因物体本身的瑕疵、使用损耗或产品质量低劣以及由于容器内部承受“负压”（内压比外压小）造成的损失，不属于爆炸责任。

4. 暴雨

暴雨指每小时降雨量达16毫米以上，或连续12小时降雨量达30毫米以上，或连续24小时降雨量达50毫米以上。

5. 洪水

山洪暴发、江河泛滥、潮水上岸及倒灌致使保险标的因遭受浸泡、冲散、冲毁而出现的损失都属洪水责任。规律性的涨潮、自动灭火设施漏水以及在常年水位以下或地下渗水、水管爆裂造成保险标的损毁，不属于洪水责任。

6. 台风

台风指中心附近最大平均风力12级或以上，即风速在32.6米/秒以上的热带气旋。是否构成台风应以当地气象站的认定为准。

7. 暴风

暴风指风速在28.3米/秒，即风力等级表中的11级风。我国保险条款的暴风责任通常扩大至8级风，即风速在17.2米/秒以上即构成暴风责任。

8. 龙卷风

这是一种范围小而时间短的猛烈旋风。陆地上平均最大风速一般为 79 米/秒~103 米/秒，极端最大风速一般在 100 米/秒以上。是否构成龙卷风以当地气象站的认定为准。

9. 雪灾

雪灾因每平方米雪压超过建筑结构荷载规范规定的荷载标准，以致压塌房屋、建筑物造成损失。

10. 雹灾

雹灾是指因冰雹降落造成的灾害。

11. 冰凌

即气象部门称的凌汛，春季江河解冻时期冰块飘浮遇阻，堆积成坝，堵塞江道，造成水位急剧上升，以致冰凌、江水溢出江道，蔓延成灾。陆上有些地区，如山谷风口或酷寒致使雨雪在物体上结成冰块，呈下垂状，越结越厚，重量增加，由于下垂的拉力致使物体毁坏。

12. 泥石流

泥石流指山地大量泥沙、石块随大暴雨或大量冰水流出。

13. 崖崩

崖崩指石崖、土崖受自然风化、雨蚀、崖崩下塌或山上岩石滚下；或大雨使山上沙土透湿而崩塌。

14. 突发性滑坡

突发性滑坡指斜坡上不稳的岩体、土体或人为堆积物在重力作用下突然整体向下滑动。

15. 地面突然塌陷

地面突然塌陷指地壳因为自然变异使地层收缩而发生突然塌陷。此外，对于因海潮、河流、大雨侵蚀或在建筑房屋前没有掌握地层情况，地下有孔穴、矿穴，以致地面突然塌陷所致保险标的的损失，也在该保险责任范围以内；而因地基不固或未按建筑施工要求导致建筑地基下沉、裂缝、倒塌所导致的损失，不在保险责任范围以内。

16. 飞行物体及其他空中运行物体坠落

凡是空中飞行或运行物体的坠落，如空中飞行器、人造卫星、陨石坠落，吊车、行车在运行时发生的物体坠落都属于该保险责任。在施工过程中，因人工开凿或爆炸使石方、石块、土方飞射、塌下而造成保险标的损毁，保险人可以先给予赔偿，然后向负有责任的第三者追偿。建筑物倒塌、倒落、倾倒造成保险标的损毁，视同空中运行物体坠落责任负责。如果涉及第三者责任，可以先赔后追。但是，对建筑物本身的损失，不论是否属于保险标的，都不负责赔偿。

二、企业财产保险

企业财产保险是由传统的火灾保险演变而来的，主要承保火灾以及其他自然灾害和意外事故造成的保险财产的直接损失。企业财产保险分为基本险和综合险，两个险种除保险责任范围不同外，保险合同的其他内容都相同。

（一）企业财产保险的保险标的

1. 可保财产

这类财产既可以用会计科目来反映，如固定资产、流动资产、账外财产等；也可以用企业财产项目类别来反映，如房屋、建筑物、机器设备、原材料、商品物资等。以上财产被保险人应对保险标的具有保险利益。

2. 特约承保财产

下列财产须经被保险人与保险人特别约定，并在保险单上载明，才可作为保险标的：①金银、珠宝、钻石、玉器、首饰、古币、古玩、古书、古画、邮票、艺术品、稀有金属等珍贵财物；②堤堰、水闸、铁路、道路、涵洞、桥梁、码头；③矿井、矿坑内的设备和物资。

3. 不保财产

下列财产不可作为保险标的：①土地、矿藏、矿井、矿坑、森林、水产资源以及未经收割或收割后尚未入库的农作物；②货币、票证、有价证券、文件、账册、图表、技术资料、电脑资料、枪支弹药以及无法鉴定价值的财产；③违章建筑、危险建筑、非法占用的财产；④在运输过程中的物资；⑤领取执照并正常运行的机动车；⑥牲畜、禽类和其他饲养动物。

（二）企业财产保险基本险和综合险的保险责任

1. 基本险的保险责任

①火灾；②雷击；③爆炸；④飞行物体及其他空中运行物体坠落。

保险标的因下列原因损毁，保险人也应负责赔偿：

①被保险人拥有财产所有权的自用的供电、供水、供气设备因保险事故遭受损坏，引起停电、停水、停气以致造成保险标的直接损毁；②在发生保险事故时，为抢救保险标的或防止灾害蔓延，采取合理的必要的措施而造成保险标的的损失。

保险事故发生后，被保险人为防止或者减少损失所支付的必要的合理的费用，由保险人承担。

2. 综合险的保险责任

①火灾、爆炸；②雷击、暴雨、洪水、台风、暴风、龙卷风、雪灾、雹灾、冰凌、泥石流、崖崩、突发性滑坡、地面突然塌陷；③飞行物体及其他空中运行物体坠落。

保险标的因下列原因损毁，保险人也负责赔偿：①被保险人拥有财产所有权的自用的供电、供水、供气设备因保险事故遭受损坏，引起停电、停水、停气以致保险标的直接损毁；②在发生保险事故时，为抢救保险标的或防止灾害蔓延，采取合理的必要的措施而造成保险标的损毁。

保险事故发生后，被保险人为防止或者减少损失所支付的必要的、合理的费用，由保险人承担。

（三）企业财产保险基本险和综合险的责任免除

1. 基本险的责任免除

由于下列原因造成保险标的损毁，保险人不负责赔偿：①战争、敌对行为、军事行动、武装冲突、罢工、暴动；②被保险人及其代表的故意行为或纵容所致；③核反应、核子辐射和放射性污染；④地震、暴雨、洪水、台风、暴风、龙卷风、雪灾、雹灾、冰凌、泥石流、崖崩、滑坡、水暖管爆裂、抢劫、盗窃。

保险人对下列损失也不负责赔偿：①保险标的遭受保险事故引起的各种间接损失；②保险标的本身有缺陷或保管不善导致的损失，保险标的变质、霉烂、受潮、虫咬、自然磨损、自然损耗、自燃、烘焙所造成的损失；③由于行政行为或执法行为所致的损失；④其他不属于保险责任范围内的损失和费用。

2. 综合险的责任免除

下列原因造成保险标的损毁，保险人不负责赔偿：①战争、敌对行为、军事行动、武装冲突、罢工、暴动；②被保险人及其代表的故意行为或纵容所致；③核反应、核子辐射和放射性污染。

保险人对下列损失也不负责赔偿：①保险标的遭受保险事故引起的各种间接损失；②地震所造成的一切损失；③保险标的本身有缺陷或保管不善导致的损失；保险标的变质、霉烂、受潮、虫咬、自然磨损、自然损耗、自燃、烘焙所造成的损失；④堆放在露天或罩棚下的保险标的以及罩棚，由于暴风、暴雨造成的损失；⑤由于行政行为或执法行为所致的损失；⑥其他不属于保险责任范围内的损失和费用。

（四）保险金额与保险价值

1. 固定资产的保险金额与保险价值

固定资产的保险金额由被保险人按照账面原值或原值加成数确定，也可按照当时重置价值或其他方式确定。

账面原值是指在建造或购置固定资产时所支出的货币总额，可以被保险人的固定资产明细账卡等为依据。账面原值加成数即在固定资产账面原值基础上再附加一定成数，使其趋于重置价值。在账面原值与实际价值差额较大时，可按账面原值加成数确定保险金额。重置价值即重新购置或重建某项财产所需支付的全部费用。按重置价值确定保额，可以使被保险人的损失得到足额的补偿，避免因赔偿不足带来的纠纷。

固定资产的保险价值是出险时的重置价值。

2. 流动资产的保险金额与保险价值

流动资产（存货）的保险金额由被保险人按最近 12 个月任意月份的账面余额确定，或由被保险人自行确定。

流动资产的保险价值是出险时账面余额。

账外财产和代保管财产可以由被保险人自行估价或按重置价值确定。账外财产和代保管财产的保险价值是出险时重置价值或账面余额。

（五）企业财产保险的赔偿处理

在企业财产保险中，保险标的发生保险责任范围内的损失，保险人按照保险金额与保险价值的比例承担赔偿责任，即按以下方式计算赔偿金额：

1. 固定资产的赔款计算

固定资产的赔偿需要分项计算。在具体赔偿时分为如下两种情况：

（1）全部损失

受损财产保险金额等于或高于出险时重置价值的，其赔偿金额以不超过出险时的重置价值为限，受损财产的保险金额低于出险时重置价值的，其赔偿金额不得超过该项财产的保险金额。

（2）部分损失

受损保险标的的保险金额等于或高于出险时重置价值的，按实际损失计算赔偿金额，受损财产的保险金额低于出险时重置价值的，应根据实际损失或恢复原状所需修复费用，按保额占出险时重置价值的比例计算赔偿金额。即：

$$赔款=\frac{保险金额}{出险时重置价值}\times 实际损失或受损财产恢复原状所需修复费用$$

2. 流动资产的赔款计算

流动资产的损失分为如下两种情况：

（1）全部损失

受损财产的保险金额等于或高于出险时账面余额的，其赔偿金额以不超过出险时账面余额为限；受损财产的保险金额低于出险时账面余额的，其赔款不得超过该项财产的保险金额。

（2）部分损失

受损保险标的的保险金额等于或高于账面余额，按实际损失计算赔偿金额；受损财产的保险金额低于账面余额，应根据实际损失或恢复原状所需修复费用，按保险金额占出险时账面余额的比例计算赔偿额。

$$赔款=\frac{保险金额}{出险时账面余额}\times 实际损失或受损财产恢复原状所需修复费用$$

3. 与赔偿相关的其他事项

（1）施救费用的赔偿

发生保险事故时，被保险人所支付的必要、合理的施救费用的赔偿金额在保险标的损失以外另行计算，最高不超过保险金额的数额。若受损保险标的按比例赔偿，则该项费用也按与财产损失赔款相同的比例赔偿。

（2）损余价值的处理

保险标的遭受损失后的残余部分价值（简称残值），协议作价折归被保险人，并在赔款中扣除。如果受损财产赔款要进行分摊，其损余价值部分也要进行分摊。

（3）代位追偿

因第三者对保险标的的损害而造成保险事故的，保险人自向被保险人赔偿保险金之日起，在赔偿金额范围内代位行使被保险人对第三者请求赔偿的权利。

（4）保险金额的冲减

保险标的遭受部分损失经保险人赔偿后，其保险金额应相应减少，被保险人需恢复保险金额时，应补交保险费，由保险人出具批单批注。保险当事人均可依法终止合同。

（5）重复保险的分摊

若保险人所保财产存在重复保险的情况，本保险人仅负按照比例分摊损失的责任。

（六）厘订费率的主要因素

保险费率根据保险标的风险程度、损失概率、责任范围、保险期限和经营管理费用等确定。在厘定企业财产保险的费率时，主要应考虑以下因素：

建筑结构及建筑等级；

占用性质；

承保风险的种类；

地理位置。

此外，还应在具体确定保险费率时考虑被保险人的防火设备、保险标的所处环境、交通状况等因素的影响。在实际工作中，一般以表定费率为基础，根据具体风险情况等因素，在一定的浮动范围内确定费率。

企业财产保险一般以一年为期，标准费率表是年费率表。如果保险期限不足一年，应按短期费率表计收保费。如中途退保，亦适用于短期费率，保险期不足一月的，按一个月收费（见表7-1）。

表7-1　　财产保险基本险、综合费短期率表

保险期限（月）	1	2	3	4	5	6	7	8	9	10	11	12
按年费率（%）	10	20	30	40	50	60	70	80	85	90	95	100

三、家庭财产保险

家庭财产保险是以我国城乡居民的家庭财产为保险标的，由保险人承担火灾及有关自然灾害、意外事故损失赔偿责任的财产损失保险。

（一）普通家庭财产综合保险

普通型家庭财产综合保险的承保范围由房屋及附属设备、室内装潢和室内财产三大部分组成，投保人可以自由选项投保。房屋及附属设备和室内装潢的保险金额由投保人根据购置价和市场价自行确定。室内财产的保险金额以各项财产的实际价值自行确定。

1. 保险标的范围

（1）可以承保的家庭财产

凡是被保险人自有的，坐落于保险单所载明地址内的下列家庭财产，在保险标的范围以内：①房屋及其室内附属设备（如固定装置的水暖、气暖、卫生、供水、管道煤气及供电设备、厨房配套的设备等）；②室内装潢；③室内财产，包括家用电器和文体娱乐用品、衣物和床上用品、家具及其他生活用具。以上被保险人可自由选择投保。

（2）特约承保的家庭财产

下列财产经被保险人与保险人特别约定，并在保险单上载明，可列入保险标的范围以内：①属于被保险人代他人保管或者与他人共有而由被保险人负责的第一条载明的财产；②存放于院内、室内的非机动农机具、农用工具及存放于室内的粮食及农副产品；③经保险人同意的其他财产。

（3）不可承保的财产

下列家庭财产不在保险标的范围以内：①金银、珠宝、钻石及制品，玉器、首饰、古币、古玩、字画、邮票、艺术品、稀有金属等珍贵财物；②货币、票证、有价证券、文件、书籍、账册、图表、技术资料、电脑软件及资料以及无法鉴定价值的财产；③日用消耗品、各种交通工具、养殖及种植物；④用于从事工商业生产、经营活动的财产和出租用做工商业的房屋；⑤无线通信工具、笔、打火机、手表，各种磁带、磁盘、影音激光盘；⑥用芦席、稻草、油毛毡、麦秆、芦苇、竹竿、帆布、塑料布、纸板等为外墙、屋顶的简陋屋棚及柴房、禽畜棚、与保险房屋不成一体的厕所、围墙、无人居住的房屋以及存放在里面的财产；⑦政府有关部门征用、占用的房屋，违章建筑、危险建筑、非法占用的财产、处于危险状态下的财产。

2. 保险责任

保险财产只有在保险单载明的地址内，遭受保险责任范围内的灾害事故造成的损失，保险人才负赔偿责任。保险责任包括：①火灾、爆炸；②雷击、台风、龙卷风、暴风、暴雨、洪水、雪灾、雹灾、冰凌、泥石流、崖崩、突发性滑坡、地面突然下陷；③飞行物体及其他空中运行物体坠落，外来不属于被保险人所有或使用的建筑物和其他固定物体的倒塌；④在发生保险事故时，为抢救保险标的或防止灾害蔓延，采取合理的、必要的措施而造成保险标的的损失；⑤保险事故发生后，被保险人为防止或者减少的损失所支付的必要的、合理的费用，由保险人承担。

3. 责任免除

(1) 事故原因的除外

①战争、敌对行为、军事行动、武装冲突、罢工、暴动、盗抢；②核反应、核子辐射和放射性污染；③被保险人及其家庭成员、寄居人、雇佣人员的违法、犯罪或故意行为；④因计算机2000年问题造成的直接或间接损失。

(2) 损失、费用的除外

①保险标的遭受保险事故引起的各种间接损失；②地震及其次生灾害所造成的一切损失；③家用电器因使用过度、超电压、短路、断路、漏电、自身发热、烘烤等原因造成的本身的损毁；④坐落在蓄洪区、行洪区，或在江河岸边、低洼地区以及防洪堤以外当地常年警戒水位线以下的家庭财产，由于洪水所造成的一切损失；⑤保险标的本身有缺陷或保管不善导致的损毁；保险标的变质、霉烂、受潮、虫咬、自然磨损、自然损耗、自燃、烘焙所造成的本身的损失；⑥行政、执法行为引起的损失和费用；⑦其他不属于保险责任范围内的损失和费用。

4. 保险金额与保险价值

房屋及室内附属设备、室内装潢的保险金额由被保险人根据购置价或市场价自行确定。房屋及室内附属设备、室内装潢的保险价值为出险时的重置价值。

室内财产的保险金额由被保险人根据当时实际价值分项目自行确定。不分项目的，按各大类财产在保险金额中所占比例确定，如规定室内财产中的家用电器及文体娱乐用品、衣物及床上用品、家具及其他生活用具、农村农机具等在保险金额中的比例。特约财产的保险金额由被保险人和保险人双方约定。

5. 赔偿处理

保险事故发生后，保险人按照下列方式计算赔偿：

(1) 房屋及室内附属设备、室内装潢的赔偿计算

①全部损失的赔偿计算。保险金额等于或高于保险价值时，其赔偿金额以不超过保险价值为限；保险金额低于保险价值时，按保险金额赔偿。②部分损失的赔偿计算。保险金额等于或高于保险价值时，按实际损失计算赔偿金额；保险金额低于保险价值时，应根据实际损失或恢复原状所需修复费用乘以保险金额与保险价值的比例计算赔偿金额。

(2) 室内财产的赔偿计算

全部损失和部分损失，在分项目保险金额内，按实际损失赔付。即室内财产的损失采用第一危险责任赔偿方式，应在实际损失赔偿，而不是按责任比例分摊损失，但最高赔偿金额不得超过保险金额。

(3) 其他费用

被保险人所支付的必要、合理的施救费用，按实际支出另行计算，最高不超过受损标的的保险金额。若该保险标的按比例赔偿，则该项费用也按相同的比例赔偿。

（二）家庭财产两全保险

家庭财产两全保险是适用于城乡居民家庭的兼具保险保障和满期还本两全性质的家财险业务。它是在普通家财险的基础上产生的一种家财险，其保险标的、保险责任与普通家财险无异，其主要特点是：

1. 每份保险单的保险金额固定

与普通家财险不同，家财两全险的保险金额采取固定的方式，投保份数至少1份。投保人根据投保时保险标的的实际价值确定保险金额及投保份数。投保多份的，若保险金额总和超过保险价值，超过部分无效。

2. 家庭财产两全保险兼有保险保障和到期还本双重性质

保险储金是按年保险费率和同期银行利率进行计算的，保险公司以被保险人所交的保险储金的利息收入作为保险费。在保险期满时，不论被保险人在保险期间有无获得赔款，也不论保险合同在期满前是否终止，保险人均向被保险人退还全部储金。

3. 保险期限较长

财产保险的保险期限一般是以一年为期，而家财两全险的保险期限一般较长，如三年、五年甚至更长。家庭财产两全保险既可以为保险人积聚大量的可运用资金，增加保险人的资金实力，同时由于其期限较长，又有利于保险业务的稳定，并减少了每年展业、出单、收费的工作量。

4. 赔偿处理

在保险期限内任一个保险年度，如果累计赔偿金额达到保险金额，当年的保险责任即行终止，下个保险年度开始时自动恢复保险责任。保险人对部分损失赔偿后，当年的有效保险金额为原保险金额减去赔偿金额后的余额，到下个保险年度时保险金额自动恢复。保险标的全部损失经保险人赔偿后，保险责任终止，保险人到下个保险年度全额退还保险储金。

（三）家庭财产保险盗抢险

普通家庭财产保险开办了多个附加险，如附加盗抢保险、附加家用电器用电安全保险、附加管道爆裂及水渍保险、附加现金、首饰盗抢保险、附加第三者责任保险、附加自行车盗窃保险等。其中附加盗抢险是最为普遍的一种附加险。

1. 保险责任

保险房屋及其室内附属设备和存放于保险单所载明地址室内的保险标的，由于遭受外来人员撬、砸门窗，翻墙掘壁，持械抢劫，并有明显现场痕迹，经公安部门确认为盗抢行为所致丢失、损毁的直接损失，且三个月以内未能破案，保险人负责赔偿。

2. 责任免除

由于下列原因造成的损失，保险人不负赔偿责任：①保险标的因外人无明显盗窃痕迹、窗外钩物行为而损毁；②保险标的因门窗未锁而遭盗窃所致的损失；

③保险标的因被保险人的雇佣人员、同住人、寄宿人盗窃所致的损失。

3. 保险金额

保险金额以家庭财产综合保险的保险金额为限，对便携式用品（手提电脑、电子记事本、摄像机、照相器材、收音机、录音机、CD 机、VCD 机）规定了最高保险金额，且列明清单。

4. 赔偿处理

第一，保险标的发生盗抢事故后，被保险人应立即向当地公安部门如实报案，同时通知保险人，否则保险人有权拒赔。

第二，盗抢责任损失赔偿后，被保险人应将权益转让给保险人，破案追回的保险标的应归保险人所有，被保险人如愿意收回被追回的保险标的，其已领取的赔款必须退还给保险人，保险人对被追回保险标的的损毁部分按照实际损失给予补偿。

第三，被保险人向保险人报案后，从案发时起三个月后，被盗抢的保险标的仍未查获，方可办理赔偿手续。

第四，附加盗抢保险一般有绝对免赔额的规定。

（四）家庭财产保险的创新

近年来，为满足客户的需要，增强保险公司的竞争能力，家庭财产保险也在进行创新，比较典型的产品是投资保障型家庭财产保险。该产品的特点是：

第一，保险保障范围广泛，包括火灾、爆炸等除地震以外的各种自然灾害和意外事故，投保人也可以根据需要选择入室盗抢、管道破裂和水渍的特约责任，居民家庭最为关心的现金、金银、珠宝、玉器、钻石、首饰等贵重物品也可以受到保障。

第二，产品具有投资功能，集保险保障与资金投资于一体，且产品收益稳定，客户的投资收益按固定收益率计算，客户享有稳定可靠的收益保证。

第四节　机动车辆保险

一、机动车辆保险的特点

我国机动车辆保险主要承保对象是汽车，还包括电车、电瓶车、摩托车、拖拉机、各种专用机械车、特种车。机动车辆保险包括多个基本险和一系列附加险。在各国非寿险业务中，机动车辆保险不仅是运输工具保险的主要险别，也是整个非寿险业务的主要来源。我国机动车辆保险也是财产保险业务的第一大险种。

与其他财产保险业务比较，机动车辆保险有以下特点：

（一）保险标的出险概率较高

汽车是陆地上的主要交通工具。由于其经常处于运动状态，总是载着人或货物不断地从一个地方开往另一个地方，很容易发生碰撞及其他意外事故，造成财产损失或人身伤亡。由于车辆数量的迅速增加，而一些国家交通设施及管理水平跟不上车辆的发展速度，再加上驾驶员的疏忽、过失等人为原因，交通事故发生频繁，汽车出险概率较高。

（二）业务量大，普及率高

由于汽车出险概率较高，汽车的所有者需要寻求以保险方式转嫁风险。各国政府在不断改善交通设施，严格制定交通规章的同时，为了保障受害人的利益，对汽车第三者责任保险实施强制保险。保险人为适应投保人转嫁风险的不同需要，为被保险人提供更全面的保障，在开展车辆损失险和第三者责任险的基础上，推出了一系列附加险，使汽车保险成为财产保险中业务量较大，普及率较高的一个险种。

（三）扩大保险利益

机动车辆保险中，针对汽车的所有者与使用者往往不是同一人的特点，机动车辆条款一般规定：不仅被保险人本人使用车辆时发生保险事故保险人要承担赔偿责任，而且凡是被保险人允许的合格驾驶员使用车辆时，也视为其对保险标的具有保险利益，如果发生保险单上约定的事故，保险人同样要承担赔偿责任。这说明机动车辆保险的规定以“从车”为主，凡经被保险人允许的合格驾驶员驾驶被保险人的汽车发生保险事故造成损失，保险人须对被保险人负赔偿责任。此规定是为了对被保险人和第三者提供更充分的保障，并非是违背保险利益原则。但如果在保险合同有效期内，被保险人将保险车辆转卖、转让、赠送他人，被保险人应当书面通知保险人并申请办理批改。否则，保险事故发生时，保险人对被保险人不承担赔偿责任。

（四）被保险人自负责任与无赔款费率优待

为了促使被保险人注意维护、养护汽车，使其保持安全行驶技术状态，并督促驾驶员注意安全行车，以减少事故的发生，保险合同上一般规定：根据驾驶员在交通事故中所负责任，车辆损失险和第三者责任险在符合赔偿规定的金额内实行绝对免赔率；保险车辆在一年保险期限内无赔款，第二年续保时可以按保险费的一定比例享受无赔款优待。以上两项规定，虽然分别是对被保险人的惩罚和优待，但要达到的目的是一致的。

二、机动车辆保险的种类

（一）车辆损失险

车辆损失险的保险责任范围包括以下两个方面：

第一，被保险人或其允许的合格驾驶员在使用保险车辆过程中，由于保险单上约定的灾害事故发生造成保险车辆损失，保险人负赔偿责任。这些灾害事故有：①碰撞、倾覆；②火灾、爆炸；③外界物体倒塌、空中运行物体坠落、保险车辆行驶中平行坠落；④雷击、暴风、龙卷风、暴雨、洪水、海啸、地陷、冰陷、崖崩、雪崩、雹灾、泥石流、滑坡；⑤载运保险车辆的渡船遭受自然灾害（只限于有驾驶员随车照料者）。

以上的保险责任包括碰撞责任和非碰撞责任。碰撞指保险车辆与外界静止的或运动中的物体的意外撞击。非碰撞责任包括了一系列自然灾害和意外事故。

第二，发生保险事故时，被保险人为防止或减少保险车辆的损失所支付的必要的、合理的施救费用，由保险人承担，但最高不超过保险金额。

（二）第三者责任保险

1. 机动车第三者责任强制保险

2004 年 5 月 1 日起实施的《中华人民共和国交通安全法》第 17 条明确规定："国家实行第三者责任强制保险制度，设立道路交通事故社会救助基金。具体办法由国务院规定。"在此基础上，2006 年 3 月 28 日，国务院令第 462 号颁布《机动车交通事故责任强制保险条例》（以下简称《条例》），并于 2006 年 7 月 1 日实施。2006 年开始实施的机动车交通事故责任强制保险（简称"交强险"），是国内第一个强制保险，交强险的特点表现在以下几个方面：

（1）强制性

①具有经营机动车交通事故责任强制保险资格的保险公司，不能拒绝承保、不得拖延承保交强险业务，也不能随意解除交强险保险合同。

②未购买交强险的机动车不得上路行驶。在中华人民共和国境内道路上行驶的机动车所有人或者管理人应当投保交强险，未投保的机动车不得上道路行驶。

③保险公司垫付抢救费用。为了确保交通事故受害人能得到及时有效的救治，对于驾驶人未取得驾驶资格或者醉酒、被保险机动车被盗抢期间以及被保险人故意制造道路交通事故等情况下发生道路交通事故，造成受害人人身伤亡的，由保险公司垫付抢救费用。垫付金额不超过机动车交通事故责任强制保险相应的医疗费用赔偿限额，并且垫付金额为抢救受伤人员所必须支付的相关医疗费用。保险公司有权就垫付的抢救费用向致害人追偿。

（2）赔偿原则

交强险推行的是"无过错"归责赔偿原则，即使被保险人对交通事故的发生不负任何责任，只要交通事故给受害人的人身或财产造成了侵害（道路交通事故的损失是由受害人故意造成的除外），保险公司就必须无条件地在交强险责任限额范围内予以赔偿。但根据驾驶员在交通事故中是否有责，赔偿的责任限额不同。

（3）经营主体和经营原则

因交强险具有强制性、政策性的属性，在我国，经营主体是经中国保险监督管理委员会批准的中资保险公司。交强险业务总体上以不营利不亏损为原则，各公司从事交强险业务将实行与其他商业保险业务分开管理、单独核算，无论盈亏，均不参与公司的利益分配。从条款与基础费率拟订看，交强险实行全国统一的保险条款和基础费率，保监会按照交强险业务总体上“不盈利不亏损”的原则审批费率。

（4）责任限额

交强险在全国范围内实行统一的责任限额。同时，交强险实行分项责任限额，具体分为死亡伤残赔偿限额、医疗费用赔偿限额、财产损失赔偿限额以及被保险人在道路交通事故中无责任的赔偿限额。目前，交强险的总责任限额为122 000 元，具体分为三项：死亡伤残赔偿限额 110 000 元（有责），11 000 元（无责）；医疗费用赔偿限额 10 000 元（有责），1 000 元（无责）；财产损失赔偿限额 2 000 元（有责），100 元（无责）。

（5）保险责任范围

从保险责任范围上看，与商业第三者责任保险比较，交强险保障的范围较宽，除了《条例》规定的个别事项外，交强险的赔偿范围几乎涵盖了所有道路交通责任风险。而商业第三者责任险中，保险公司在保单中不同程度地规定有责任免除事项。

2. 商业第三者责任保险

被保险人或其允许的合格驾驶人员在使用保险车辆过程中发生意外事故，致使第三者遭受人身伤亡或财产的直接损毁，依法应当由被保险人支付的赔偿金额，保险人负责赔偿。这里的第三者是指除投保人、被保险人和保险人以外的，因保险车辆发生意外事故遭受人身伤亡或财产损失的受害者。

保险人并不是无条件地完全承担“依法应当由被保险人支付的赔偿金额”，理赔时还应剔除保险合同中规定的不赔部分。

例：甲厂的车和乙厂的车在行驶中相撞。甲厂车辆损失 5 000 元，车上货物损失 10 000 元，乙厂车辆损失 4 000 元，车上货物损失 5 000 元。交通管理部门裁定甲厂车负主要责任，承担经济损失 70%，为 16 800 元；乙厂车负次要责任，承担经济损失 30%，为 7 200 元。其赔款计算如下：

甲厂应承担经济损失 =（甲厂车损 5 000 元+乙厂车损 4 000 元
+甲厂车上货损 10 000 元
+乙厂车上货损 5 000 元）×70%
=16 800 元

乙厂应承担经济损失 =（甲厂车损 5 000 元+乙厂车损 4 000 元
+甲厂车上货损 10 000 元
+乙厂车上货损 5 000 元）×30%
=7 200 元

这两辆车都投保了车辆损失险（按新车购置价确定保险金额）和第三者责任险，由于第三者责任险不负责本车货物的损失，所以，保险人的赔款计算与交通管理部门的赔款计算不一样，其赔款计算如下：

甲厂自负车损=甲厂车损5 000元×70%=3 500元

甲厂应赔乙厂=（乙厂车损4 000元+乙厂车上货损5 000元）×70%

=6 300元

保险人负责甲厂车损和第三者责任赔款为：

（甲厂自负车损3 500元+甲厂应赔乙厂6 300元）×（1-免赔率15%）

=8 330元

乙厂自负车损=乙厂车损4 000元×30%=1 200元

乙厂应赔甲厂=（甲厂车损5 000元+甲厂车上货损10 000元）×30%

=4 500元

保险人负责乙厂车损和第三者责任赔款为：

（乙厂自负车损1 200元+乙厂应赔甲厂4 500元）×（1-免赔率5%）

=5 145元

这样，此案甲厂应承担经济损失16 800元，得到保险人赔款8 330元；乙厂应承担经济损失7 200元，得到保险人赔偿5 145元。这里的差额部分即是保险合同规定不赔的部分。

（三）机动车车上人员责任保险

保险期间内，被保险人或其允许的驾驶人在使用被保险机动车过程中发生意外事故，致使车上人员遭受人身伤亡，且不属于免除保险人责任的范围，依法应当对车上人员承担的损害赔偿责任，保险人依照本保险合同的约定负责赔偿。

（四）机动车全车盗抢保险

保险期间内，被保险机动车的下列损失和费用，且不属于免除保险人责任的范围，保险人依照本保险合同的约定负责赔偿：①被保险机动车被盗窃、抢劫、抢夺，经出险当地县级以上公安刑侦部门立案证明，满60天未查明下落的全车损失；②被保险机动车全车被盗窃、抢劫、抢夺后，受到损坏或车上零部件、附属设备丢失需要修复的合理费用；③被保险机动车在被抢劫、抢夺过程中，受到损坏需要修复的合理费用。

（五）附加险

附加险有玻璃单独破碎险、自燃损失险、新增加设备损失险、车身划痕损失险、发动机涉水损失险、修理期间费用补偿险、车上货物责任险、精神损害抚慰金责任险、不计免赔率险、机动车损失保险无法找到第三方特约险、指定修理厂险等。

三、机动车辆条款费率管理制度的改革

（一）第一阶段

2003年1月1日起，国内机动车辆保险的条款费率管理制度进行改革，改革的核心是，停止由中国保监会统一制定车险条款费率的制度，改由各保险公司自行制定费率，经保监会批准实行。新的车险条款费率管理制度，允许保险公司按

照不同消费者的需求制定条款，车险产品将更加多样化。机动车辆保险费率改革的方向是对风险要素进行细分，实施风险等级费率，使投保人所交纳的保险费与其风险状况相匹配。在机车险的经营中，人、车、路和环境是构成机动车实际风险的四大要素。因此要改变单一的“从车费率”，实行“从车费率”与“从人费率”和“从地费率”的结合。保险公司在制定调整机车险费率时，应考虑车辆过去的理赔记录，此外还要考虑以下因素：

1. 随人因素

“人”是指道路交通参与者的驾驶员、乘车人、骑车人、行人等。而与机车险等级风险有直接关联的是机动车驾驶员的风险。确定驾驶员的风险等级，应考虑驾驶员的年龄、性别、职业、婚姻状况、驾龄、单人还是多人驾驶、违章肇事记录等因素。

2. 随车因素

考虑车辆使用性质（如私人车辆与非私人车辆、营业车辆与非营业车辆等）、类型、厂牌型号、核定吨位（载客数）、使用时间、是否固定停放、事故记录等。

3. 随地因素

考虑车辆行驶区域内的道路状况，是否仅在特定路线行驶等。

（二）第二阶段

2006 年，保监会进行了新一轮的车险条款费率改革，并在同一年推出了机动车交通事故责任强制保险。这一轮的条款费率改革主要是由中国保险行业协会统一制定基本险条款和费率，将基本险条款分为 A、B、C 三款，并厘定相应的费率，各家保险公司只能从这三款条款费率中进行选择并执行，但附加险的条款费率还是由各家保险公司自己制定。

2007 年，中国保险行业协会对常见的附加险条款费率也进行了统颁，保监会出台了“限折令”，规定各家保险公司给予车险投保人的所有优惠总和不得超过车险（不包括交强险）基准费率的 30%，也就是保险公司出具的车险保单最低折扣不能低于七折，从而进一步加强了费率的统一性，有利于控制保险公司竞相压价无序竞争的局面，稳定市场秩序。

（三）第三阶段

2015 年 2 月，中国保监会印发《关于深化商业车险条款费率管理制度改革的意见》（以下简称《意见》），积极稳妥推进商业车险条款费率管理制度改革。《意见》立足于我国现阶段商业车险条款费率管理的实际，吸收 2010 年以来商业车险改革试点的经验，参考国际上保险业发达国家车险费率市场化改革的路径，明确商业车险条款费率管理制度改革的指导思想、基本原则和主要目标，提出建立健全商业车险条款费率形成机制的意见，强调加强和改善商业车险条款费率监管的具体举措。

《意见》紧紧围绕建立健全市场化的条款费率形成机制的改革核心目标，一方面强调“放开前端”，逐步扩大财产保险公司定价自主权；另一方面坚持“管住后端”，强化事中事后监管和偿付能力监管刚性约束。《意见》提出三方面的政策措施：一是建立以行业示范条款为主、公司创新型条款为辅的条款管理制度。中国保险行业协会拟订并不断完善示范条款，财产保险公司选择使用；鼓励财产保险公司开发创新型条款，建立健全公平、公开、透明的创新型条款评估机制和创新型条款保护机制。二是建立市场化的费率形成机制。中国保险行业协会按照大数法则要求，建立财产保险行业商业车险损失数据的收集、测算、调整机制，动态发布商业车险基准纯风险保费表，为财产保险公司科学厘定商业车险费率提供参考；由财产保险公司根据自身实际情况科学测算基准附加保费，合理确定自主费率调整系数及其调整标准。根据市场发展情况，逐步扩大财产保险公司商业车险费率厘定自主权，最终形成高度市场化的费率形成机制。三是加强和改善商业车险条款费率监管。建立健全商业车险条款费率回溯分析和风险预警机制，及时验证商业车险费率厘定和使用过程中精算假设的合理性、责任准备金提取的合规性和财务业务数据的真实性，切实防范因商业车险费率厘定不科学、不公平、不合理所带来的风险隐患。不断强化偿付能力监管刚性约束，完善偿付能力监管制度体系，提高偿付能力监管制度执行力。

第五节　责任保险

一、责任保险的概念

责任保险以被保险人依法应承担的民事损害赔偿责任或经过特别约定的合同责任为保险标的。保险人主要承担各经济单位和个人在进行各项生产经营活动、业务活动或在日常生活中，由于疏忽、过失等行为造成他人的人身伤亡或财产损失，以及按合同约定应承担的经济赔偿责任。例如，汽车肇事造成他人的人身伤亡或财产损失，医生误诊造成病人的伤亡，产品缺陷造成用户或消费者的人身伤亡或财产损失等，致害人必须依照有关法律规定对受害人承担经济赔偿责任。如果致害人投保了相关的责任保险，就把责任风险转嫁给了保险人，一旦保险责任事故发生，就由保险人承担致害人（被保险人）应向受害人承担的经济赔偿责任。

在现代社会中，责任风险的客观存在及其对经济单位和个人所带来的威胁，使人们对所面临的责任风险产生忧虑并寻求转嫁此类风险的途径，这是责任保险产生的自然基础。责任风险是指企业、团体、家庭和个人在从事各项活动中，因疏忽、过失等造成他人的人身伤亡或财产损失，而依法对受害人承担的经济赔偿的可能性。且随着社会经济的日益发展，从责任风险发生的趋势和对经济单位和个人带来的损失程度看，这一风险越来越受到人们的关注。分析其原因，有以下几个方面：

第一，人们在遭受他人的侵权损害时，可借助法律手段来保护自己，使责任方承担对损害的赔偿。

第二，科学技术的进步在给人们带来生产发展和生活方便的同时，也使责任风险发生的概率增加，损失后果严重化。

第三，人们生活水平的提高以及物价指数的上升，导致受害人的损害赔偿数额日趋升高。对致害人而言，责任风险事故一旦发生，要依法承担损害赔偿责任，要使现有利益受损，甚至要承担巨额的赔偿，危及正常的生活，导致生产的中断，甚至经营的破产。

因此，经济单位和个人有转嫁责任风险的需要。

二、责任保险的保险标的

财产损失保险的保险标的是有形财产，保险事故的发生会直接造成财产的损失，表现为财产的全部损失或部分损失。责任保险的保险标的为被保险人的民事损害赔偿责任，这种保险标的是无形标的，保险人承保的是被保险人的侵权行为和违约责任（合同责任）。

（一）民事责任及其构成条件

民事责任是民事法律责任的简称，它是民事主体侵害他人的民事权利或违反民事义务（包括合同或其他义务）所应承担的法律后果。但并非所有侵犯他人的民事权利或违反民事义务的行为都须承担民事责任，构成民事责任一般还须具备以下四个条件：

1. 行为必须具有违法性

这是构成民事责任的决定性要件。行为不违法，除法律有特别规定外，对其所造成的损害不承担民事责任。所谓行为，即人们有意识的活动。

违法行为包括两种：一种是违法的“作为”，属于法律所禁止的行为，如酒后驾车伤人；另一种是违法的“不作为”，属于法律所规定的义务不履行的行为。

2. 必须有造成损害的事实存在

这是构成民事责任的必要条件。侵犯民事权利、违反民事义务的违法行为，在许多情况下，会造成他人人身或财产上的损害。只有行为人对他人的人身或财产造成事实上的损害时，才要依法承担民事责任。

3. 违法行为与损害后果之间必须存在因果关系

法律只规定违法行为人对其违法行为所造成的损害后果承担民事责任，也就是说行为人的违法行为必须与损害后果存在因果关系，行为人才承担民事责任。如果损害后果的发生与违法行为无因果关系，行为人就不必承担民事责任。

4. 违法行为人必须有过错

所谓过错，就是行为人对自己的行为及其后果的心理状态，它分为故意和过失两种形式。故意是指行为人明知自己的行为的不良后果，而希望或放任其发生的心理；过失是指行为人应当预见自己的行为可能发生的不良后果而没有预见，或者已经预见而轻信其不会发生的心理。

（二）侵权的民事责任

侵权的民事责任，又称侵权损害的民事责任。它是侵权行为产生的法律后果。即由民法规定的侵权行为造成他人的财产或人身权利损害所应承担的法律责任。侵权行为，通常认为是因故意或过失侵害他人权利的不法行为。根据侵权行为成立条件和表现形式不同，可将其分为一般侵权行为和特殊侵权行为。一般侵权行为，又称直接侵权行为，是指直接因行为人的故意或过失侵害他人权利的不法行为，这种侵权行为只有行为人主观上有过错（故意或过失）才成立；特殊侵权行为又称间接侵权行为，是指基于法律特别规定的由特殊行为或行为以外的事实，对他人权利的不法侵害。特殊侵权行为适用于“结果责任”或“无过错责任”，依法律规定，只要造成的损害后果与一定人所从事的业务的危险性质或其管属的人、物以及其他事项间有因果关系，此人即应对损害负赔偿责任。

责任保险合同一般承保被保险人的过失行为和无过错行为所致的民事损害赔偿责任，而不承保故意行为所致的民事责任。

（三）违约责任

违约责任是违反合同行为所引起的法律后果，是指合同当事人因过错不履行合同义务，或者履行合同义务不符合约定条件的行为。例如，不按合同交付货物、不按合同完成工作、交付成果，不按合同提供劳务以及不按合同交付价款或报酬等。

责任保险一般不承保违约责任，除非这种责任经过特别约定。责任保险合同特约承保的违约责任包括直接责任和间接责任。前者是指合同一方违反合同的义务造成另一方的损害所应承担的法律赔偿责任；后者是指合同一方根据合同规定对另一方造成第三者的损害应承担的法律赔偿责任。

三、责任保险的特点

责任保险属于广义的财产保险范畴，要遵循财产保险合同的基本原则，如损失补偿原则、代位原则和分摊原则。但由于责任保险的承保对象具有特殊性，与其他财产保险相比，它产生与发展的基础、保障对象、保险人责任范围、赔偿处理方式等方面有其明显的特点。

（一）产生与发展的基础——民事法律制度的建立与完善

在现代社会中，责任风险的客观存在及其对经济单位和个人所带来的威胁，使人们对所面临的责任风险产生忧虑并寻求转嫁此类风险的途径，这是责任保险产生的自然基础。人们之所以面临责任风险（各种民事法律风险），是由于社会生产力的发展和人类社会的进步带来的法律制度的不断完善，特别是民事法律制度的建立与完善。正是因为人们在社会经济活动中的行为都在法律制度的某种程度规范之内，才有可能因违反法律而造成他人的财产损失和人身伤害，并依法应承担赔偿责任，人们才有转嫁责任风险的必要，责任保险才会被人们所接受。所以，民事法律制度的建立与完善是责任保险产生与发展的基础。事实上，当今世界责任保险最发达的国家和地区，必然是民事法律制度较完善的国家和地区。

（二）责任保险的保障对象——保障了致害人（被保险人）和受害人的利益

一般财产保险合同中，被保险人因保险事故发生造成经济损失时，保险人要对被保险人的经济损失进行补偿，保险金直接支付给被保险人。而在责任保险合同中，保险人承保的是被保险人依法对他人应承担的民事损害赔偿责任，当保险事故发生时，保险人代替致害人向受害人进行赔偿，保险人支付的保险金最终要落实到受害人手中。这样，既使被保险人避免了经济损失，也使受害人获得补偿与慰藉。因此，责任保险合同在保障被保险人利益的同时，也保障受害人的合法利益。

（三）保险人赔偿范围的确定——赔偿限额

财产损失保险合同的保险标的是物质财产，该类保险标的具有可估价性，并在对保险标的估价的基础上确定保险金额，作为保险人赔偿的最高限额和计算保险费的依据。在责任保险合同中，保险人所承保的是一种特殊的无形标的，由于这种标的无客观价值，无法估价，所以合同中无法确定保险金额。但为了限制保险人承担赔偿责任的范围，避免赔偿时合同双方发生争议，我国现行的责任保险合同一般要载明赔偿限额，以此作为保险人承担赔偿责任的最高额度和计算保险费的依据。赔偿限额的大小根据被保险人可能面临的损失规模的大小和交付保险费的能力来确定。比如，我国的机动车辆保险第三者责任险的赔偿限额分为不同档次，由投保人选择。同一险种赔偿限额越高，投保人交纳的保险费越多。

（四）赔偿处理方式的特殊性

与其他财产保险合同相比，责任保险合同的赔偿处理涉及的关系方较复杂、受制因素较多。

1. 责任保险赔案的处理涉及第三者（受害人）

责任保险合同赔案的发生，以被保险人对第三者造成损害并依法应承担经济赔偿责任为前提，因而责任保险的赔偿必然涉及第三者受害方。且按照损失补偿原则，受害人应向被保险人（致害人）索赔，被保险人才能向保险人索赔。如果受害人未向被保险人索赔，被保险人也就不具备向保险人索赔的条件。但由于责任保险合同的当事人是保险人与被保险人，受害人不是责任保险合同的当事人，因此，受害人无权直接向保险人索赔。但保险人可以将保险金支付给受害人。我国《保险法》第六十五条第一款规定："保险人对责任保险的被保险人给第三者造成的损害，可以依照法律的规定或合同的约定，直接向该第三者赔偿保险金。"

2. 责任保险的赔偿受制因素复杂

一般的财产保险合同赔案的处理仅涉及保险人与被保险人，当保险事故发生后，保险人根据保险标的的损失状况，按保险单规定的计算方式计算赔款。如果保险事故由第三者责任方造成，保险人向被保险人赔偿后，依法或按合同约定取得向第三者责任方进行追偿的权利。

由于责任保险承保的标的是被保险人依法对第三者应承担的民事损害赔偿责任，赔案的处理往往要以法院的判决或执法部门的裁决为依据，保险人在此基础上，再根据保险合同的规定计算赔款。因此，责任保险的赔偿受制因素复杂，除保险合同的规定外，国家的立法、司法制度对它都有影响，保险人经营该险种所面临的风险较大。

四、责任保险的种类和责任保险合同的共同规定

（一）责任保险的种类

责任保险有两种承保方式：一种是作为各种财产保险合同的组成部分或作为附加险承保，如机动车辆保险第三者责任险、建筑或安装工程保险的第三者责任险、船舶保险的碰撞责任、第三者责任、油污责任等；另一种是单独承保，保险人签发单独的责任保险合同。

单独承保的责任保险一般分为以下四类：

1. 公众责任保险

承保被保险人在固定场所或地点进行生产经营活动或进行其他活动时，因意外事故发生致使第三者遭受人身伤害或财产损失，依法应由被保险人承担的经济赔偿责任。

2. 产品责任保险

承保产品的制造商、销售商、修理商因其制造、销售、修理的产品有缺陷而造成用户、消费者或公众遭受人身伤亡或财产损失，依法应承担的经济赔偿责任。

3. 雇主责任保险

保险人承保雇主对所雇员工在受雇期间，因发生意外事故或因职业病而遭受人身伤害或死亡时，依法或按合同约定应由雇主承担的经济赔偿责任。

4. 职业责任保险

承保各种专业技术人员因工作疏忽或过失造成对第三者的损害依法应承担的经济赔偿责任。这里所指的专业技术人员包括律师、设计师、医生、会计师、美容师等。

责任保险具有保险人代替致害人向受害人承担经济赔偿责任的特征，是为无辜受害者提供经济保障的一种手段。为了保障社会公众利益，对某些涉及面广的损害赔偿责任，如汽车第三者责任保险、雇主责任保险等，许多国家实行了强制保险。

（二）责任保险合同的共同规定

以上各种责任保险合同，一般有以下几个方面的共同规定：

1. 保险责任范围

责任保险合同承担的保险责任一般有两项：①被保险人依法应对第三者的人

身伤亡或财产损失承担的经济赔偿责任（雇主责任保险仅对雇员的人身伤亡承担经济赔偿责任），以及被保险人按照合同规定应承担的违约责任；②因赔偿纠纷引起的诉讼、律师费用及其他事先经保险人同意支付的费用。

2. 除外责任

责任保险合同通常规定有若干除外责任条款，对被保险人由于下列原因引起的赔偿责任，保险人可不予赔偿：①战争、罢工；②核风险（核责任保险除外）；③被保险人的故意行为；④被保险人的家属、雇员的财产损失或人身伤害（雇主责任保险除外）；⑤被保险人的违约责任（保险合同有特别约定除外）；⑥被保险人所有或由其控制、照管的财产。

3. 赔偿限额与免赔额

由于责任保险合同的保险标的无客观价值，因此保险单上均无保险金额而仅规定赔偿限额。被保险人根据法院裁决、有关执法当局裁定或经保险公司同意，与受害方商定应对受害人支付的赔款。该赔款如果在赔偿限额内由保险人承担；如果超出赔偿限额，保险人仅在赔偿限额内承担赔偿责任，超出赔偿限额部分由被保险人自己承担。保险单规定的赔偿限额通常有两项，一是每次事故或同一原因引起的一系列事故的赔偿限额，二是保险期内累计的赔偿限额。这两种限额，保险单上可以只规定一种，也可以同时规定。

为了使被保险人尽职尽责、防止事故发生和减少小额零星赔偿。除赔偿限额外，保险单上一般还有免赔额的规定。免赔额一般以金额表示，也可以规定为赔偿金额的一定比例。责任保险的免赔额通常为绝对免赔额。

复习思考题

1. 什么是财产保险？它有哪些特点？
2. 财产保险的保险价值和保险金额有什么关系？
3. 定值保险和不定值保险有什么不同？
4. 财产保险的基本赔偿方式有哪些？
5. 广义的财产保险包括哪三大类业务？
6. 简述火灾保险的保险标的和保险风险。
7. 简述企业财产保险的保险金额确定方式与赔款计算方式。
8. 家庭财产保险两全保险有何特点？
9. 简述机动车辆保险的特点。
10. 什么是责任保险？责任保险有哪些特点？
11. 简述责任保险种类和责任保险合同的共同规定。

第七章附录1

中国保险行业协会机动车综合商业保险示范条款（2015）

总　则

第一条　本保险条款分为主险、附加险。

主险包括机动车损失保险、机动车第三者责任保险、机动车车上人员责任保险、机动车全车盗抢保险共四个独立的险种，投保人可以选择投保全部险种，也可以选择投保其中部分险种。保险人依照本保险合同的约定，按照承保险种分别承担保险责任。

附加险不能独立投保。附加险条款与主险条款相抵触之处，以附加险条款为准，附加险条款未尽之处，以主险条款为准。

第二条　本保险合同中的被保险机动车是指在中华人民共和国境内（不含港、澳、台地区）行驶，以动力装置驱动或者牵引，上道路行驶的供人员乘用或者用于运送物品以及进行专项作业的轮式车辆（含挂车）、履带式车辆和其他运载工具，但不包括摩托车、拖拉机、特种车。

第三条　本保险合同中的第三者是指因被保险机动车发生意外事故遭受人身伤亡或者财产损失的人，但不包括被保险机动车本车车上人员、被保险人。

第四条　本保险合同中的车上人员是指发生意外事故的瞬间，在被保险机动车车体内或车体上的人员，包括正在上下车的人员。

第五条　本保险合同中的各方权利和义务，由保险人、投保人遵循公平原则协商确定。保险人、投保人自愿订立本保险合同。

除本保险合同另有约定外，投保人应在保险合同成立时一次交清保险费。保险费未交清前，本保险合同不生效。

第一章　机动车损失保险

保险责任

第六条　保险期间内，被保险人或其允许的驾驶人在使用被保险机动车过程中，因下列原因造成被保险机动车的直接损失，且不属于免除保险人责任的范围，保险人依照本保险合同的约定负责赔偿：

（一）碰撞、倾覆、坠落；

（二）火灾、爆炸；

（三）外界物体坠落、倒塌；

（四）雷击、暴风、暴雨、洪水、龙卷风、冰雹、台风、热带风暴；

（五）地陷、崖崩、滑坡、泥石流、雪崩、冰陷、暴雪、冰凌、沙尘暴；

（六）受到被保险机动车所载货物、车上人员意外撞击；

（七）载运被保险机动车的渡船遭受自然灾害（只限于驾驶人随船的情形）。

第七条　发生保险事故时，被保险人或其允许的驾驶人为防止或者减少被保险机动车的损失所支付的必要的、合理的施救费用，由保险人承担；施救费用数额在被保险机动车损失赔偿金额以外另行计算，最高不超过保险金额的数额。

责任免除

第八条　在上述保险责任范围内，下列情况下，不论任何原因造成被保险机动车的任何损失和费用，保险人均不负责赔偿：

（一）事故发生后，被保险人或其允许的驾驶人故意破坏、伪造现场、毁灭证据；

（二）驾驶人有下列情形之一者：

1. 事故发生后，在未依法采取措施的情况下驾驶被保险机动车或者遗弃被保险机动车离开事故现场；

2. 饮酒、吸食或注射毒品、服用国家管制的精神药品或者麻醉药品；

3. 无驾驶证，驾驶证被依法扣留、暂扣、吊销、注销期间；

4. 驾驶与驾驶证载明的准驾车型不相符合的机动车；

5. 实习期内驾驶公共汽车、营运客车或者执行任务的警车、载有危险物品的机动车或牵引挂车的机动车；

6. 驾驶出租机动车或营业性机动车无交通运输管理部门核发的许可证书或其他必备证书；

7. 学习驾驶时无合法教练员随车指导；

8. 非被保险人允许的驾驶人；

（三）被保险机动车有下列情形之一者：

1. 发生保险事故时被保险机动车行驶证、号牌被注销的，或未按规定检验或检验不合格；

2. 被扣押、收缴、没收、政府征用期间；

3. 在竞赛、测试期间，在营业性场所维修、保养、改装期间；

4. 被保险人或其允许的驾驶人故意或重大过失，导致被保险机动车被利用从事犯罪行为。

第九条　下列原因导致的被保险机动车的损失和费用，保险人不负责赔偿：

（一）地震及其次生灾害；

（二）战争、军事冲突、恐怖活动、暴乱、污染（含放射性污染）、核反应、核辐射；

（三）人工直接供油、高温烘烤、自燃、不明原因火灾；

（四）违反安全装载规定；

（五）被保险机动车被转让、改装、加装或改变使用性质等，被保险人、受让人未及时通知保险人，且因转让、改装、加装或改变使用性质等导致被保险机动车危险程度显著增加；

（六）被保险人或其允许的驾驶人的故意行为。

第十条　下列损失和费用，保险人不负责赔偿：

（一）因市场价格变动造成的贬值、修理后因价值降低引起的减值损失；

（二）自然磨损、朽蚀、腐蚀、故障、本身质量缺陷；

（三）遭受保险责任范围内的损失后，未经必要修理并检验合格继续使用，致使损失扩大的部分；

（四）投保人、被保险人或其允许的驾驶人知道保险事故发生后，故意或者因重大过失未及时通知，致使保险事故的性质、原因、损失程度等难以确定的，保险人对无法确定的部分，不承担赔偿责任，但保险人通过其他途径已经及时知道或者应当及时知道保险事故发生的除外；

（五）因被保险人违反本条款第十六条约定，导致无法确定的损失；

（六）被保险机动车全车被盗窃、被抢劫、被抢夺、下落不明，以及在此期间受到的损坏，或被盗窃、被抢劫、被抢夺未遂受到的损坏，或车上零部件、附属设备丢失；

（七）车轮单独损坏，玻璃单独破碎，无明显碰撞痕迹的车身划痕，以及新增设备的损失；

（八）发动机进水后导致的发动机损坏。

免赔率与免赔额

第十一条　保险人在依据本保险合同约定计算赔款的基础上，按照下列方式免赔：

（一）被保险机动车一方负次要事故责任的，实行5%的事故责任免赔率；负同等事故责任的，实行10%的事故责任免赔率；负主要事故责任的，实行15%的事故责任免赔率；负全部事故责任或单方肇事事故的，实行20%的事故责任免赔率；

（二）被保险机动车的损失应当由第三方负责赔偿，无法找到第三方的，实行30%的绝对免赔率；

（三）违反安全装载规定、但不是事故发生的直接原因的，增加10%的绝对免赔率；

（四）对于投保人与保险人在投保时协商确定绝对免赔额的，本保险在实行免赔率的基础上增加每次事故绝对免赔额。

保险金额

第十二条　保险金额按投保时被保险机动车的实际价值确定。

投保时被保险机动车的实际价值由投保人与保险人根据投保时的新车购置价减去折旧金额后的价格协商确定或其他市场公允价值协商确定。

折旧金额可根据本保险合同列明的参考折旧系数表确定。

赔偿处理

第十三条　发生保险事故时，被保险人或其允许的驾驶人应当及时采取合理的、必要的施救和保护措施，防止或者减少损失，并在保险事故发生后48小时内通知保险人。被保险人或其允许的驾驶人根据有关法律法规规定选择自行协商方式处理交通事故的，应当立即通知保险人。

第十四条　被保险人或其允许的驾驶人根据有关法律法规规定选择自行协商方式处理交通事故的，应当协助保险人勘验事故各方车辆、核实事故责任，并依照《道路交通事故处理程序规定》签订记录交通事故情况的协议书。

第十五条　被保险人索赔时，应当向保险人提供与确认保险事故的性质、原因、损失程度等有关的证明和资料。

被保险人应当提供保险单、损失清单、有关费用单据、被保险机动车行驶证和发生事故时驾驶人的驾驶证。

属于道路交通事故的，被保险人应当提供公安机关交通管理部门或法院等机构出具的事故证明、有关的法律文书（判决书、调解书、裁定书、裁决书等）及其他证明。被保险人或其允许的驾驶人根据有关法律法规规定选择自行协商方式处理交通事故的，被保险人应当提供依照《道路交通事故处理程序规定》签订记录交通事故情况的协议书。

第十六条　因保险事故损坏的被保险机动车，应当尽量修复。修理前被保险人应当会同保险人检验，协商确定修理项目、方式和费用。对未协商确定的，保险人可以重新核定。

第十七条　被保险机动车遭受损失后的残余部分由保险人、被保险人协商处理。如折归被保险人的，由双方协商确定其价值并在赔款中扣除。

第十八条　因第三方对被保险机动车的损害而造成保险事故，被保险人向第三方索赔的，保险人应积极协助；被保险人也可以直接向本保险人索赔，保险人在保险金额内先行赔付被保险人，并在赔偿金额内代位行使被保险人对第三方请求赔偿的权利。

被保险人已经从第三方取得损害赔偿的，保险人进行赔偿时，相应扣减被保险人从第三方已取得的赔偿金额。

保险人未赔偿之前，被保险人放弃对第三方请求赔偿的权利的，保险人不承担赔偿责任。

被保险人故意或者因重大过失致使保险人不能行使代位请求赔偿的权利的，保险人可以扣减或者要求返还相应的赔款。

保险人向被保险人先行赔付的，保险人向第三方行使代位请求赔偿的权利时，被保险人应当向保险人提供必要的文件和所知道的有关情况。

第十九条　机动车损失赔款按以下方法计算：

（一）全部损失

赔款=（保险金额-被保险人已从第三方获得的赔偿金额）×（1-事故责任免赔率）×（1-绝对免赔率之和）-绝对免赔额

（二）部分损失

被保险机动车发生部分损失，保险人按实际修复费用在保险金额内计算赔偿：

赔款=（实际修复费用-被保险人已从第三方获得的赔偿金额）×（1-事故责任免赔率）×（1-绝对免赔率之和）-绝对免赔额

（三）施救费

施救的财产中，含有本保险合同未保险的财产，应按本保险合同保险财产的实际价值占总施救财产的实际价值比例分摊施救费用。

第二十条　保险人受理报案、现场查勘、核定损失、参与诉讼、进行抗辩、要求被保险人提供证明和资料、向被保险人提供专业建议等行为，均不构成保险人对赔偿责任的承诺。

第二十一条　被保险机动车发生本保险事故，导致全部损失，或一次赔款金额与免赔金额之和（不含施救费）达到保险金额，保险人按本保险合同约定支付赔款后，本保险责任终止，保险人不退还机动车损失保险及其附加险的保险费。

第二章　机动车第三者责任保险

保险责任

第二十二条　保险期间内，被保险人或其允许的驾驶人在使用被保险机动车过程中发生意外事故，致使第三者遭受人身伤亡或财产直接损毁，依法应当对第三者承担的损害赔偿责任，且不属于免除保险人责任的范围，保险人依照本保险合同的约定，对于超过机动车交通事故责任强制保险各分项赔偿限额的部分负责赔偿。

第二十三条　保险人依据被保险机动车一方在事故中所负的事故责任比例，承担相应的赔偿责任。

被保险人或被保险机动车一方根据有关法律法规规定选择自行协商或由公安机关交通管理部门处理事故未确定事故责任比例的，按照下列规定确定事故责任比例：

被保险机动车一方负主要事故责任的，事故责任比例为70%；

被保险机动车一方负同等事故责任的，事故责任比例为50%；

被保险机动车一方负次要事故责任的，事故责任比例为30%。

涉及司法或仲裁程序的，以法院或仲裁机构最终生效的法律文书为准。

责任免除

第二十四条　在上述保险责任范围内，下列情况下，不论任何原因造成的人身伤亡、财产损失和费用，保险人均不负责赔偿：

（一）事故发生后，被保险人或其允许的驾驶人故意破坏、伪造现场、毁灭证据；（二）驾驶人有下列情形之一者：

1. 事故发生后，在未依法采取措施的情况下驾驶被保险机动车或者遗弃被保险机动车离开事故现场；

2. 饮酒、吸食或注射毒品、服用国家管制的精神药品或者麻醉药品；

3. 无驾驶证，驾驶证被依法扣留、暂扣、吊销、注销期间；

4. 驾驶与驾驶证载明的准驾车型不相符合的机动车；

5. 实习期内驾驶公共汽车、营运客车或者执行任务的警车、载有危险物品的机动车或牵引挂车的机动车；

6. 驾驶出租机动车或营业性机动车无交通运输管理部门核发的许可证书或其他必备证书；

7. 学习驾驶时无合法教练员随车指导；

8. 非被保险人允许的驾驶人；

（三）被保险机动车有下列情形之一者：

1. 发生保险事故时被保险机动车行驶证、号牌被注销的，或未按规定检验或检验不合格；

2. 被扣押、收缴、没收、政府征用期间；

3. 在竞赛、测试期间，在营业性场所维修、保养、改装期间；

4. 全车被盗窃、被抢劫、被抢夺、下落不明期间。

第二十五条　下列原因导致的人身伤亡、财产损失和费用，保险人不负责赔偿：

（一）地震及其次生灾害、战争、军事冲突、恐怖活动、暴乱、污染（含放射性污染）、核反应、核辐射；

（二）第三者、被保险人或其允许的驾驶人的故意行为、犯罪行为，第三者与被保险人或其他致害人恶意串通的行为；

（三）被保险机动车被转让、改装、加装或改变使用性质等，被保险人、受让人未及时通知保险人，且因转让、改装、加装或改变使用性质等导致被保险机动车危险程度显著增加。

第二十六条　下列人身伤亡、财产损失和费用，保险人不负责赔偿：

（一）被保险机动车发生意外事故，致使任何单位或个人停业、停驶、停电、停水、停气、停产、通讯或网络中断、电压变化、数据丢失造成的损失以及其他各种间接损失；

（二）第三者财产因市场价格变动造成的贬值，修理后因价值降低引起的减值损失；

（三）被保险人及其家庭成员、被保险人允许的驾驶人及其家庭成员所有、承租、使用、管理、运输或代管的财产的损失，以及本车上财产的损失；

（四）被保险人、被保险人允许的驾驶人、本车车上人员的人身伤亡；

（五）停车费、保管费、扣车费、罚款、罚金或惩罚性赔款；

（六）超出《道路交通事故受伤人员临床诊疗指南》和国家基本医疗保险同类医疗费用标准的费用部分；

（七）律师费，未经保险人事先书面同意的诉讼费、仲裁费；

（八）投保人、被保险人或其允许的驾驶人知道保险事故发生后，故意或者因重大过失未及时通知，致使保险事故的性质、原因、损失程度等难以确定的，保险人对无法确定的部分，不承担赔偿责任，但保险人通过其他途径已经及时知道或者应当及时知道保险事故发生的除外；

（九）因被保险人违反本条款第三十四条约定，导致无法确定的损失；

（十）精神损害抚慰金；

（十一）应当由机动车交通事故责任强制保险赔偿的损失和费用；

保险事故发生时，被保险机动车未投保机动车交通事故责任强制保险或机动车交通事故责任强制保险合同已经失效的，对于机动车交通事故责任强制保险责任限额以内的损失和费用，保险人不负责赔偿。

免赔率

第二十七条　保险人在依据本保险合同约定计算赔款的基础上，在保险单载明的责任限额内，按照下列方式免赔：

（一）被保险机动车一方负次要事故责任的，实行5%的事故责任免赔率；负同等事故责任的，实行10%的事故责任免赔率；负主要事故责任的，实行15%的事故责任免赔率；负全部事故责任的，实行20%的事故责任免赔率；

（二）违反安全装载规定的，实行10%的绝对免赔率。

责任限额

第二十八条　每次事故的责任限额，由投保人和保险人在签订本保险合同时协商确定。

第二十九条　主车和挂车连接使用时视为一体，发生保险事故时，由主车保险人和挂车保险人按照保险单上载明的机动车第三者责任保险责任限额的比例，在各自的责任限额内承担赔偿责任，但赔偿金额总和以主车的责任限额为限。

赔偿处理

第三十条　发生保险事故时，被保险人或其允许的驾驶人应当及时采取合理的、必要的施救和保护措施，防止或者减少损失，并在保险事故发生后48小时内通知保险人。被保险人或其允许的驾驶人根据有关法律法规规定选择自行协商方式处理交通事故的，应当立即通知保险人。

第三十一条　被保险人或其允许的驾驶人根据有关法律法规规定选择自行协商方式处理交通事故的，应当协助保险人勘验事故各方车辆、核实事故责任，并依照《道路交通事故处理程序规定》签订记录交通事故情况的协议书。

第三十二条　被保险人索赔时，应当向保险人提供与确认保险事故的性质、原因、损失程度等有关的证明和资料。

被保险人应当提供保险单、损失清单、有关费用单据、被保险机动车行驶证和发生事故时驾驶人的驾驶证。

属于道路交通事故的，被保险人应当提供公安机关交通管理部门或法院等机构出具的事故证明、有关的法律文书（判决书、调解书、裁定书、裁决书等）及其他证明。被保险人或其允许的驾驶人根据有关法律法规规定选择自行协商方式处理交通事故的，被保险人应当提供依照《道路交通事故处理程序规定》签订记录交通事故情况的协议书。

第三十三条　保险人对被保险人给第三者造成的损害，可以直接向该第三者赔偿。

被保险人给第三者造成损害，被保险人对第三者应负的赔偿责任确定的，根据被保险人的请求，保险人应当直接向该第三者赔偿。被保险人怠于请求的，第三者有权就其应获赔偿部分直接向保险人请求赔偿。

被保险人给第三者造成损害，被保险人未向该第三者赔偿的，保险人不得向被保险人赔偿。

第三十四条　因保险事故损坏的第三者财产，应当尽量修复。修理前被保险人应当会同保险人检验，协商确定修理项目、方式和费用。对未协商确定的，保险人可以重新核定。

第三十五条　赔款计算

1. 当（依合同约定核定的第三者损失金额-机动车交通事故责任强制保险的分项赔偿限额）×事故责任比例等于或高于每次事故赔偿限额时：

赔款=每次事故赔偿限额×（1-事故责任免赔率）×（1-绝对免赔率之和）

2. 当（依合同约定核定的第三者损失金额-机动车交通事故责任强制保险的分项赔偿限额）×事故责任比例低于每次事故赔偿限额时：

赔款=（依合同约定核定的第三者损失金额-机动车交通事故责任强制保险的分项赔偿限额）×事故责任比例×（1-事故责任免赔率）×（1-绝对免赔率之和）

第三十六条　保险人按照《道路交通事故受伤人员临床诊疗指南》和国家基本医疗保险的同类医疗费用标准核定医疗费用的赔偿金额。

未经保险人书面同意，被保险人自行承诺或支付的赔偿金额，保险人有权重新核定。不属于保险人赔偿范围或超出保险人应赔偿金额的，保险人不承担赔偿责任。

第三十七条　保险人受理报案、现场查勘、核定损失、参与诉讼、进行抗辩、要求被保险人提供证明和资料、向被保险人提供专业建议等行为，均不构成保险人对赔偿责任的承诺。

第三章　机动车车上人员责任保险

保险责任

第三十八条　保险期间内，被保险人或其允许的驾驶人在使用被保险机动车过程中发生意外事故，致使车上人员遭受人身伤亡，且不属于免除保险人责任的范围，依法应当对车上人员承担的损害赔偿责任，保险人依照本保险合同的约定负责赔偿。

第三十九条　保险人依据被保险机动车一方在事故中所负的事故责任比例，承担相应的赔偿责任。

被保险人或被保险机动车一方根据有关法律法规规定选择自行协商或由公安机关交通管理部门处理事故未确定事故责任比例的，按照下列规定确定事故责任比例：

被保险机动车一方负主要事故责任的，事故责任比例为70%；

被保险机动车一方负同等事故责任的，事故责任比例为50%；

被保险机动车一方负次要事故责任的，事故责任比例为30%。

涉及司法或仲裁程序的，以法院或仲裁机构最终生效的法律文书为准。

责任免除

第四十条　在上述保险责任范围内，下列情况下，不论任何原因造成的人身伤亡，保险人均不负责赔偿：

（一）事故发生后，被保险人或其允许的驾驶人故意破坏、伪造现场、毁灭证据；

（二）驾驶人有下列情形之一者：

1. 事故发生后，在未依法采取措施的情况下驾驶被保险机动车或者遗弃被保险机动车离开事故现场；

2. 饮酒、吸食或注射毒品、服用国家管制的精神药品或者麻醉药品；

3. 无驾驶证，驾驶证被依法扣留、暂扣、吊销、注销期间；

4. 驾驶与驾驶证载明的准驾车型不相符合的机动车；

5. 实习期内驾驶公共汽车、营运客车或者执行任务的警车、载有危险物品的机动车或牵引挂车的机动车；

6. 驾驶出租机动车或营业性机动车无交通运输管理部门核发的许可证书或其他必备证书；

7. 学习驾驶时无合法教练员随车指导；

8. 非被保险人允许的驾驶人；

（三）被保险机动车有下列情形之一者：

1. 发生保险事故时被保险机动车行驶证、号牌被注销的，或未按规定检验或检验不合格；

2. 被扣押、收缴、没收、政府征用期间；

3. 在竞赛、测试期间，在营业性场所维修、保养、改装期间；

4. 全车被盗窃、被抢劫、被抢夺、下落不明期间。

第四十一条　下列原因导致的人身伤亡，保险人不负责赔偿：

（一）地震及其次生灾害、战争、军事冲突、恐怖活动、暴乱、污染（含放射性污染）、核反应、核辐射；

（二）被保险机动车被转让、改装、加装或改变使用性质等，被保险人、受让人未及时通知保险人，且因转让、改装、加装或改变使用性质等导致被保险机动车危险程度显著增加；

（三）被保险人或驾驶人的故意行为。

第四十二条　下列人身伤亡、损失和费用，保险人不负责赔偿：

（一）被保险人及驾驶人以外的其他车上人员的故意行为造成的自身伤亡；

（二）车上人员因疾病、分娩、自残、斗殴、自杀、犯罪行为造成的自身伤亡；

（三）违法、违章搭乘人员的人身伤亡；

（四）罚款、罚金或惩罚性赔款；

（五）超出《道路交通事故受伤人员临床诊疗指南》和国家基本医疗保险同类医疗费用标准的费用部分；

（六）律师费，未经保险人事先书面同意的诉讼费、仲裁费；

（七）投保人、被保险人或其允许的驾驶人知道保险事故发生后，故意或者因重大过失未及时通知，致使保险事故的性质、原因、损失程度等难以确定的，保险人对无法确定的部分，不承担赔偿责任，但保险人通过其他途径已经及时知道或者应当及时知道保险事故发生的除外；

（八）精神损害抚慰金；

（九）应当由机动车交通事故责任强制保险赔付的损失和费用。

免赔率

第四十三条　保险人在依据本保险合同约定计算赔款的基础上，在保险单载明的责任限额内，按照下列方式免赔：

被保险机动车一方负次要事故责任的，实行5%的事故责任免赔率；负同等事故责任的，实行10%的事故责任免赔率；负主要事故责任的，实行15%的事故责任免赔率；负全部事故责任或单方肇事事故的，实行20%的事故责任免赔率。

责任限额

第四十四条　驾驶人每次事故责任限额和乘客每次事故每人责任限额由投保

人和保险人在投保时协商确定。投保乘客座位数按照被保险机动车的核定载客数（驾驶人座位除外）确定。

赔偿处理

第四十五条　发生保险事故时，被保险人或其允许的驾驶人应当及时采取合理的、必要的施救和保护措施，防止或者减少损失，并在保险事故发生后48小时内通知保险人。被保险人或其允许的驾驶人根据有关法律法规规定选择自行协商方式处理交通事故的，应当立即通知保险人。

第四十六条　被保险人或其允许的驾驶人根据有关法律法规规定选择自行协商方式处理交通事故的，应当协助保险人勘验事故各方车辆、核实事故责任，并依照《道路交通事故处理程序规定》签订记录交通事故情况的协议书。

第四十七条　被保险人索赔时，应当向保险人提供与确认保险事故的性质、原因、损失程度等有关的证明和资料。

被保险人应当提供保险单、损失清单、有关费用单据、被保险机动车行驶证和发生事故时驾驶人的驾驶证。

属于道路交通事故的，被保险人应当提供公安机关交通管理部门或法院等机构出具的事故证明、有关的法律文书（判决书、调解书、裁定书、裁决书等）和通过机动车交通事故责任强制保险获得赔偿金额的证明材料。被保险人或其允许的驾驶人根据有关法律法规规定选择自行协商方式处理交通事故的，被保险人应当提供依照《道路交通事故处理程序规定》签订记录交通事故情况的协议书和通过机动车交通事故责任强制保险获得赔偿金额的证明材料。

第四十八条　赔款计算

（一）对每座的受害人，当（依合同约定核定的每座车上人员人身伤亡损失金额-应由机动车交通事故责任强制保险赔偿的金额）×事故责任比例高于或等于每次事故每座赔偿限额时：

赔款=每次事故每座赔偿限额×（1-事故责任免赔率）

（二）对每座的受害人，当（依合同约定核定的每座车上人员人身伤亡损失金额-应由机动车交通事故责任强制保险赔偿的金额）×事故责任比例低于每次事故每座赔偿限额时：

赔款=（依合同约定核定的每座车上人员人身伤亡损失金额-应由机动车交通事故责任强制保险赔偿的金额）×事故责任比例×（1-事故责任免赔率）

第四十九条　保险人按照《道路交通事故受伤人员临床诊疗指南》和国家基本医疗保险的同类医疗费用标准核定医疗费用的赔偿金额。

未经保险人书面同意，被保险人自行承诺或支付的赔偿金额，保险人有权重新核定。因被保险人原因导致损失金额无法确定的，保险人有权拒绝赔偿。

第五十条　保险人受理报案、现场查勘、核定损失、参与诉讼、进行抗辩、要求被保险人提供证明和资料、向被保险人提供专业建议等行为，均不构成保险人对赔偿责任的承诺。

第四章　机动车全车盗抢保险

保险责任

第五十一条　保险期间内，被保险机动车的下列损失和费用，且不属于免除保险人责任的范围，保险人依照本保险合同的约定负责赔偿：

（一）被保险机动车被盗窃、抢劫、抢夺，经出险当地县级以上公安刑侦部门立案证明，满60天未查明下落的全车损失；

（二）被保险机动车全车被盗窃、抢劫、抢夺后，受到损坏或车上零部件、附属设备丢失需要修复的合理费用；

（三）被保险机动车在被抢劫、抢夺过程中，受到损坏需要修复的合理费用。

责任免除

第五十二条　在上述保险责任范围内，下列情况下，不论任何原因造成被保险机动车的任何损失和费用，保险人均不负责赔偿：

（一）被保险人索赔时未能提供出险当地县级以上公安刑侦部门出具的盗抢立案证明；

（二）驾驶人、被保险人、投保人故意破坏现场、伪造现场、毁灭证据；

（三）被保险机动车被扣押、罚没、查封、政府征用期间；

（四）被保险机动车在竞赛、测试期间，在营业性场所维修、保养、改装期间，被运输期间。

第五十三条　下列损失和费用，保险人不负责赔偿：

（一）地震及其次生灾害导致的损失和费用；

（二）战争、军事冲突、恐怖活动、暴乱导致的损失和费用；

（三）因诈骗引起的任何损失；因投保人、被保险人与他人的民事、经济纠纷导致的任何损失；

（四）被保险人或其允许的驾驶人的故意行为、犯罪行为导致的损失和费用；

（五）非全车遭盗窃，仅车上零部件或附属设备被盗窃或损坏；

（六）新增设备的损失；

（七）遭受保险责任范围内的损失后，未经必要修理并检验合格继续使用，致使损失扩大的部分；

（八）被保险机动车被转让、改装、加装或改变使用性质等，被保险人、受让人未及时通知保险人，且因转让、改装、加装或改变使用性质等导致被保险机动车危险程度显著增加而发生保险事故；

（九）投保人、被保险人或其允许的驾驶人知道保险事故发生后，故意或者因重大过失未及时通知，致使保险事故的性质、原因、损失程度等难以确定的，保险人对无法确定的部分，不承担赔偿责任，但保险人通过其他途径已经及时知道或者应当及时知道保险事故发生的除外；

（十）因被保险人违反本条款第五十八条约定，导致无法确定的损失。

免赔率

第五十四条　保险人在依据本保险合同约定计算赔款的基础上，按照下列方式免赔：

（一）发生全车损失的，绝对免赔率为20%；

（二）发生全车损失，被保险人未能提供《机动车登记证书》、机动车来历凭证的，每缺少一项，增加1%的绝对免赔率。

保险金额

第五十五条　保险金额在投保时被保险机动车的实际价值内协商确定。

投保时被保险机动车的实际价值由投保人与保险人根据投保时的新车购置价减去折旧

金额后的价格协商确定或其他市场公允价值协商确定。

折旧金额可根据本保险合同列明的参考折旧系数表确定。

赔偿处理

第五十六条　被保险机动车全车被盗抢的，被保险人知道保险事故发生后，应在24小时内向出险当地公安刑侦部门报案，并通知保险人。

第五十七条　被保险人索赔时，须提供保险单、损失清单、有关费用单据、《机动车登记证书》、机动车来历凭证以及出险当地县级以上公安刑侦部门出具的盗抢立案证明。

第五十八条　因保险事故损坏的被保险机动车，应当尽量修复。修理前被保险人应当会同保险人检验，协商确定修理项目、方式和费用。对未协商确定的，保险人可以重新核定。

第五十九条　保险人按下列方式赔偿：

（一）被保险机动车全车被盗抢的，按以下方法计算赔款：

赔款=保险金额×（1-绝对免赔率之和）

（二）被保险机动车发生本条款第五十一条第（二）款、第（三）款列明的损失，保险人按实际修复费用在保险金额内计算赔偿。

第六十条　保险人确认索赔单证齐全、有效后，被保险人签具权益转让书，保险人赔付结案。

第六十一条　被保险机动车发生本保险事故，导致全部损失，或一次赔款金额与免赔金额之和达到保险金额，保险人按本保险合同约定支付赔款后，本保险责任终止，保险人不退还机动车全车盗抢保险及其附加险的保险费。

第五章 通用条款

保险期间

第六十二条 除另有约定外，保险期间为一年，以保险单载明的起讫时间为准。

其他事项

第六十三条 保险人按照本保险合同的约定，认为被保险人索赔提供的有关证明和资料不完整的，应当及时一次性通知被保险人补充提供。

第六十四条 保险人收到被保险人的赔偿请求后，应当及时作出核定；情形复杂的，应当在三十日内作出核定。保险人应当将核定结果通知被保险人；对属于保险责任的，在与被保险人达成赔偿协议后十日内，履行赔偿义务。保险合同对赔偿期限另有约定的，保险人应当按照约定履行赔偿义务。

保险人未及时履行前款约定义务的，除支付赔款外，应当赔偿被保险人因此受到的损失。

第六十五条 保险人依照本条款第六十四条的约定作出核定后，对不属于保险责任的，应当自作出核定之日起三日内向被保险人发出拒绝赔偿通知书，并说明理由。

第六十六条 保险人自收到赔偿请求和有关证明、资料之日起六十日内，对其赔偿数额不能确定的，应当根据已有证明和资料可以确定的数额先予支付；保险人最终确定赔偿数额后，应当支付相应的差额。

第六十七条 在保险期间内，被保险机动车转让他人的，受让人承继被保险人的权利和义务。被保险人或者受让人应当及时通知保险人，并及时办理保险合同变更手续。

因被保险机动车转让导致被保险机动车危险程度发生显著变化的，保险人自收到前款约定的通知之日起三十日内，可以相应调整保险费或者解除本保险合同。

第六十八条 保险责任开始前，投保人要求解除本保险合同的，应当向保险人支付应交保险费金额3%的退保手续费，保险人应当退还保险费。

保险责任开始后，投保人要求解除本保险合同的，自通知保险人之日起，本保险合同解除。保险人按日收取自保险责任开始之日起至合同解除之日止期间的保险费，并退还剩余部分保险费。

第六十九条 因履行本保险合同发生的争议，由当事人协商解决，协商不成的，由当事人从下列两种合同争议解决方式中选择一种，并在本保险合同中载明：

（一）提交保险单载明的仲裁委员会仲裁；

（二）依法向人民法院起诉。

本保险合同适用中华人民共和国（不含港、澳、台地区）法律。

释义

【碰撞】指被保险机动车或其符合装载规定的货物与外界固态物体之间发生的、产生撞击痕迹的意外撞击。

【倾覆】指被保险机动车由于自然灾害或意外事故，造成本被保险机动车翻倒，车体触地，失去正常状态和行驶能力，不经施救不能恢复行驶。

【坠落】指被保险机动车在行驶中发生意外事故，整车腾空后下落，造成本车损失的情况。非整车腾空，仅由于颠簸造成被保险机动车损失的，不属于坠落。

【外界物体倒塌】指被保险机动车自身以外的物体倒下或陷下。

【自燃】指在没有外界火源的情况下，由于本车电器、线路、供油系统、供气系统等被保险机动车自身原因或所载货物自身原因起火燃烧。

【火灾】指被保险机动车本身以外的火源引起的、在时间或空间上失去控制的燃烧（即有热、有光、有火焰的剧烈的氧化反应）所造成的灾害。

【次生灾害】指地震造成工程结构、设施和自然环境破坏而引发的火灾、爆炸、瘟疫、有毒有害物质污染、海啸、水灾、泥石流、滑坡等灾害。

【暴风】指风速在28.5米/秒（相当于11级大风）以上的大风。风速以气象部门公布的数据为准。

【暴雨】指每小时降雨量达16毫米以上，或连续12小时降雨量达30毫米以上，或连续24小时降雨量达50毫米以上。

【洪水】指山洪暴发、江河泛滥、潮水上岸及倒灌。但规律性的涨潮、自动灭火设施漏水以及在常年水位以下或地下渗水、水管爆裂不属于洪水责任。

【玻璃单独破碎】指未发生被保险机动车其他部位的损坏，仅发生被保险机动车前后风挡玻璃和左右车窗玻璃的损坏。

【车轮单独损坏】指未发生被保险机动车其他部位的损坏，仅发生轮胎、轮辋、轮毂罩的分别单独损坏，或上述三者之中任意二者的共同损坏，或三者的共同损坏。

【车身划痕损失】仅发生被保险机动车车身表面油漆的损坏，且无明显碰撞痕迹。

【新增设备】指被保险机动车出厂时原有设备以外的，另外加装的设备和设施。

【新车购置价】指本保险合同签订地购置与被保险机动车同类型新车的价格，无同类型新车市场销售价格的，由投保人与保险人协商确定。

【单方肇事事故】指不涉及与第三者有关的损害赔偿的事故，但不包括自然灾害引起的事故。

【家庭成员】指配偶、子女、父母。

【市场公允价值】指熟悉市场情况的买卖双方在公平交易的条件下和自愿的情况下所确定的价格，或无关联的双方在公平交易的条件下一项资产可以被买卖或者一项负债可以被清偿的成交价格。

【参考折旧系数表】

车辆种类	月折旧系数（%）			
	家庭自用	非营业	营业	
			出租	其他
9 座以下客车	0.60	0.60	1.10	0.90
10 座以上客车	0.90	0.90	1.10	0.90
微型载货汽车	—	0.90	1.10	1.10
带拖挂的载货汽车	—	0.90	1.10	1.10
低速货车和三轮汽车	—	1.10	1.40	1.40
其他车辆	—	1.90	1.10	0.90

折旧按月计算，不足一个月的部分，不计折旧。最高折旧金额不超过投保时被保险机动车新车购置价的80%。

折旧金额=新车购置价×被保险机动车已使用月数×月折旧系数

【饮酒】指驾驶人饮用含有酒精的饮料，驾驶机动车时血液中的酒精含量大于等于20mg/100mL的。

【全部损失】指被保险机动车发生事故后灭失，或者受到严重损坏完全失去原有形体、效用，或者不能再归被保险人所拥有的，为实际全损；或被保险机动车发生事故后，认为实际全损已经不可避免，或者为避免发生实际全损所需支付的费用超过实际价值的，为推定全损。

第七章附录2

中国平安保险股份有限公司公众责任保险条款

公众责任险条款

一、责任范围

1. 在本保险期限内，被保险人在本保险单明细表列明的范围内，因经营业务发生意外事故，造成第三者的人身伤亡和财产损失，依法应由被保险人承担的经济赔偿责任，本公司按下列条款的规定负责赔偿。

2. 对被保险人因上述原因而支付的诉讼费用以及事先经本公司书面同意而支付的其他费用，本公司亦负责赔偿。

3. 本公司对每次事故引起的赔偿金额以法院或政府有关部门根据现行法律裁定的应由被保险人偿付的金额为准。但在任何情况下，均不得超过本保险单明细表中对应列明的每次事故赔偿限额。在本保险期限内，本公司在本保险单项下对上述经济赔偿的最高赔偿责任不得超过本保险单明细表中列明的累计赔偿限额。

定义：

意外事故：指不可预料的以及被保险人无法控制并造成物质损失或人身伤亡的突发性事件。

二、除外责任

本公司对下列各项不负赔偿责任：

（一）被保险人根据与他人的协议应承担的责任，但即使没有这种协议，被保险人仍应承担的责任不在此限；

（二）对为被保险人服务的任何人所遭受的伤害的责任；

（三）对下列财产损失的责任：

1. 被保险人或其代表或其雇佣人员所有的财产或由其保管或由其控制的财产；

2. 被保险人或其代表或其雇佣人员因经营业务一直使用和占用的任何物品、土地、房屋子或建筑。

（四）由于下列各项引起的损失或伤害责任：

1. 对于未载入本保险单明细表而属于被保险人的或其所占有的或以其名义使用的任何牲畜、脚踏车、车辆、火车头、各类船只、飞机、电梯、升降机、自动梯、起重机、吊车中其他升降装置；

2. 火灾、地震、爆炸、洪水、烟熏；

3. 大气、土地、水污染及其他污染；

4. 有缺陷的卫生装置或任何类型的中毒或任何不洁或有害的食物或饮料；

5. 由被保险人做出的或认可的医疗措施或医疗建议；

（五）由于震动、移动或减弱支撑引起任何土地、财产、建筑物的损坏责任；

（六）由于战争、类似战争行为、敌对行为、武装冲突、恐怖活动、谋反、政变直接或间接引起的任何后果所致的责任；

（七）由于罢工、暴动、民众骚乱或恶意行为直接或间接引起的任何后果所致的责任；

（八）被保险人及其代表的故意行为或重大过失；

（九）由于核裂变、核聚变、核武器、核材料、核辐射及放射性污染所引起的直接或间接责任；

（十）罚款、罚金或惩罚性赔款；

（十一）保险单明细表或有关条款中规定的应由被保险人自行负担的免赔额。

三、赔偿处理

（一）若发生本保险单承保的任何事故或诉讼时：

1. 未经本公司书面同意，被保险人或其代表对索赔方不得做出任何责任承诺或拒绝、出价、约定、付款或赔偿。在必要时，本公司有权以被保险人的名义接办对任何诉讼的抗辩或索赔的处理；

2. 本公司有权以被保险人的名义，为本公司的利益自付费用向任何责任方提出索赔的要求，未经本公司书面同意，被保险人不得接受责任方就有关损失做出的付款或赔偿安排或放弃对责任方的索赔权利，否则，由此引起的后果将由被保险人承担；

3. 在诉讼或处理索赔过程中，本公司有权自行处理任何诉讼或解决任何索赔案件，被保险人有义务向本公司提供一切所需的资料和协助。

（二）被保险人的索赔期限，从损失发生之日起，不得超过两年。

四、被保险人义务

被保险人及其代表应严格履行下列义务：

（一）在投保时，被保险人及其代表应对投保申请书中的事项以及本公司提出的其他事项做出真实、详尽的说明或描述；

（二）被保险人或其代表应根据本保险单明细表和批单中规定按期缴付保险费；

（三）被保险人应努力做到选用可靠的、认真的、合格的工作人员并且使拥有的建筑物、道路、工厂、机器、装修和设备处于坚实、良好可供使用的状态。同时，应遵照当局所颁布的任何法律及规定的要求，对已经发现的缺陷应予立即修复，并采取临时性的预防措施以防止发生事故；

（四）一旦发生本保险单所承保的任何事故，被保险人或其代表应：

1. 立即通知本公司，并在七天或经本公司书面同意延长的期限内以书面报告提供事故发生的经过、原因和损失程度；

2. 在未经本公司检查和同意之前，对拥有的建筑物、道路、工厂、机器、装修和设备不得予以改变和修理；

3. 在预知可能引起诉讼时，立即以书面形式通知本公司，并在接到法院传票或其他法律文件后，立即将其送交本公司；

4. 根据本公司的要求提供作为索赔依据的所有证明文件、资料和单据。

五、总则

（一）保单效力

被保险人严格地遵守和履行本保险单的各项规定，是本公司在本保险单项下承担赔偿责任的先决条件。

（二）保单无效

如果被保险人或其代表漏报、错报、虚报或隐瞒有关本保险的实质性内容，则本保险单无效。

（三）保单终止

除非经本公司书面同意，本保险单将在下列情况下自动终止：

1. 被保险人丧失保险利益；

2. 承保风险扩大。

本保险单终止后，本公司将按日比例退还被保险人本保险单项下未到期部分的保险费。

（四）保单注销

被保险人可随时书面申请注销本保险单，本公司亦可提前十五天通知被保险人注销本保险单。对本保险单已生效期间的保险费，前者本公司按月比例计收，后者按日比例计收。

（五）权益丧失

如果任何索赔含有虚假成分，或被保险人或其代表在索赔时采取欺诈手段企图在本保险单项下获取利益，或任何损失是由被保险人或其代表的故意行为或纵容所致，被保险人将丧失其在本保险单项下的所有权益。对由此产生的包括本公司已支付的赔款在内的一切损失，应由被保险人负责赔偿。

（六）合理查验

本公司的代表有权在任何适当的时候对本保险单中列明的营业场所的风险情况进行现场查验。被保险人应提供一切便利及本公司要求的用以评估有关风险的详情和资料。但上述查验并不构成本公司对被保险人的任何承诺。本公司的检查人员如发现任何缺陷或危险时，将以书面通知被保险人，在该项缺陷或危险未被排除并使本公司认为满意之前，对其有关的或因此引起的一切责任本公司概不负责。

（七）重复保险

本保险单负责赔偿损失、费用或责任时，若另有其他保障相同的保险存在，不论是否由被保险人或他人以其名义投保，也不论该保险赔偿与否，本公司仅负责按比例分摊赔偿的责任。

（八）权益转让

若本保险单项下负责的损失涉及其他责任方时，不论本公司是否已赔偿被保险人，被保险人应立即采取一切必要的措施行使或保留向该责任方索赔的权利。在本公司支付赔款后，被保险人应将向该责任方追偿的权利转让给本公司，移交一切必要的单证，并协助本公司向责任方追偿。

（九）争议处理

被保险人与本公司之间的一切有关本保险的争议应通过友好协商解决。如果协商不成，可申请仲裁或向法院提出诉讼。除事先另有协议外，仲裁或诉讼应在被告方所在地进行。

六、特别条款

下列特别条款适用于本保险单的各个部分，若其与本保险单的其他规定相冲突，则以下列特别条款为准。

中国平安保险股份有限公司公众责任险投保单

注意：请仔细阅读所附条款。

Attention：Please read the enclosed clause carefully.

本投保单由投保人如实地、详尽地填写并签章后作为向本公司投保公众责任险的依据。本投保单为该公众责任险保险单的组成部分。

The Applicant is required to fill in the following items in good faith and as detailed as possible, and affix signature to this Application From which shall be treated as proof of application to the Company for Public Liability Insurance and constitute and integral part of Public Liability Insurance Policy.

<table>
<tr><td rowspan="3">被保险人
Insured：</td><td>名称
Name：</td><td>电话
Tel：</td></tr>
<tr><td colspan="2">住址邮编
Address：Postcode：</td></tr>
<tr><td colspan="2">业务性质
Nature of Business：</td></tr>
<tr><td rowspan="2">保险范围
Scope of Cover：</td><td colspan="2">保险地点
Location Under Cover：</td></tr>
<tr><td colspan="2">责任赔偿原因
Reason of Indemnity：</td></tr>
</table>

赔偿限额 Limits of Indemnity:	每次事故所引起的赔偿限额 Limits of Indemnity A. O. A. 其中：每个人伤残赔偿限额 Include：Limits of indemnity for each injury or disable. 财产损失的赔偿限额 Limits of indemnity to the loss of properties.	
	保险期限内累计赔偿限额 Limits of Sums of Indemnity in the Period of Insurance.	
保险费 Premium：		费率 Rate：

付费日期 Date of Payment：
保险期限 Period of Insurance：

备注 Remarks：

投保人兹声明上述所填内容属实，同意以本投保单作为订立保险合同的依据；对贵公司公众责任险条款及附加条款（包括责任免除部分）的内容及说明已经了解。

I declare that the above (including details of the subject matter of insurance and questionnaire of the risk exposure) is true to the best of my knowledge and belief, and hereby agree that the proposal be incorporated into the policy. I have read and understand the Company's Public Liability Insurance clause and extensions (including the Exclusions).

投保人签字（盖章）

Signature of Proposer：____________

日期

Date：____________

申明：

除另有书面约定外，投保人未按保险单中列明的付费日期交付保险费，本保险合同自逾约定付费日期之日自动解除，本公司不承担保险责任。

DECLARATION：

The Company shall not be liable to pay any claims and the ensuing policy shall be automatically cancelled if the applicant does not make premium payment (s) according to the date (s) specified in the policy, unless agreed upon in wording otherwise.

第七章附录3

中国平安保险股份有限公司财产保险综合险投保单

注意：请仔细阅读所附条款。

Attention: Please read the enclosed clause carefully.

本投保单由投保人如实地、详尽地填写并签章后作为向本公司投保财产保险综合险依据。本投保单为该财产保险综合险保险单的组成部分。

The Applicant shall fill in the following items in good faith and as detailed as possible, and affix signature to this proposal which shall be treated as proof of Application to the Company for Property Insurance and constitute an integral.

<table>
<tr><td>投保人
Applicant:</td><td>电话
Telophone:</td></tr>
<tr><td>投保人地址
Applicant Address:</td><td>邮编
Postcode:</td></tr>
<tr><td>保险财产地址
Insured Property Situated at:</td><td>标的地址邮编
Insured Property Postcode:</td></tr>
<tr><td colspan="2">主要原材料和主要辅料
Raw Material and other Stores:</td></tr>
<tr><td>安全设施情况
Security Facilities:
1. 自动报警或灭火装置
Automactic Alarm of Fi-Fi Equipment
□有 □无
Yes No
2. 消防栓、灭火器
Hydrant, Extinguisher
□有 □无
Yes No
3. 保安值勤
Security Guard
□有 □无
Yes No</td><td rowspan="2">建筑类型及周围情况
Constuction Type and Surrounding:
1. 建筑类型
Construction Type:
□钢筋混凝土 □砖混 □其他
Concrete Steel Brick Other
2. 临近有无易燃、易燃等危险单位?
Any Inflammables and Explosives nearby?
3. 距消防队最近距离
Distance from Fire Brigade.
4. 地址位置
Geogrqphical Near River (s)
□沿江、湖、海 □低洼
□泄洪区 □安全地带
Lake (s)、Sea (S) level
Below Water Flood Area
Saft Areas Location</td></tr>
<tr><td>以往损失情况及出险原因
Past Loss Record and Cause of Loss:</td></tr>
<tr><td colspan="2">保险期限 个月 自 年 月 日中午12时至 年 月 日中午12时止
Period of Insurance Months Form at 12 noon to at 12 noon</td></tr>
</table>

保险财产名称 Description of Property Insured	投保金额 Sum Insured	每次事故免赔额为损失金额的 Deductibles A. O. A in the Loss Amount
房屋建筑　　栋　　m^3 Buildings　　Flat　　m^3		%或 or
装置及家具 Fittings, Fixtures and Furniture:		%或 or
生产或营业用机器设备 Equipment in Operation:		%或 or
库存原材料 stored Materials:		%或 or
库存产品及半成品 Stored Products and Semi-Products:		%或 or
其他物品 Others:		%或 or
总保险金额 Total Sum Insured:		
费率　　　　保险费 Rate:　　　　Premium:		
付费日期: Payment of Date:		
备注 Remarks:		

投保人兹专用上述所填内容（包括投保标的明细表及风险情况问询表）属实，同意以本投保单作为订立保险合同的依据；对贵公司就财产保险综合险条款及附加险条款（包括责任免除部分）的内容及说明已经了解。

I declare that the above (including detalis of the subject matter of insurance and questionnaire of the risk exposure) is true to the best of my knowledge and belief, and hereby agree that the proposal be incorporated into the policy. I have read and understand the Company's Property Combined Risk Insurance clauses and extensions (including the Exclusions).

投保人签字（盖章）：
Signature of Proposer:
日期 Date:

申明：

除另有书面约定外，投保人未按保险单中列明的付费日期交付保险费，本保险合同自逾约定付费日期之日自动解除，本公司不承担保险责任。

DECLARATION:

The Company shall not be liable to pay any claims and the ensuing policy shall be automatically cancelled if the applicant does not make premium payment (s) according to the date (s) specified in the policy, unless agreed upon in wording otherwise.

第八章　国际贸易保险

内容提要：国际贸易保险包括水险和非水险两大部分。本章介绍了国际运输和海上风险的基本情况；阐明了我国海上货物运输保险条款的主要内容；基于出口信用保险在当今国际经济合作中的重要地位，对出口信用保险的特点、经营原则进行了分析。

第一节　国际货物运输与海运风险

一、国际贸易价格术语

（一）国际货物买卖合同

国际货物买卖合同是指营业地处于不同国家的当事人之间所签订的货物买卖合同。由于合同双方当事人的营业地处于不同国家，货物必须从买方营业地运往卖方营业地，这就产生许多复杂的问题。如卖方在何时何地交货，由何方派遣运输工具并支付相关费用，货物在运输途中的风险由谁承担，何方负责申领进出口许可证和交纳进出口货物的关税。为此，国际货物买卖双方在洽商合同时，一定要明确上述问题。这些问题，国际货物买卖双方可以通过采用某个价格术语的方式获得解决。也就是说，国际贸易中所使用的价格术语正是为了说明上述费用、风险、手续等买卖双方责任的划分。价格术语是在国际贸易的长期实践中形成的，并且已经得到广泛的应用。

（二）价格术语的含义与作用

价格术语是国际贸易中专门使用的术语。它一方面能表明商品价格金额的构成，另一方面能明确双方责任范围、风险界限、费用负担等重大问题。价格术语可用一个简单的概念、词组或缩写符号来表示。

在国际贸易中，买卖双方在磋商交易和订立合同时，只要选用某种双方认为合适的价格术语，就可以据此确定他们各自的责任，而不必逐项进行磋商讨论。

所以，国际贸易术语的广泛使用，简化了交易磋商的内容，缩短了磋商成交的时间，节省了交易的开支和费用，便利了合同的签订与执行，为买卖双方提供了很大的方便，对促进国际贸易的发展有积极意义。

(三) 价格术语与运输、保险的关系

明确了价格术语，就明确了买方或卖方的责任。如 FOB、C&F、CIF 虽然同属于象征性交货条件，但 FOB 合同规定由买方负责运输和购买国际货物运输保险，C&F 合同规定由买方负责购买保险，若以 CIF 合同成交，运输和保险均由卖方负责。

二、海上货物运输合同

(一) 海上货物运输合同的种类

海上货物运输合同，是指承运人或船舶出租人负责将托运人托运的货物经海路从一国的某一港口运至另一国家的港口，而由托运人向承运人支付约定运费的合同。

承运人或船舶出租人是合同的一方当事人，通常称为船方；托运人或承租人是合同的另一方当事人，通常称为货方。海上货物运输合同的标的是货物。

国际海上货物运输合同主要有以下两种类别：

1. 提单

提单是在国际班轮运输中经常使用的单证，由承运人在收到托运人交付的货物时签发。对托运人或发货人而言，它是海上货物运输合同的证明；对收货人或其他善意提单持有人而言，它是他们与承运人之间的货运合同。海运件杂货运输，又称零担货运输，通常采用班轮运输方式，而班轮运输通常以提单作为运输合同的证明，故也把班轮运输称为提单运输。

2. 租船合同

租船合同主要有航次租船合同、定期租船合同和光船租赁合同三种。一般认为，其中的航次租船合同属于海上货物运输合同，所以我国《海商法》把它列入第四章“海上货物运输合同”。定期租船合同同时具有货物运输合同和财产租赁合同的性质，光船租赁合同则完全是财产租赁合同，所以《海商法》把它们列入船舶租用合同之列。

(二) 海运提单的产生与发展

提单（Bill of Lading，B/L），在海上货物运输中被广泛使用，有其自身的历史发展过程。提单起源于欧洲早期的航海贸易。当商人和船东的角色逐渐分离时，提单便应运而生了。货主把货物交给船方装船后，要求船方提供一份证明承运人已经接管货物的单证。根据货主的要求，船方便出具一份表示已经收到货物的证明。这就是提单的起源。后来，商人们逐渐地在提单背面记载若干运输合同的条款，使提单的内容不断趋于完善。

到17世纪，航海贸易有了很大的发展。由于货物经海上运输时间长，给急于处理货物的买方带来不便。为了解决这一矛盾，商人们逐渐在贸易领域里承认提单可以直接代表货物，赋予提单物权凭证的性质，拥有提单就表明拥有货物的所有权，转让提单具有转让货物一样的效力。承认提单具有物权凭证的功能对国际贸易产生了重大影响。随着班轮运输方式的日趋成熟，商品交换对时间的要求更为迫切，商人可凭作为物权凭证的提单在银行获得融资，可在货物到达目的港之前通过转让提单来转让在目的港的提货权，处分提单就等于处分在海上运输中的货物。提单功能的发展与完善，是运输和贸易发展的产物。提单使国际贸易由实物交易到单证交易的转化成为可能，提单也因此成为国际贸易中最重要的单证之一。

近年来，由于提单所代表的货物价值巨大，而伪造提单在技术上并不十分困难，以提单为对象的海运欺诈日益猖獗。这是现代海运业面临的挑战。电子提单通过密码在电子数据交换系统上传递，极大地加快了提单的流转速度，增加了提单的安全性，保留了提单可转让的功能。

（1）提单是承运人所签发的，表明其收到货物，并负有把提单上载明的货物交给提单合法持有人的责任

通常情况下，货物装船后才由承运人签发提单，但有时承运人在装货港码头的库场接收货物后也可以应托运人的要求签发备运提单。等到货物装船后，再把备运提单换为已装船提单。

（2）提单是托运人和承运人之间订立海上货物运输合同的证明

提单背面载明了承运人、托运人双方的权利义务条款，是双方之间订立海上货物运输合同的证明。

（3）提单是货物的物权凭证

按照法律和一般航运惯例，承运人仅按提单的规定凭提单付货。如果是记名提单，承运人只能将货物交给提单上的记名人；如果是指示提单，承运人只能按提单上的记名人的指示付货。但不管是上述哪一种情形，承运人都应把货物交给正本提单持有人。只要不是记名提单，提单都可以转让流通，如用于结汇、买卖、抵押等。善意受让提单的合法持有人可以仅凭受让的提单而取得提单项下的货物，这充分说明了提单具有物权凭证性质。

（三）提单的分类

1. 按提单签发时货物是否已装船，分为已装船提单和备运提单

已装船提单，是指货物已由承运人装船的提单。备运提单，是指承运人已接管货物但还未装船而签发的提单。在货物装船后，托运人可以凭备运提单要求承运人换发已装船提单，或由承运人在备运提单上批注船名和装船日期，使其成为已装船提单。

2. 按提单上是否有不良批注，分为清洁提单和不清洁提单

所谓清洁提单，是指承运人在提单上批注表面状况良好或未在提单上进行批注的提单。不清洁提单，则是承运人在提单上对货物表面状况做不良批注的提单。

托运人把货物交给承运人，承运人就能了解到货物的表面状况。《海牙规则》规定承运人应对货物的表面状况做出批注。但在许多国家的立法和各航运公司制定的提单条款中一般都规定：承运人未做批注的，视为货物表面状况良好。在实务中，托运人把货物送交船方，船务公司的理货人就会点收件数，看是否同装货单上的件数符合，另外还要检查货物的包装是否符合出口包装的标准，如果发现破损、水渍、渗漏等缺陷，就会把它们批注在大副收据上，这些批注就会出现在以后签发的提单上。有这类批注的提单就是不清洁提单。提单若被划为不清洁提单，船务公司就可免除今后赔偿的责任，也就是说，不清洁提单所代表的货物到达后如有破损，船务公司一般不会做出赔偿。因此，进口商往往会拒绝收下不清洁提单所代表的货物，出口商只能用担保书向船务公司保证自己承担上述缺陷所引致的任何损失。出口商提交此担保书后，船务公司就会相应取消不清 洁批注。当然，出口商最好把货物包装妥当，免除许多不必要的麻烦。

3. 按提单上所记载的收货人的抬头不同，提单分为记名提单、指示提单和空白提单

记名提单，是指提单正面收货人一栏内载明收货人名字或名称的提单。除经法定程序外，记名提单不能流通。因其不具有流通性，记名提单在国际贸易中较少使用，一般仅限于个人物品、展览品和贵重物品的运输。

指示提单，是指在收货人一栏内载明凭指示或凭某人指示的提单。在收货人栏内仅记明“凭指示”字样的提单是无记名指示提单，应理解为按照托运人的指示放货；在收货人栏内记明“凭某人指示”字样的提单是记明指示提单，承运人应按记名人的指示交货。指示提单经指示人背书后发生转让，实现提单的流通，在现代国际货物买卖中得到广泛应用。

空白提单是指在收货人一栏内无记载，承运人把货物交给提单持有人。

4. 按运输方式的不同，分为直达提单、转船提单和联运提单

直达提单，是货物从装货港装船后直接运往卸货港，中途不得转船的提单，这是最常见的提单形式。这种提单，仅填写装货港和卸货港，而无中途转船的批注。如果跟单信用证规定不得转船，托运人就必须取得直达提单才能结汇。

转船提单，是货物在装货港装船启运后，在中途港把货物交给其他承运人用另一船舶运至目的港的提单。

多式联运提单，是承运人以包括海上运输方式在内的两种或两种以上运输方式将货物从一地运至另一地而签发的提单。这是随着集装箱运输方式的兴起而产生的。以海运为主的集装箱多式联运能够实现“门到门”运输的优越性，大大减

少货物在途中的损耗，在当今发展迅猛。

（四）提单的内容

提单的格式无统一的标准，各轮船公司可自行制定，但通常在提单正面应载明下列各项内容：①船名和船舶国籍；②承运人名称；③装货港地和目的港地；④托运人名称；⑤收货人名称；⑥货物品名、标志、包装；⑦货物的件数、重量或体积；⑧运费；⑨签发提单的日期、地点和份数；⑩承运人或船长签字。

上述十项为提单的要件，缺少其中任何一项就不能作为提单。其中一至七项由托运人填写，如因填写不清楚或不正确而造成损失，由托运人自行负责。

（五）提单背面的主要条款

提单的背面是有关承运人和托运人权利和义务的条款。结合当前的海运实践和有关国际条约和国内立法，提单背面的权利义务条款通常规定有下列事项：①管辖权（Jurisdiction）条款。该条款指明因提单产生的一切争议应在哪里解决。一般规定应在承运人所在地国家法院解决。②法律适用，或称首要条款（Paramount Clause）。指明提单受某一国际公约或某一国内法约束的条款。③承运人的责任（Carrier's Responsibility）。④责任期间（Period of Responsibility）。⑤运费及其他费用（Freight and Other Charges）。⑥装货、卸货和交货（Loading Discharging and Delivery）。⑦留置权（Lien）。该条款规定承运人可因托运人、收货人未付运费、滞期费和其他应付款项，以及应承担的共同海损分摊额，对货物及有关单证行使留置权，并有权出售或处理货物。⑧货物灭失或损坏的通知、时效（Notice of Lossor Damage，TimeBar）。⑨赔偿责任限额（Package Limitation）。提单应按适用的国内法或国际公约的规定来确定承运人对每件或每计费单位货物的损害赔偿责任限额。⑩危险货物（Dangerous Goods）。⑪訛舱面货、活动物和植物（Deck Cargo，Live Animals and Plants）。⑫訛集装箱货物（Cargo in Container）。该条款通常规定承运人可以将货物装于集装箱进行运输。⑬訛冷藏货物（Refrigerated Goods）。⑭訛选港（Option）条款，亦称选港交货（Optional Delivery）条款。通常规定，只有当承运人与托运人在货物装船前有约定，并在提单上注明时，收货人方可选择卸货港。⑮訛转运、换船、联运与转船（Forwarding，Substitute of Vessel，Through Carriageand Transshipment）条款。⑯訛共同海损与新杰逊条款（General Average and New Jason Clause）。多数提单规定共同海损按《1974 年约克—安特卫普规则》理算，也有的提单规定按《1994 年约克—安特卫普规则》或其他规则理算。新杰逊条款是修订后的杰逊条款（Amended Jason Clause）。“新杰逊条款”与“杰逊条款”的不同之处在于：当船舶因船长、船员或引航员的过失事故而采取救助措施时，即使救助船与被救助船同属一个船公司，被救助船仍须支付救助报酬，该项救助报酬可作为共同海损费用，由各受益方分摊。⑰訛双方有责碰撞条款（Both to Blame Collision Clause）。按照国际航运界普遍接受的船舶碰撞损害赔偿责任原则的规定，双方互有责任的船舶碰撞，应按过失程度的比例承担赔偿责任。但是美国法院认为货主是无辜受害者，应该得到全部赔偿。碰撞双方应对货损负连带责任，货主可以向任何一方索取全部赔偿额。为此，承运人为了保护自己的利益，在提单上加列“双方有责碰撞条款”，规定货方应从得到的赔偿款项上将载货船东按碰撞过失比例应分摊的本船所载货物损失的金额，退还给载货船东，理由是载货船东对本船所载货物的损失依《海牙规则》规定的航海过失免责条款可以免予赔偿。美国法院已确认该条款在租船合同中的效力，但对班轮提单中的该条款的效力仍未予确认。⑱詭战争、瘟疫、冰冻、罢工、港口拥挤等（War, Quarantine, Ice, Strikes, Congestion, etc.）。本条款规定，如果发生战争以及其他非承运人所能控制的情况，造成船舶及其所载货物不能安全到达目的港卸货，承运人有权在装货港或任何其他安全和便利的港口卸货。⑲詭地区条款（Local Clause）。规定进出美国港口的货物运输适用1936年美国《海上货物运输法》的条款。

（六）电子提单

电子提单，是指通过电子数据交换系统传送的有关海上货物运输合同的数据。电子提单与传统提单不同，它不再是一种纸面单证，而是一系列有关海上货物运输合同的电子数据，按照特定的规则组合而成，并以计算机通讯途径传送。

实现电子提单的流转，必须将托运人、承运人、承运人的代理人、银行和收货人各自的电子计算机联成网络，电子计算机将货物运输合同中的数字、文字、条款等，按照特定的规则，转化为电讯，并将这些电讯组合成传递单位，借助于电子通信设备，从一台电子计算机传送到另一台电子计算机。

电子提单通过电子数据交换系统传递，使单证的流转在瞬间得以实现，避免了提单晚于船舶到达的情况；电子提单通过电子数据交换系统凭密码进行流转，防止了利用传统提单进行海运欺诈的行为。电子提单是现代通信技术与计算机技术高速发展的产物，是从“有纸贸易”向“无纸贸易”演变的重要内容，将对21世纪的国际贸易与航运业产生深远的影响。但目前电子数据交换系统仅在传递一般的运输单证方面起作用，而利用该系统进行提单流转和货物所有权的转让，还没有真正意义上的实践。通过电子交换系统传递运输单证的应用在世界上远未普及，主要限于在美国和欧洲主要港口间使用。但我们还是应注意到电子提单的发展方向，跟上国际无纸贸易的发展进程。目前调整电子提单的规则有《联合国管理、商业和运输电子数据交换规则》《1987年远距传送贸易数据交换行为统一规则》和1990年《国际海事委员会电子提单规则》。

三、海运保险保障的风险

海上保险是以船舶和货物作为保险标的的保险，把船舶在营运过程中，货物在运输途中可能遭遇的危险作为其保障的范围。然而，因货物的性质、船舶的用途、运输的路线及区域、海上自然条件等因素的不同，需要保险人提供的危险保障也不一样。为了适应被保险人在不同情况下的经济保障的需要，保险公司制定了各种承保责任不同的保险条款。这些承保责任不同的保险条款，形成了不同的保险险别。因此，在保险业务中，风险、损失和险别之间有着密切相关的联系，即风险是造成货物和船舶损失的原因，险别是具体规定保险人对风险与损失予以承保的责任范围。为了更好地理解风险、损失与险别的关系，我们首先分析危险及其各种表现形式。

海上保险保障的风险可分为两大类：一是海上风险，海上风险又可分为自然灾害和意外事故两种；二是其他外来原因引起的外来风险。

（一）海上风险

海上风险，是指船舶、货物在海上运输过程中所发生的风险。但是，海上保险人承保的海上风险是一种特定范围内的风险，它既不包括一切在海上发生的风险，又不局限于在航海中所发生的风险。海上保险所承保的风险，按其发生性质可以分为自然灾害和意外事故两大类。

1. 自然灾害

自然灾害，一般是指不以人们意志为转移的自然界力量所引起的灾害。但是海上保险中，它并不是泛指一切由于自然力量所造成的灾害。而且在不同国家，同一国家的不同时期对自然灾害的解释也有所不同。据我国 1981 年 1 月 1 日修订的海洋运输货物保险条款的规定，所谓自然灾害仅指恶劣气候、雷电、海啸、地震、洪水及其他人力不可抗拒的灾害等。

上述各种自然灾害风险的主要含义如下：

（1）恶劣气候

一般是指海上飓风、大浪引起船舶颠簸、倾斜造成船舶的船体、机器设备的损坏。例如，船舶遇到大风时，为了躲避风浪，如需转向，会因离心力和水对船体的压力作用，迫使船舶倾斜严重，甚至造成倾覆。在实务上，保险人对恶劣气候一词也没有统一明确的定义，往往根据风险的具体情况进行解释。例如，我国对暴风的解释为，风力在 8 级以上、风速在 17.2 米/秒以上即构成暴风责任。

（2）雷电

这是指保险标的在保险的有效期内，由雷电所直接造成的，或者由雷电引起火灾所造成的损失。

（3）海啸

这是指由于海底地壳发生变异，有的地方下陷，有的地方上升，引起海洋剧烈震荡而产生巨大波浪，致使货物和船舶受损害或灭失。海啸的破坏力很大，尤其是袭击某一拥挤港口或地区，会使船舶互相碰撞，船只沉没，甚至把一些大船冲向海滩，退潮时发生搁浅等。

（4）地震或火山爆发

这是指直接或归因于地震或火山爆发所致货物或船舶的损失。陆地上发生的地震虽不会影响船舶在海上航运，但可能影响停泊在港口的船货。例如，船舶停泊在港口等待卸货，或货物在转运港口装卸时，如果发生地震，船货就有可能遭受损坏或灭失。事实上，地震的发生不限于陆上，海下发生地震的频率更高。海下地震可引起海面波涛汹涌，影响潮汐或海流，引起海啸。

（5）洪水

山洪暴发、江河泛滥、潮水上岸及倒灌等导致保险标的受浸泡、冲散、冲毁等损失，都属于洪水责任。

（6）其他人力不可抗拒的灾害

通常包括浪击落海和海水、湖水、河水进入船舶、驳船、运输工具、集装箱或大型海运箱及贮存处所等。

浪击落海是指舱面货物受海浪冲击落海而造成的损失，不包括在恶劣气候下船身晃动而造成货物落海的损失。海水等进入船舶的风险，不仅包括由于海水，而且包括由于湖水和河水进入船舶等运输工具或储存处所造成的损失。此外，对储存处所可以理解为包括陆上一切永久性的或临时性的、有顶篷的或露天贮存处所。

2. 意外事故

海上意外事故是指运输工具遭遇外来的、突然的、非常料中的事故，如船舶搁浅、触礁、沉没、互撞、与流冰或其他物体碰撞、船舶失踪以及火灾、爆炸等。海上保险所承保的意外事故，并不是泛指的海上意外事故，而是指保险条款规定的特定范围内的意外事故。各种意外事故都具有不同的特定含义，现将各种意外事故分别说明如下：

（1）搁浅

这是指由于意外的原因使船体与海中岩礁、海岸或其他障碍物（如沉船、木桩、海栅等）发生接触，而且持续一定时间，如停航达 12 小时以上，使其处于失去进退自由的状态。船舶搁浅时，如果货物已载于船上，保险人则应对该货物的一切损失负赔偿责任，即使损失的近因并非搁浅，保险人仍旧负责。例如，某船发生搁浅，经救助脱浅，船舱货物也发现受损，然而该船舶在搁浅后又遭遇到恶劣气候，到达目的港后发现货物严重受损。这种损失是否归因于搁浅，并不清楚，但如果被保险人以船舶曾经搁浅为由向保险人提出索赔，保险人必须负赔偿责任，理由是，船舶发生搁浅时，货物已装在船上。

（2）触礁

触礁是指船舶擦过水中岩礁或其他障碍物而仍能继续前进的一种状态。构成触礁的前提条件是船舶接触水中障碍物以后，仍能继续移动，这也是与搁浅的区别之处。触礁与搁浅一样，必须是不可预料的一种情况，如果船舶经常在某处发生与触礁类似的情况，则不能认为是触礁事故。

触礁和搁浅之间有时很难区别，因为有可能船舶在发生搁浅以后，不能继续前进。区别这两者，要从理论上来考虑，即一个海上事故是属于触礁还是属于搁浅，主要是看事故发生之后，船舶是否有可能沉没的危险。如果船舶发生与水底障碍物接触事故后仍存在着沉没的潜在危险，则属于触礁，反之则属于搁浅。

（3）沉没

这是指船体的全部或大部分已经浸入水面以下，并失去继续航行能力的一种状态。如果船体虽有一部分浸入水中，但仍有航行能力，则不能视为沉没。

（4）碰撞

这是指船舶在航行中与其他可航行的物体发生猛烈接触，或船舶与任何漂浮物体、航行物体、浮水、沉船残骸以及港口、码头、河堤等建筑物的接触。换言之，碰撞是指船舶与船舶或非船舶的其他约定物体碰撞。

总之，船舶构成碰撞事故，必须具备三个条件：其一，要有船舶与其他物体之间的实际接触，即要有碰撞事实，如果船舶的损失是因另一只船舶经过时的波浪造成的，则不属于碰撞损失；其二，碰撞和损失要有必然的因果关系；其三，碰撞必须以船舶在水上航行为前提。如果船舶在港内修理时发生碰撞事故，保险人则不负赔偿责任。

（5）失踪

这是指船舶在海上航行，失去联络超过合理期限的一种情况。所谓“合理期限”是一个事实问题，各个国家概括各自的情况，分别订出 4~6 个月的期限为合理期限。被保险船舶一旦宣告失踪，除非能够证明失踪是因战争风险导致的，均由保险人当作海上风险损失负责赔偿。如果在保险人赔偿以后，船舶又重新出现，该船的所有权则应归保险人。

（6）倾覆

这是指船舶受灾害事故，船身倾覆或倾斜，处于非正常的、非经施救或救助而不能继续航行的状态。在海上保险中，保险人除了承保船舶倾覆所造成的损失外，还承保了陆上运输工具的倾覆损失。

（7）火灾

这是指保险标的物被烧毁、烧焦、烧裂、烟熏以及救火行为所致的损失。海上保险所承保的火灾，通常是指因下列原因引起的火灾而导致损失：①雷击电闪起火；②爆炸引起的火灾或因起火引起的爆炸；③船长或船员的过失所导致的火灾；④货物本身的特性受到外界气候、气温等影响而发生的自燃；⑤其他原因不明的火灾。

凡是上述原因所引起的火灾损失，保险人均负保险责任。但是，如果由于战争、罢工或民众暴乱行为所导致的火灾，和因货物固有瑕疵而发生的自燃，则不在保险人的承保责任范围之内。

（8）爆炸

一般是指物体内部发生急剧的分解或燃烧，迸发出大量气体和热力，使物体本身及周围其他物体遭受猛烈破坏的现象。在海上运输过程中，货物发生爆炸的原因很多，例如，船舶锅炉爆炸致使船舶和货物受损，或货物因气候影响产生化学作用引起爆炸等。

（9）暴力偷盗

这是指使用暴力掠夺或船舶的行为。这里所说的使用暴力，并非必须有人身伤害情节，只要利用强制暴力手段盗取货品，就属于暴力盗窃。暴力盗窃不包括暗中偷窃行为，也不包括船上人员或旅客的偷窃。因为根据国际贸易惯例，出口商备好托运的货物后，则对该货物在法律上负有安全保管的责任。如果发生监守自盗，承运人也应该受到法律制裁。同样，货物被外人偷窃，承运人也应该负适当的赔偿责任。因此，对于可能遭受偷窃的货物，贸易经营者在暴力偷盗之外，还须要保一般盗窃险以求得较大保障。

（10）投弃

这是指当船舶和其承载的货物均处于紧急危险情况下，船长为了保全船舶与货物的共同安全，故意将船上部分货物或设备投弃海中，以致造成损失。这种损失是共同海损牺牲的一种典型情况。例如，当船舶搁浅后有沉没的危险，为了船货的共同安全，减轻船载使其重新起浮，常常采取投弃措施，将货物或船上设备抛到海中。然而，按照国际保险市场上的习惯，若无特别约定，甲板货、危险品、腐败物的抛弃，不属于投弃损失之列。

（11）船长、船员的恶意行为

这是指船长或船员故意损害船东或租船人利益的一种非法行为。船长、船员的恶意行为的表现形式有下列几种：①故意弃船、纵火烧船或凿沉船舶；②故意违反航行规则，导致船舶遭受处罚；③与敌人交易、走私或冲越封锁线，以致船舶货物被扣押或没收；④欺诈出售或私自抵押船舶和货物等。

（二）外来风险

外来风险一般是指海上风险以外的其他外来原因所造成的风险。所谓外来原因，必须是意外的，事先难以预料的，而不是必然发生的外来因素。因此，类似货物的自然损耗和本质缺陷等属于必然发生的损失，都不包括在外来风险引起的损失之列。按照我国运输货物保险条款的规定，外来风险通常是指偷窃、破碎、淡水雨淋、受潮、受热、发霉、串味、沾污、渗漏、钩损、锈损等。

此外，保险人还可以特约承保由于军事政治、国家政策法令以及行政措施等特殊外来原因所引起的风险。常见的特殊外来风险有战争、罢工、交货不到、拒收等。

外来风险不是船舶遭遇海上自然灾害和意外事故引起的，但在海上运输过程中是经常发生的。为了充分保障被保险人的利益，一般经过事先协商约定，保险人对这类风险是予以承保的。

第二节 海上货物运输保险

一、海上货物运输保险的特点

海上保险与其他财产保险的最大不同之处在于：它所承保的标的处于运动状态中，即货物和运输工具从一个国家到另一个国家。这使海上保险具有不同于其他保险的特征。

（一）承保风险的综合性

从承保范围来看，海上保险不只保障海上水域的风险，而且还包括与海上航程有关的内河、陆上和航空风险。从风险的种类来看，既有自然灾害和意外事故引起的客观风险，又有外来原因引起的各种风险。这充分显示了其承保风险综合性的特点。

（二）承保标的的流动性

海上保险承保标的，通常以船舶和运输货物为主，船舶和运输货物要求从一个港口到达另一个港口，以实现航运经营的目的。海上保险的标的经常处于流动状态，因此海上货物运输保险单为定值保险单。

（三）损失责任的特殊性

海上保险的标的在运输期间由承运人掌控。由于承运人的过失可能使货物在运输中受损，保险人应熟悉承运人权利和义务的有关规定。对因承运人的责任所造成的货物损失，在按保险合同的条款对被保险人赔偿之后，向承运人进行追偿，以维护保险人的合法权益。

（四）海上保险的国际性

海上保险保障的对象主要是国际贸易、远洋运输以及其他对外经济活动，这些都是在国际范围内进行的。海上经营活动的国际性使得海上保险带有强烈的国际性特点。如在海上保险合同履行时，可能遇到国际法规的适用问题。在海事处理中涉及管辖权、诉讼、仲裁等问题。另一方面，由于海上保险承保标的大多价值巨大，往往需利用国际再保险来分散风险，使得海上保险业务在条款、费率方面必须重视国际通行做法。

（五）保险单的可转让性

除货物运输保险合同以外的其他财产保险合同，未经保险人同意，保险单不能随物权的转让而转让；货物运输保险的保险单可随物权的转让而背书转让。由于运输中的货物一般是交承运人运输，被保险人并未直接控制保险标的，保险标的所有权的转让对货物的风险状况没有实质性的影响，为了方便商品交易，保险单一般可随物权的转移而背书转让，无须征得保险人同意。

二、中国海上货物运输保险条款

新中国成立后，为了适应我国对外经济贸易不断发展的需要，中国人民保险公司根据中国保险工作的实际情况，并参照国际保险市场的习惯做法，自 1956 年起陆续制定了各种涉外保险业务条款，总称为“中国保险条款”（China Insurance Clauses，CIC）。海上货物运输保险条款是它的重要组成部分。

我国现行的海上运输货物保险条款是中国人民保险公司 1981 年 1 月 1 日修订的海上运输货物保险条款（Ocean Marine Cargo Clauses 1/1/81）。该条款共有五部分内容：责任范围、除外责任、责任起讫、被保险人的义务和索赔期限。在责任范围部分，规定海上货物运输保险的基本险分为平安险、水渍险和一切险三种。投保人可以根据需要选择其中任何一种险别投保。当被保险货物遭受损失时，保险人按照保险单载明的投保险别所规定的责任范围负责赔偿。平安险、水渍险和一切险的称谓，源自新中国成立之前我国海上保险市场的叫法，其内容是参照伦敦保险人协会 1963 年货物条款制定的，险别的英文名称也来自协会条款。

（一）平安险（Free from Particular Average，FPA）

平安险原意是“单独海损不赔”，即保险人只负责赔偿保险标的发生的全损，但今天平安险的责任范围远远超过了全损险的责任范围。平安险只不过是一种习惯叫法。根据中国海运货物保险条款，平安险规定的责任范围包括以下八项：

1. 被保险货物在运输途中由于恶劣气候、雷电、海啸、地震、洪水等造成整批货物的全损

这一款所列举的风险均属于自然灾害，自然灾害不应限于所列举的 5 种，还应包括火山爆发、隧道坍塌、冰雹等。

保险标的全损包括实际全损和推定全损。按照我国《海商法》的规定，所谓实际全损是指保险标的发生保险事故后灭失，或者受到严重损坏完全失去原有形体、效用，或者不能再归被保险人所拥有。而推定全损是指货物发生保险事故后，认为实际全损已经不可避免，或者为避免发生实际全损所需支付的费用与继续将货物运抵目的地的费用之和超过保险价值。

这里所说的“整批货物的全损”，不仅指一张保险单项下载明的货物的全部损失，还指一张保险单下分类标明保额的某一类货物的全损，或者同一张保险单承保的多张提单项下某一张提单项下货物的全部损失，以及被保险货物用驳船运往或运离海轮时每一驳船所装运货物的全部损失。

所谓“恶劣气候”，它不是一般的、常见的、可预测的气候条件，而是船舶在海上偶然遇见的异常的气候条件，它足以使船舶破裂、倾覆、进水，导致货物被浸泡、倒垛或散包等。在不同的季节，不同的航线，恶劣气候的构成标准也有所不同。例如，在某些航线上，冬季虽然风力在 8 级以上，浪高 10 米，但是此种气候条件是正常的，是可以预测的，因而不属于本条所承保的恶劣气候。由此造

成的货物的损失，保险人不负责赔偿。

2. 由于运输工具遭受搁浅、触礁、沉没、互撞、与流冰或其他物体碰撞以及火灾、爆炸造成的货物损失

本项规定中列明的风险造成的“货物损失”，包括货物的全部损失和部分损失。“运输工具”指船舶，但不限于海轮，还包括运输过程中使用的驳船和内河船只。“互撞”，指船舶之间发生碰撞。“碰撞”，指载运保险货物的船舶与水中的流冰或船舶以外的其他物体（如码头等）发生接触。

本项所承保的“火灾”及“爆炸”不限于船舶失火或爆炸造成的保险货物的损失，也应当包括在正常运输过程中的陆运或仓储阶段发生火灾或爆炸事故所造成的货损。造成火灾或爆炸的原因，只要不是除外风险，保险人就要负责赔偿。中国人民保险公司1995年送审的海运货物保险条款修改稿中增加承保了陆上运输工具倾覆、出轨造成的货物损失，从而与协会货物条款的规定差距缩小。

3. 在运输工具已经发生搁浅、触礁、沉没或焚毁这四种意外事故的情况下，货物在此前后又在海上遭受恶劣气候、雷电、海啸等自然灾害所造成的部分损失

根据本规定，保险人对于自然灾害所造成的保险货物部分损失予以赔偿的前提条件，是运输工具曾经发生上述规定的搁浅、触礁、沉没或焚毁四种意外事故。换句话说，保险人对单纯由于自然灾害造成的部分损失并不负责赔偿。例如，载货船舶触礁，但其舱内货物并无异常。后来船舶摆脱触礁，在航行途中遇到恶劣气候而使货物遭受湿损。虽然平安险并不承保海水浸湿这样的部分损失，但由于在其之前货船发生触礁事故，故仍然会得到保险人的赔偿。

4. 在装卸或转运时，由于一件或数件、整件货物落海所造成的全部或部分损失

本项承保风险又称吊索损害（Sling Loss），限于货物装卸或转运过程中发生的意外，如吊钩脱落、吊绳断裂或吊杆折断等导致整件货物掉落海中所造成的货损。为了鼓励被保险人对被保险货物采取积极施救措施，保险人对由此造成的货物的部分损失也予以赔偿。

5. 被保险人对遭受承保风险的货物采取抢救、防止或减少货损的措施而支付的合理费用，但以不超过该批被救货物的保险金额为限

本条承保的是施救费用，施救费用限于被保险人或其雇佣人、代理人为避免或减少保险责任范围内的损失而采取措施所发生的合理和必要的费用。被保险人为了自己的方便或本身的利益，或为了避免或减少非承保风险引起的被保险货物的损失所采取的措施而支出的费用，保险人不负赔偿责任。保险人对施救费用的赔偿与承保险别（包括附加险）有关。在平安险下，因其承保责任在三种基本险中最窄，保险人需要赔付施救费用的情形也最少；在一切险下，保险人赔付施救费用的情形最多。

保险人对施救费用的最高赔偿额以被保险货物的保险金额为限，而且由保险

人在保险标的赔偿之外另行支付。

6. 运输工具遭遇海难后，在避难港由于卸货引起的损失以及在中途港、避难港由于卸货、存仓以及运送货物所产生的特别费用

此处的“海难”仅指海上意外事故，如沉没、碰撞、触礁、飓风以及一般偶发的灾难，而火灾、爆炸、战争、海盗、船长及船员的不法行为均不是本条所指海难。

7. 共同海损的牺牲、分摊和救助费用

共同海损包括共同海损牺牲和共同海损分摊。虽然中国海运货物保险条款没有像中国船舶保险条款那样明确规定保险人对标的的共同海损牺牲应先予赔偿，被保险人不须先行使向其他受益方要求分摊的权利，但在实务中，保险公司仍然是这样做的，即将货物遭受的共同海损牺牲作为单独海损来处理，先予赔付，当然，保险人享有向其他受益方要求分摊的权利。

对于被保险人应承担的共同海损费用的分摊（如拖轮费用），货物保险人并不先行负责赔偿，需要先理算，货物保险人承担的是货物应分摊的共同海损责任。

海上保险中的救助费用即为救助法律中的救助报酬，救助报酬给付以海上财产安全获救为前提条件。一般情况下，救助费用都可以列为共同海损的费用项目，因为它通常是在船、货各方遭遇共同危难的情况下，为了共同安全由其他船舶前来救助而支出的费用。各国海上保险法律和海上保险单都将救助费用列为保险人的承保责任。

8. 运输契约订有“船舶互撞责任”条款时，根据该条款规定应由货方偿还船方的损失

此条规定与协会货物保险条款第3条“双方有责碰撞条款”的规定相同，使被保险人最终能够就其所遭受的损失得到充分的赔偿。

（二）水渍险（With Average，WA）

水渍险的责任范围，是在平安险的上述八项承保责任的基础上，增加承保货物由于恶劣气候、雷电、海啸、地震、洪水等自然灾害造成的部分损失。相应地，施救费用的赔偿范围也有所扩大。水渍险承保的风险仍属于列明风险，被保险人向保险人索赔时，负责证明损失的近因是承保风险。

可见，平安险和水渍险的承保责任的差异并不太大，因为被保险货物如果因承保风险造成全部损失，无论是平安险还是水渍险，保险人都是要赔的。只有在发生部分损失的情况下，两者才有所不同：水渍险对于不论是自然灾害或意外事故所造成的部分损失均予赔偿；平安险对于由意外事故造成的部分损失负责，对由于自然灾害所造成的部分损失一般不予负责，但是在运输过程中如运输工具发生了搁浅、触礁、沉没或焚毁的情况下，即使是自然灾害所造成的部分损失也予以负责。

（三）一切险（All Risks）

一切险所承保的风险，除包括上述水渍险的各项责任外，还负责被保险货物在运输途中由于一般外来原因所致的全部或部分损失。具体说，一切险是水渍险和一般附加险的总和，但不包括特殊附加险（战争、罢工风险）和特别附加险（甲板风险和拒收风险等）。而一般附加险包括偷窃、提货不着险、淡水雨淋险、短量险、混杂沾污险、渗漏险、碰损破碎险、串味险、受潮受热险、钩损险、包装破裂险和锈损险。

由此可见，一切险的承保责任也是有一定的范围的，它的承保责任虽比水渍险更广，但保险人并不是对任何风险所致的损失都负责。对于一些不可避免的、必然发生的危险所造成的损失，如货物的内在缺陷和自然损耗所致损失，以及运输迟延等所致损失，保险人均不负责赔偿。另外，一切险的承保责任仍然属于列明风险式，被保险人仍然负有举证责任，证明损失是由承保风险造成的，这一点不同于ICC（A）条款。

（四）保险期限

我国海上货物运输保险的保险期限采用“仓至仓”条款。规定保险人对被保险货物所承担的责任是从货物运离保险单所载明起运港发货人的仓库时开始，一直到货物运抵保险单所载明的目的港收货人的仓库时为止。

三、我国进出口货物运输保险实务

（一）保险险别的选择

保险人承担的保险责任，是以险别为依据的，在不同的险别下，保险人承担的责任范围不同，保险货物在遭受意外损失时可能获得的补偿不同，保险费率也不相同。所以投保时应选择适当的险别，以保证货物获得充分的经济保障，并节省保险费开支。在国际贸易业务中，买卖双方如果采用FOB或C&F条件成交，因保险是由买方自己负责办理，贸易双方不会在险别的选择上发生争议。但在采用CIF条件成交时，由于卖方负责办理投保，而不承担货物在运输途中的风险，卖方为了节省保险费的支出，总希望选择保险责任较小的险别；而买方为了获得更大的保险保障，则希望选择保险责任较大的险别。因此买卖双方在订立贸易合同时，应对投保险别做出明确的规定，以免日后在执行合同过程中发生争议和纠纷。

选择什么险别，应视保险货物在运输作业中可能遭遇的风险而定。一般须考虑下列因素：

第一，货物的性质和特点；

第二，货物的包装；

第三，运输路线及港口情况；

第四，目的地市场的变动趋势。

以上是投保人在选择险别时需要考虑的基本因素。由于进出口货物运输保险承保的基本风险是在运输途中因自然灾害和运输工具遭受意外事故所造成的货物损失，所以选择投保险别应首先在基本险别中选择平安险或水渍险，然后再根据需要加保必要的附加险别。如果根据商品特点和运输情况，货物遭受外来原因风险的范围较广，遭受损失的可能性较大，则可选择基本险别中的一切险，而不需加保一般附加险。至于特别附加险，则是在特定情况下按需要投保的，例如载货船舶航经的海域或卸货口岸局势紧张，或已发生武装冲突，则可加保战争险，以获得充分保障。

（二）保险金额的确定

1. 出口货物保险金额的确定

在以 CIF 条件成交情况下，由出口方投保货运险。出口货物的保险金额一般是以货物的发票价为基础，再予以一定加成计算的。若无特殊情况，加成率一般为 10%。这样，出口货物的保险金额就是其发票金额的 110%。投保加成是保险中的特例，这是由对外贸易的特殊性所决定的。因为运输是一种经营活动，货物在一地的价值与另一地的价值可能发生差异。如果仅以 CIF 货价作为保险金额，在货物发生损失时，买方已经支付的经营费用和本来可以获得的预期利润仍然无法从保险人处获得补偿。因此，各国保险法及国际贸易惯例一般都规定进出口货物运输保险的保险金额可在 CIF 价基础上适当加成。

按照国际商会《贸易术语解释的国际通则》的有关规定，加成率一般为 10%，但这并非一成不变。被保险人与保险人可以根据不同货物、不同地区进口价格与当地市价之间的差价所决定的预期利润水平、买方的经营费用等约定不同的加成率，但最高不超过 30%。

保险金额 = CIF 价 ×（1+加成率）

2. 进口货物保险金额的确定

在以 C&F 或 FOB 条件成交情况下，由进口方投保货运险，并按同保险公司签订的预约保险合同的有关规定办理。

按 C&F 价进口时，

保险金额 = C&F 价 ×（1+平均保险费率）

按 FOB 价进口时，

保险金额 = FOB 价 ×（1+平均运费率+平均保险费率）

在上述进口货物保险金额的计算公式中，平均运费率和平均保险费率在预约保险合同中均已列明，目的是为了简化手续，方便计算。

（三）投保注意事项

保险公司接受保险是根据投保人的申报来确定，出立保险单则是按照投保人的填报内容为依据。投保人在填写投保单时应注意：

首先，投保时所申报的情况必须属实。包括货物的名称、装载的工具以及包装的性质等。

其次，投保的险别、币制与其他条件必须和信用证上所列保险条件的要求相一致。卖方、买方银行在审查出运单证时，对保险单上所列各项内容必须对照信用证，如有不符合可以拒绝接受保险单。即使卖方银行未发现不符通过了，买方银行在审证时也可以拒绝付款。

再次，投保的险别和条件要和售货合同上所列的保险条件相符合，以做到重合同、守信用。

最后，要注意尽可能投保到内陆目的地。

（四）保险单的转让

保险单的转让是指保单持有人将保险单所赋予的要求损失赔偿权利以及相应的诉讼权转让给受让人。因而，保险单的转让即保险单权利的转让。这种权利的转让同保险货物本身所有权的转让是两种不同的法律行为。买卖双方交接货物，转移货物所有权，并不能自动转移保险单的权利。

货物运输保险单保障的是运输途中的货物，谁承担运输作业中的风险，理应由谁办理投保并掌握保险单。但是买卖双方如按 CIF 条件达成交易，按惯例，货物在运输中的风险由买方承担，而办理投保是卖方的义务。卖方在履行完毕交货义务，将货物所有权转移出去之后，对运输作业中的货物就不再拥有可保权益，需将保险单随同运输单和其他单据一起转交买方，实现保险单权利的转让。货物抵港如发现保险责任范围内的损失，买方作为保险单受让人或合法持有人便可行使被保险人的权利，向保险人要求损失赔偿。

转让保险单，一般采用空白背书的方式办理，按照国际货物运输保险习惯，被保险人转让保险单，可以在发生损失之前办理，也可以在发生损失之后办理，均不影响保险效力，而且事前事后都无须通知保险人。

（五）被保险人的索赔义务

当被保险人保险的货物遭受到损失后，向保险公司的索赔问题就产生了。被保险人获悉货物受损有两种情况：一种是运输工具在途中遭遇意外事故，例如船舶搁浅、火车出轨使货物严重遭损，这种情况，被保险人往往当时就能知道；另一种是货物抵达目的港（地）以后，被保险人在码头提货或者在自己的仓库、储藏处所发现损失。不论哪一种情况，被保险人都应该按照保险单的规定向保险公司办理索赔手续，同时还应以收货人的身份向承运方办妥必要的手续，以维护自己的索赔权利。

1. 损失通知

被保险人获悉或发现保险货物已经遭损时，应该马上通知保险公司。因为一经通知，表示索赔行为已经开始，不再受索赔时效的限制，保险公司在接到损失通知后即能采取相应的措施，如检验损失、提出施救意见、确定保险责任、查核发货人或承运方责任等。在出口货物运输保险单上都写明了保险公司在目的港

（地）的检验、理赔代理人名称、地址，被保险人或他的代表可就近通知代理人，并申请对货损进行检验。检验完毕应取得检验报告，作为向保险公司索赔的重要证件。

2. 向承运人等有关方提出索赔

被保险人或其代理人在提货时发现货物的包装有明显的受损痕迹，或者整件短少，或者散装货物已经残损，除按上面所说的向保险公司报损外，还应该立即向承运方、受托人以及海关、港务当局等索取货损货差证明。特别是当这些货损货差涉及承运方、受托方或其他有关方面，如码头、装卸公司的责任时，应该立即书面向他们提出索赔，并保留追偿权利。

3. 采取合理的施救、整理措施

保险货物受损后，作为货方的被保险人应该对受损货物采取必要的施救、整理措施，以防止损失的扩大。

4. 备全必要的索赔单证

保险货物的损失经过检验，向承运方等第三者的追偿手续办妥后，就应向保险公司或者他的代理人提请赔偿。提赔时应将有关的单证附上。通常应提供：

（1）保险单或保险凭证正本

这是向保险公司索赔的基本证件，用以证明保险公司承担的保险责任及其范围。

（2）运输契约

包括海运提单、陆空运运单等运输单证。这些单证证明保险货物承运的状况，如承运的件数、运输的路线、交运时货物的状态，以确定受损货物是否保险人所承保的以及在保险责任开始前的货物情况。

（3）发票

这是计算保险赔款时的数额依据。

（4）装箱单、磅码单

这是证明保险货物装运时件数和重量的细节，是核对损失数量的依据。

（5）向承运人等第三者责任方请求赔偿的函电或其他单证和文件

这些文件中往往应包括第三者责任方的答复文件，这是证明被保险人已经履行了他应该办的追偿手续，即维护了保险公司的追偿权利。

（6）检验报告

这是证明损失原因、损失程度、损失金额、残余物资的价值以及受损货物处理经过的证明，是确定保险责任和应赔金额的主要证件。

（7）海事报告摘录或海事申明书

当船舶在航行作业中遭遇海事，属于人力不可抗拒的事故。船长要在海事日志中记录下来，同时他要申明船方不承担因此而造成的损失。这些证明，与保险公司确定海事责任直接相关，碰到一些与海难有关的较大损失的案件，保险公司将要求提供此种证据。

(8) 货损、货差证明

保险货物交给承运人运输时是完好的，由承运人签发清洁提单或者无批注的运单。当货物抵达目的地发现残损或短少时，要由承运人或其代理人签发货损、货差证明，既作为向保险公司索赔的有力证明，又是日后向承运方追偿的根据。特别是整件短少的，更应要求承运方签具短缺证明。

(9) 索赔清单

这是被保险人要求保险公司给付赔款的详细清单，主要写明索取赔款数字的计算依据以及有关费用的项目和用途。

5. 等候结案

被保险人在有关索赔手续办妥后，即可等待保险公司最后审定责任，领取赔款。在等待过程中，有时保险公司发现情况不清，需要被保险人补充提供的，应及时办理，以免延迟审理的时间。如果向保险公司提供的证件已经齐全而未及时得到答复，应该催赔。保险公司不能无故拖延赔案的处理。

(六) 损失的确定与责任的审定

1. 检验报告的审核

保险货物发生损失经检验后就应该填制检验报告，作为审核赔案责任的依据。因为出口货物的损失大部分是在异国发生，需要依靠目的地的检验、理赔代理人来进行检验工作。所以承保公司对赔案责任的审定，主要是通过检验报告的各项内容来加以判断的。出口货物运输保险的损失检验报告的具体内容包括：申请检验人；收货人；申请检验日期；检验的日期和地点；航行情况；转船情况；船舶到达卸载港和卸货完毕日期；转运内陆情况；提货日期；包装情况；承运人签证；海事情况；清洁收据；检验成员；追偿情况；舱面装载；货损情况、原因、性质和程度。

2. 责任的审定

货物受损经过检验，损失原因也属于承保风险，这时赔案就进入审定保险责任的阶段。保险责任是通过保险单上的条款加以明确的，这是理赔工作的依据，对属于责任范围内的赔案，保险公司要及时理赔；对于不属于保险责任的案件，也要将拒赔的理由讲清楚。对基本险、附加险责任的审定，都应按照它们各自险别条款所规定的责任范围来掌握。

(七) 赔款计算与给付

赔案经审定属于保险责任后，就需要进行具体计算，以确定应赔数额。不同的损失情况有不同的赔款计算方法。

1. 全部损失

进出口货物运输保险通常都是定值保险，保险货物遭受全部损失（实际全损或推定全损），都以保险单上载明的保险金额为准，全额赔付，如有损余应折归保险公司所有。

2. 部分损失

（1）保险货物遭受数量损失

$$赔款=\frac{保险金额\times损失数量（重量）}{保险货物总量}$$

（2）保险货物遭受质量损失

$$赔款=\frac{保险金额\times（货物完好价值-受损后价值）}{货物完好价值}$$

上述公式中的货物完好价值和受损后价值，一般以货物运抵目的地市场价为准。如果货物受损后在运输途中处理，则以处理地市价 为准。

（3）保险货物亏损出口，受损后货物的损余价值超过保额

由于某种原因，有些出口货物是亏损出售的。出口价低于国内市场价格，发生损失，在国内处理可能发生货物损余价值高于保额的 情况。

$$赔款=\frac{保险金额\times（国内货物完好价值-国内货物受损后价值）}{国内货物完好价值}$$

（4）损余价值的确定

保险货物的损余，对实际赔偿额有很大的影响。损余价值确定得是否合理，应根据案情，从货物的性质、完好价格、受损状态、供求关系、过去处理同类货物的经验等方面加以比较分析。对国际贸易货物损余的确定，还应进一步考虑国外市场和国内市场的区别。

（5）填制赔款计算书

赔案经计算完毕后，要填制赔款计算书作为给付赔款的依据。

（八）理赔代理

为便于及时办理保险货物在国外发生损失的检验和赔案审核，凡经营国际贸易货物保险业务的保险公司，都在国外主要港口和城市委请理赔检验代理人。代理人是代表委托公司利益的，在授权范围内有权处理有关保险的理赔，如给付赔款、检验、定损、追偿和损余处理等事项。

1. 代理人的任务和权限

海损代理人（Average Agents）是代保险公司检验保险货物和处理赔款代理人的通称。一般分为检验代理人和理赔代理人两种。

（1）检验代理人（Survey Agents）

当保险货物发生损失时，检验代理人仅代保险公司检验货物的损失，不负责处理案件，不代给付赔款。收货人取得检验报告后，附上其他单证自行向保险公司索赔。

（2）理赔代理人（Claimsettling Agents）

这种代理人不仅代保险公司检验受损保险货物，而且还代保险公司处理赔

案、给付赔款。这类代理人也有两种：一种是没有核赔权的，就是保险公司没有开给代理人信用证，代理人对审核赔案提出意见，并将赔案全卷寄给保险公司出单机构，经其核定后如同意赔付，则将赔款汇给代理人转交给收货人；另一种是有核赔权的，由保险公司开给代理人一定数额的银行信用证，授权其在一定金额内可以凭规定的单证，向当地银行就地支取赔款，给付收货人。授权的金额，根据业务需要和代理人的资信能力等有所不同。

一般来说，保险公司的信用证是不可撤销和循环（Irrevo-cablerevolving Letter of Credit），即每笔赔款一经支取后，信用证金额即自动补足。因此，保险公司需要对代理人的赔款进行登记，以防止重复支取赔款。

规定代理人的权利和具体任务通常是由保险公司和代理人拟定协议加以明确。协议中主要规定：代理人有权核定赔款的金额，给付赔款必须提供的索赔单证，代出共同海损担保的授权，代办追偿的范围、收费的标准、赔款结算的手续等。对于需要诉讼的案件，除非经保险公司特别授权，代理人一般是无权代办的。

2. 代理人的使用与考核

代理人是代表保险公司进行工作的，用好代理人有利于赔案的及时处理，并能扩大保险公司的影响。与此同时，保险公司也需注意防止代理人滥用职权，以免损害其信誉和经济利益。对表现好，工作效率高，工作质量好，能够维护本公司权益的代理人，一般来说保险公司授予他的核赔权要大些；对工作不称职的代理人，往往根据不同情况或提出改进意见或缩小其代理范围。对代理人的考核则是保险公司经常应注意的工作，主要从服务资信、工作质量、工作效率以及费用收取是否合适等方面加以考核，考核的目的是为了积累系统的资料，正确使用代理人。

3. 代理人对信用证的使用

代理人的权限，很大程度上表现为对赔案核定权的大小。也就是说代理人不必事先经过保险公司的同意，可以自行决定给付赔款。为了便于代理人支付赔款，往往由保险公司开给他们不可撤销和循环的信用证。这种信用证每年开一次，有效期为一年。

第三节　出口信用保险

出口信用保险是在政府的扶持下，对本国出口商提供出口贸易收汇风险保障的一种特殊保险业务。出口信用保险问世一百多年来，在国际贸易中扮演着重要的角色，备受各国政府和出口商的青睐，显示出强大的生命力。

一、出口信用保险的起源和发展

出口信用保险是在商品出口或相关经济活动中，保险人（经营出口信用保险业务的保险公司）与被保险人（向国外买方提供信用的出口商或银行）签订的一种保险协议。根据该保险协议，被保险人向保险人交纳保险费，保险人赔偿保险协议项下被保险人向国外买方赊销商品或贷放货币后因买方信用及相关因素引起的经济损失。

在理解出口信用保险概念时，需注意三点：

第一，出口信用保险与商品输出紧密相关，并以支持商品输出为宗旨。

第二，出口信用保险承保的是被保险人向国外买方提供信用后，由于国外买方及其有关各方不遵守约定的契约，而给被保险人造成的损失。因此，可以把出口信用保险理解为债务人信用的保险。

第三，被保险人给债务人的信用包括商品的赊销、货币的借贷和货币借贷支持下的商品赊销，不是仅对出口信贷的保险。

出口信用保险起源于国内商业信用保险，但其并不是国内信用保险的一般延续。出口信用保险的真正发展是同国际贸易的发展历程密切相关的，出口信用保险的产生直接来自国际贸易的需要。19 世纪后半叶，随着英国海外贸易的不断开拓，出口货物逐渐增多，收汇风险日益增长，贩运商品至澳大利亚的英国商人开创了历史上有记载的投保出口信用保险的先河，出口信用保险日益为人们所重视。到 21 世纪初，已出现了专业的出口信用保险公司，但这时仍只限于私人市场。

第一次世界大战以后，出口贸易在改善一国国际收支，增加国内就业，刺激经济发展中发挥着重要作用，世界各国政府普遍把扩大出口作为本国经济发展的主要战略，一些国家的政府纷纷介入出口信用保险。当时，英国政府希望在促进国内经济发展的同时，协助重建欧洲，它强烈希望迅速促进贸易的恢复，并给予出口商收汇风险的保障。1919 年，英国的出口信用担保局（The Export Credit Guarantee Department，简称 ECGD）成立，标志着世界上第一个官办的出口信用保险机构的产生。

1929—1933 年的世界性经济危机后，整个资本主义国家的工业生产下降了 37%，世界贸易额减少了 66%，各国信用保险业务受到了致命冲击。危机过后，受英国启发，许多西方国家纷纷效仿，先后成立了专门机构来经营出口信用保险，信用保险制度进一步完善。

1934 年，英国、法国、意大利和西班牙的私营和国家信用保险机构成立了“国际信用与投资保险人联合会”（International Union of Creditand Investment Insurers，简称伯尔尼协会，Berne Union），交流办理出口信用保险业务的信息。这标志着出口信用保险已为世界公认，出口信用保险事业的发展已上升到了相当的高度。

在西方发达国家日益重视出口信用保险发展时，发展中国家也开始起步。其中，印度是发展中国家最早建立出口信用保险制度的国家。1957 年由政府组建了“印度出口信用担保公司”，负责对印度的出口提供信用。与此同时，发展中国家成立了一些区域性的联合组织，如设在科威特的阿拉伯国家投资担保公司于 1985 年提供出口信用保险，以及以非洲国家为主的达喀尔联合会等。

第二次世界大战后几十年中，各国的信用保险业务在政府财力等方面的支持下，逐步稳定地发展起来，至今在世界各国几乎都形成了完善的信用保险制度和固定的信用保险机构。当今，由于各国政府对出口信用保险事业的高度重视，出口信用保险事业蒸蒸日上。

二、出口信用保险的特点

出口信用保险不同于一般的商业性保险，主要有以下特点：

（一）不以盈利作为经营的主要目标

出口信用保险产生的直接原因是出口贸易发展的需要。开办出口信用保险业务的各类机构均公开宣称其经营目标是保护本国出口商的利益，为出口商扩大出口提供安全保障。在政府的支持下，出口信用保险机构既不希望亏损，也不希望过于谨慎或因收取过高的保费而不能为出口商提供价格合理、有竞争力的服务，所以其收取的保费以“保本”为原则。有时，出口信用保险机构不惜以亏损来支持出口。以实现国家整体经济利益的要求。但是，不以盈利作为经营主要目标并不意味着出口信用保险机构不讲究经济效益；恰恰相反，出口信用活动中的高风险要求出口信用保险机构严格控制风险，加强管理，力求以最小的成本换取最大的利益。

（二）政府参与办理

出口信用保险的经营目标、所承保风险的性质及承保标的，决定了它是一种离不开政府支持和参与的险种。政府对出口信用保险的支持和参与主要体现在：

1. 财政上相助

为了充分发挥出口信用保险对国家出口的促进作用，各国政府通过贷款、设立赔款准备金、贴现票据和再保险等不同的方式，向出口信用保险注入大量的资金。

2. 规范经营和管理

许多国家在出口信用保险业务开办伊始或办理过程中，颁布专门的法律或有关国家政令，对办理出口信用保险的宗旨、经营目标和方针政策、财务核算办法、机构、人员的设置及归属均做出了明确的规定，以使出口信用保险的经营符合本国利益和达到支持出口的目的。

3. 提供各项优惠政策

为了扶助出口信用保险业务的开展，几乎所有国家的政府都为此项业务提供了优惠政策，如免征一切税赋、赋予资金较大的运用权限等。

4. 参与重大经营决策

很多国家政府专门设立由有关政府部门，如外交、工业、贸易、中央银行、财政等官员组成的部际委员会，部际委员会定期召开会议，批准出口信用保险的承保方针、地区政策和进行重大经营项目的决策。有一些国家的出口信用保险机构的年度财务报告要提交国会或议会审批。

（三）风险较高，难以控制

出口信用保险承保的风险有两类，即商业风险和政治风险。政治风险一般包括：买方所在国家实行外汇控制，限制汇兑；买方所在国家实行进口管制；买方的进口许可证被撤销；买方所在国家或有关的第三国颁布延期支付命令；买方所在国家或有关的第三国发生战争、动乱等非常事件。商业风险一般包括：买方无力偿还货款或破产；买方收货后拖欠货款；买方违约拒收货物等。由于造成买方违约的原因较为复杂，特别是政治风险难以预料，所以出口信用保险业务风险的概率较高而且难以控制。

三、出口信用保险的作用

当今，出口信用保险被公认为国际贸易的重要促销手段，其原因就在于它具有下述作用：

（一）为出口商选择灵活支付方式，增强出口产品的竞争力提供安全保障

货款的支付是国际贸易的重要环节，支付条款由支付方式来决定。支付方式上的差异不仅涉及买方支付费用的大小，而且涉及卖方是否向买方提供信用销售及卖方安全收汇等重大问题。在出口商品的质量、价格、花色品种及售后服务基本相同的情况下，支付方式往往成为促使合同成交的有力竞争手段。

第二次世界大战后，随着国际贸易的发展，国际市场上出现了依靠延期付款条件来扩大出口的趋势，信用证、汇付、托收、赊账销售成为国际贸易中常用的支付方式。国际贸易支付方式存在着这样或那样的风险，出口商想灵活选择支付方式，就直接对出口信用保险提出了客观需要。出口商投保出口信用保险后，通过缴纳很小比例的保险费，就可将灵活支付时所承担的风险转嫁给保险公司，做到既增加产品的出口，又不承担采用灵活支付方式时产生的风险。

（二）为出口商获取银行融资提供便利

出口信贷是国际贸易中一种重要的贷款，它是官方支持下的出口信贷机构向本国出口商发放的低息或贴息贷款。贷款金额大、贷款期限长和利率优惠是出口信贷的三大特点。出口信贷虽然是支持出口的政策性贷款，但并非不讲贷款条件。出口商获得出口信贷最基本的前提条件是其商务合同必须投保出口信用保险，或出口信用保险机构为出口商的借款出具还款担保。目前，各国设立出口信贷机构主要有三种形式：一种是把融资与保险分开，一方面设立一个进出口银行

在国内外金融市场上为出口融资筹措资金，另一方面又设立一个保险机构提供出口信用保险，如北欧国家；一种形式是把融资与保险结合在一起，由政府设立一个进出口银行或其他类似的机构，既提供出口融资又提供出口信用保险，如美国等；第三种形式是一些国家的出口信贷机构只是一个保险人，它向商业银行提供担保，促使商业银行提供出口信贷资金，如韩国。由上可以看出，出口信贷是保险业务与银行业务的融合，只有二者密切合作，出口信贷才能 运行。

除了政策性贷款外，如果出口商为其出口产品投保了出口信用保险，他可以用出口信用保险单作为抵押，向商业性金融机构申请抵押贷款或担保贷款。

（三）为出口商提供买方资信调查和市场信息服务

出口商对进口商的财务状况、资信等级和偿还能力、近期产品营销和中远期市场预测等一系列信息，限于人力、物力、财力的原因，不可能有十分清楚的了解。在这种情况下，投保出口信用保险，利用出口信用保险机构的信息咨询服务，就能使出口商便利地获取所需信息。出口信用保险机构在经营过程中，需要大量借助于买方及买方国的商业情报来控制风险。由于信息收集范围广、数量大，加之拥有一批知识全面、业务精湛、通晓国际商情的专职市场调研人员，他们凭借手中掌握的大量信息资料，包括与世界一些大的信息资信评估机构的电脑联网，可向出口商提供所要了解的国外买方的各种信息。出口信用保险机构还可以根据自己的经验，向出口商提出有价值的建议。另外，当卖方追讨买方货款发生困难时。出口信用保险机构可向其提供风险管理服务，指导其采取某些合理措施，尽量减少其损失。

四、出口信用保险的经营原则

出口信用保险的经营既应遵循保险经营的一般原则，又要符合出口信用保险业务的自身特点。出口信用保险的经营原则归纳起来有下述几点。

（一）风险共担原则

风险共担原则指保险机构对出口商投保的出口信用保险项下的出口实行比例承保或非定额承保，并对已承保的出口进行再保险。风险共担原则指导下的出口信用保险经营有三个特点：

第一，保险人根据被保险人投保出口的国家、买家、信用期限、信用金额等因素，逐一确定其所承担风险的比例；

第二，各国出口信用保险人承担风险的比例有降低的趋势；

第三，出口信用保险的再保险人多为本国的政府机构。

风险共担原则的意义表现在：

（1）有助于出口信用保险的稳定经营

出口信用保险并不以盈利为主要经营目标，为了达到支持本国商品出口的目的，基本上是微利经营，实行风险共担。出口信用保险机构将所承担的部分风险分给投保人和再保险人，使出口信用保险的赔付率基本维持在政府财政所能承担的水平上，就能避免出口信用保险机构出现巨额亏空，也不致给本国财政造成巨大的压力，为出口信用保险业务的稳步发展创造有利条件。

(2) 有助于出口商和保险机构密切合作，共同控制风险，减少损失

在风险共担原则下，保险机构承保出口信用政治风险保险的最高比例为95%，最低只有85%；商业风险保险最高比例为90%，最低只有70%。出口商承担风险的比例越大，它就越关注国外买方的政治风险和商业风险，会采取更积极的方式收款。风险共担把保险人和被保险人的经济利益紧紧地连在了一起，科学地预测风险，积极地控制风险，最大限度地减少风险造成的损失，成为双方的共同愿望。

(二) 费用合理原则

这一原则是指出口信用保险经营厘订费率所依据的标准。在出口信用保险中，保险费作为对保险人承诺分担风险的对价，表现为一种有限对价，即它不足以抵补经营中的赔款支出。出口信用保险费率遵循收支基本相抵的原则，具有较大的变通性，以适应所保风险不稳定的特点。出口信用保险的费率分为基础费率和附加费率。决定基础费率的因素是：①信用期限；②国家风险类别；③还款形式。短期出口信用保险表现为支付方式，中长期出口信用保险表现为商业银行担保下的还款，或中央银行担保下的还款，或政府担保下的还款等。附加费率的大小取决于出口商品的性质、出口商的经营历史和经验、信用限额的大小以及买家的资信状况等。

被保险人（出口商）所需缴纳的保费是在基础费率基础上考虑附加因素后所确定的费率。出口信用保险实行逐一厘订费率的原则，并在保险单生效后一次性交纳。

(三) 买方信用限额申请原则

买方信用限额申请原则是出口信用保险经营的特有原则。它是指出口商应根据保险条款的规定，为其对特定国外买家的信用销售向出口信用保险公司申请买方信用限额。买方信用限额具有下面的性质：

第一，买方信用限额是保单对被保险人向某特定买方出口货物所承担的最高赔偿额。如果出口商因国外买方违约向出口信用保险机构索赔，保险机构支付赔款的上限是买方信用限额。

第二，买方信用限额可循环使用。出口商为某一国外买方申请买方信用限额，经保险人批复，一旦确定下来，即可循环使用。该信用限额不受时间、出口商品性质的限制，除非保险人书面通知被保险人更改或终止此信用限额。在买方信用限额申请原则下，如果出口商超限额出口，损失超出此限额，将由其自行承担。

（四）赔款等待期原则

赔款等待期原则是出口信用保险定损核赔所遵循的主要原则之一。它是在被保险人提出索赔申请并按保险条款的规定提交有关证明损失已发生的文件后，除条款规定买方被宣告破产或丧失偿付能力后即可定损核赔外，对其他原因引起的标的损失，保险人并不立即定损核赔，而是要等待一段时间后再做处理。

规定赔款等待期原则，可以消除一些虚假性致损风险原因，达到预防损失的目的。出口信用保险实行赔款等待期的意义是：

第一，承保标的风险已发生，但出口商的货款仍有收回的可能；

第二，有助于出口商协助保险人追讨债务人的欠款，减少损失；

第三，有的国家法律对拖欠违约有不同的释义。

各国出口信用保险机构对赔款等待期的规定不同，一般为4~6个月。出口信用保险中能立即定损核赔的风险，如买方破产则不需要等待期，因为在此类情况下的任何延误，均会增大保险人和被保险人的损失。

五、出口信用保险的分类

（一）中长期出口信用保险

中长期出口信用保险主要适用于资本性货物的出口。资本性货物主要是指机械、电子成套设备及飞机、船舶等大型运输工具。资本性货物的出口往往伴随着技术和劳务的出口，有时表现为工程项目的承包。由于这类货物的出口合同金额较大，买方通常要求延期付款，由于延期付款时间长，出口商存在着较大的出口收汇风险。中长期出口信用保险旨在解除出口企业出口资本性货物过程中的后顾之忧，以便他们大胆参与国际竞争，扩大我国大型机电产品和成套设备的出口，推动我国机电工业的发展。

1. 投保中长期信用险的出口项目应具备的条件

包括：①出口项目符合我国法律及政策规定，经政府有关部门批准；②出口商品属于机电产品或成套设备等资本性货物；③出口商品在中国制造的部分不少于70%（船舶不少于50%）；④合同金额在卖方信贷项下不低于50万元，在买方信贷项下不低于100万元；⑤信用期不少于1年，一般不超过10年；⑥出口企业具有相应的签约资格和履约能力；⑦买方资信可靠，有相应的财务实力；⑧买方所在国政治经济形势稳定；⑨买方向卖方提供承保机构认可的付款或还款担保；⑩出口信贷融资落实。

2. 出口企业与承保机构的联系

中长期出口信用保险一般应在出口合同签订后办理投保手续，但与承保机构联系应更早一些，最早可在投标之前或仅有不确定的合同意向时。通过向承保机构说明拟议中合同的基本情况，承保机构即可据以出具保险意向书，表明是否承保的基本态度并提供参考费率及有关的保险条件等。这样，出口企业心里就有了底，可在下一步合同谈判的过程中，按照承保机构提供的参考费率将保险费打入合同报价，并按照要求规范合同条件，防止签约后发现问题造成被动。承保机构出具保险意向书需收取少量手续费，但若事后项目谈成，在正式承担时可将手续费从保险费中扣抵。

3. 中长期出口信用保险的保险费

中长期出口信用保险的费率是在“保本经营”的原则之下，参考国际水平，按照风险大小合理负担，逐个项目确定的。由于影响因素多，过程复杂，出口企业难以自行计算。影响费率高低的主要因素是：进口国别；买方性质；信用期限；担保情况。因此，在这四方面争取较好的条件，保险费负担就有可能降低。

中长期出口信用保险的保费，不论在买方信贷项下还是卖方信贷项下，均由出口企业负责缴纳。因此，出口企业从一开始就应将此项费用记入合同成本并打入合同报价内，也可在总合同价外另外单列，由买方先付给出口企业。在买方信贷项下保险费也可在贷款协议内作为费用单列，由买方通过贷款银行付给承保人。但不论买方支付多少保险费给卖方，出口企业需负责按照承保人所规定的金额向承保机构缴纳保费。一般情况下，保费应于签发保单时一次缴清，但对金额较大的合同，安排分期缴纳也是可能的。

4. 企业投保中长期出口信用保险需履行的手续

第一阶段，询保。出口企业可在项目投标或商务合同洽谈前与承保人联系，填写询保单，经初审合乎条件，保险机构即出具有条件的保险意向书，附参考费率及保险条件，供出口企业联系银行融资及测算项目成本之用。需要说明的是，询保只是初步意向的探询，对双方都不具备法律效力。假如有关的商务合同已经谈订，询保已无必要，出口企业可直接办理投保手续。

第二阶段，参与。对有些项目，保险机构将要求参与有关项目的考察、商务合同及信贷协议的谈判，以了解别国风险及项目情况，作为制定保险条件和保险费率的依据。

第三阶段，投保。在商务合同及贷款协议谈判后期，只要基本条件谈定，拟出文件草本，出口企业即可填写正式投保单向保险机构投保。投保是具有法律效力的行为，投保人必须按照投保单的要求详尽填写每一栏目，没有情况的要填“无”字，不得保留空白。投保单是保险合同的组成部分，投保人必须保证所填内容的真实性，不得故意误报、漏报与风险有关的重要情况，否则有可能导致保险合同无效的严重后果。出口企业在向保险机构提交投保单时还应随附以下资料：①有关部门的项目批件；②营业执照复印件；③商务合同及贷款草本；④项目可行性研究报告；⑤国外进口商资信材料；⑥进口国情况报告等。

根据投保单及投保人提供的有关资料，承保机构将进行认真研究，做出综合评价，最终决定是否承保。承保意见书将待有关的商务合同及贷款协议签订后送交投保人，内含全部保险条件及实际的保险费报价，要求投保人在规定时间内回函确认是否接受。

第四阶段，承保。承保意见书一经投保人接受，即意味着保险合同已经达成。据此，承保人将按照有关授权的规定，在卖方信贷项下向出口企业签发中长期出口信用保险单，在买方信贷项下与出口企业签署保费协议并与贷款银行签署担保协议。

5.“出运前风险”能否得到保障

“出运前风险”是指在货物发运前，出口合同由于并非出口商方面的原因而终止所造成的风险。合同终止可能是商业风险造成的，如买方破产，买方违约不付定金、预付款、不按期开出信用证，或买方单方面宣布合同终止等；也可能是政治风险造成的，如买方所在国政治经济形势恶化、政策法令改变等，致使合同无法履行。出运前风险有可能给出口商带来损失。如果是非标准的、转卖性差的商品或批量比较大的订单，后果可能更加严重。对于中长期资本货物的出口，由于生产周期长，占用资金多，合同责任复杂，因出运前风险造成损失的可能性也比较大。因此，出口企业在投保中长期出口信用险时需慎重考虑，是否需要安排出运前风险的保险。在卖方信贷项下，中长期出口信用保险单可附加承保出运前风险，保险单自合同生效即开始负责。在买方信贷项下，如果商务合同及贷款协议规定不能保证出口商在合同终止情况下仍享有从贷款项下得到支付货款的权利，出口商则需要考虑另外办理出运前风险的保险。出运前风险的保险费，也是按时间长短和风险大小计算的。出运前保险的赔偿责任，则是按出口商已发生的直接成本为基础计算的。

（二）短期出口信用保险

所谓“短期”是指出口合同的信用期限最长不超过一年。短期出口信用保险在绝大多数情况下采用综合险保单。这是指采用总括方式进行承保。在综合险保单下，出口企业只能投保其适用于保单承保范围的全部出口，而不能只选择其中一部分业务投保。之所以如此，是因为承保方需要分散风险，如果投保集中在最差的国别和最差的买家，保险将实际上无法进行；另一方面，综合险保单对于绝大多数出口企业也是划算的，因为只有实行总括方式才能使保险费降低到可接受的水平。

1. 适用范围

短期出口信用综合险适用于包括机电产品在内的各类商品的出口合同。其基本适用范围需满足三个条件：①付款方式采用凭单付现、即期汇票、付款交单、承兑交单、赊销等放账方式；②信用期限不超过 180 天；③出口产品全部或大部分在中国制造。

短期出口信用综合险还可扩展到承保下述出口合同：①付款方式采用即期或远期信用证；②信用期超过 180 天但不超过 365 天；③进口商品的再出口。

扩展承保范围需在保单上批注或加贴批单。

2. 被保险人注意事项

（1）对保单适用范围内的出口需全部投保

所谓“全部投保”，是指被保险人将选定的投保范围（非信用证方式，或信用证方式，或非信用证方式加信用证方式）内的所有出口逐笔、按时向承保机构申报，并按规定缴纳保费。全部投保有助于制定一个合理的费率。如果被保险人只投保单一买家的收汇风险，必将导致费率大大提高。

（2）办理出口申报时的注意事项

及时申报。晚于条款规定的时间申报有可能遭承保人拒绝，导致漏保。

全部申报。按条款规定向承保人申报适用于该保单的每批出口，不得遗漏。漏申报不仅导致漏报的出口漏保，而且有可能导致已申报的出口不能获得保险赔偿。

正确申报。尽可能按承保人提供的买家编号申报，如果是新客户，应及时向承保人申请编号或在申报单上详细写明买家名称、地址；申报的商品名称、支付条件应与合同及信用限额相符，货币、发票号、发票总值应与发票相符。否则，在办理索赔时有可能引起麻烦。

无申报告知。如果某月无保单适用范围内的出口，亦应书面告知承保人“本月无申报”。

主动补申报。当发现以前有遗漏申报情况时，即使承保人有可能不承担有关保险责任，也应主动办理补申报，并补交保险费，以免在索赔时被查出，成为问题。

3. 赔偿百分比

损失共担，这是信用保险的基本原则之一。短期出口信用综合险一般规定赔偿比例为保单责任范围内损失的90%，其目的在于既使出口企业得到充分的风险保障，又不致引起过分依赖保险的不良心理，松懈对收汇风险的控制与管理。需要指出，在买家拒收货物的情况下，赔偿比例一般规定为80%。对于管理较差的出口企业、风险较大的买家或国家，保单也可以规定更低的赔偿比例。

4. 赔偿等待期

在买家破产情况下，破产证实后即可赔偿。在买家拖欠情况下，赔偿等待期为贷款支付逾期四个月。在买家拒收情况下，赔偿等待期为商品转卖或处理后一个月。在发生政治风险的情况下，等待期为有关事件发生后四个月。

5. 买家信用限额

买家信用限额是承保机构批给每一买方的特定付款方式的最高信用额度。被保险人应为适保范围内的每一个买方分别申请信用限额。买家信用限额的作用贯穿整个保险过程，正确、及时地申请、使用和增减限额将直接关系到被保险人的切身利益。

申请信用限额时，被保险人应尽可能地提供申请表内要求提供的所有资料，并详细、正确地填写合同买方的英文名称和地址、电话、传真等，以便保险公司进行信用调查。如果被保险人拥有买方最新的信用资料，可在提交买方信用限额申请表时一并附上。任何附加资料均有助于承保机构及时、准确地审批被保险人申请的限额。

被保险人应申请多大的买方信用限额为宜？被保险人所需的信用限额应等于对该买方特定付款方式在任何时候的最高放账额，而非签订的合同总额。例如：当合同总额为10万元，D/A60天，分批出运，分别为3万元、3万元、4万元，回款时间为3个月（加上单据往来时间）。假定被保险人每个月出运一批，那么被保险人需要申请10万元限额；假定被保险人每三个月出运一批，那么只需要申请4万元限额即可。

假如被保险人以不同的付款方式与同一买方交易，被保险人则应按不同的付款方式分别申请买方信用限额。

被保险人自行掌握限额的意义：这是专门为被保险人提供的一个便利条件。当发货的金额不超过自行掌握限额时，被保险人不必申请买方信用限额即可直接出运，但必须在出口后规定期限内申报。

当合同金额高于买方信用限额时，可向保险机构申请增加有关的信用限额。

复习思考题

一、名词解释

“仓至仓”条款　价格术语　海运提单

二、简述题

1. 请比较我国海运货物一切险与水渍险、平安险在承保责任上的区别。
2. 为什么海上保险人要了解海运提单的有关规定？
3. 提单具有哪些性质？
4. 投保方如何选择海运货物保险险别？
5. 出口货物保险金额为什么要在CIF价基础上予以加成？
6. 出口货物运输保险单的转让有何特点？
7. 什么是海损代理人？
8. 理赔代理人分为哪两种？各自的权利是什么？
9. 出口信用保险的特点是什么？
10. 为什么要规定买方信用限额？
11. 请论述发展出口信用保险的意义。

第九章 保险费率的计算原理

内容提要： 保险关系体现了一种交换关系，投保人以缴纳保险费为条件，换取保险人的保险保障，这种保险交易行为本身要求合理地厘定保险商品的价格——保险费率。因此，保险费率的厘定就成了保险经营中的一项重要的内容。本章在分析保险费率结构和制定原则的基础上，简要介绍了财产保险和人寿保险费率计算原理。

第一节　保险费率及其厘定原则

一、保险费和保险费率

（一）保险费

保险费简称保费，是投保人为转嫁风险，获得经济保障而缴纳给保险人的费用。保险费由纯保险费和附加保险费构成。纯保险费主要用于保险赔付支出。附加保险费主要用于保险人的各项业务开支和预期利润，包括代理人佣金（或手续费）、管理费、税金、利润等。

保费是保险金额与保险费率的乘积，因此，保费的多少是由保险金额的大小和保险费率的高低这两个因素来决定的。从保险公司的角度来说，它们所赔偿或给付的保险金并不具有救济性质，而是在保险事故发生造成保险标的的损害或保险单到期按合同规定赔付保险金；从投保人的角度来说，他们所缴纳的保费也并不是一种慈善性的捐款，而是分摊部分被保险人的损害。因此，保险人与全体投保人之间应当存在“赔付保险金的精算现值与缴纳保险费的精算现值相等的原则”，即纯保费的精算现值总额等于未来赔偿或给付保险金的精算现值总额。用公式来表示，则为：

$$P=\omega Q$$

在上式中：P 代表纯保险费，纯保险费即保险人用于支付预期损失的那一部分保费；Q 代表保险金额；ω 代表纯费率。纯费率是根据损失率计算出来的，而损失率则代表赔偿保险金的概率。根据此项原则，投保人所缴纳的保险费与保险人对其风险所负的责任，应当彼此对等。纯费率 ω 越大，纯保费 P 越大；保险金额 Q 越大，纯保费 P 亦越大。

（二）保险费率

保险费率是保险费与保险金额的比率，保险费率又被称为保险价格，通常以每百元或每千元保险金额的保险费来表示。但作为保险价格的保险费率是不同于其他商品的价格的。因为保险人制定费率时主要依据的是由过去的损失和费用统计记录的经验去预测出的未来趋势，这会加大保险费率制定的难度。因此，保险商品和其他商品之间一个最基本的差异就是其价格的确定在成本发生前，是建立在预测的基础之上的。即保险人对未来的损失和未来的费用进行预测，然后，将这些费用在不同的被保险人之间进行分配，这一过程就叫作费率的制定。不同的保险险种的费率通常是不一样的。

保险费率一般也是由纯费率与附加费率两部分组成。纯费率又称净费率，它是用来支付赔款的费率，其计算依据因险种的不同而不同。财产保险纯费率的计算依据是损失概率，人寿保险纯费率计算的依据是利率和生命表。附加费率是附加保费与保险金额的比率。把纯费率和附加费率加总起来，就构成了毛费率。

二、保险费率厘定的基本原则

（一）公平合理原则

公平合理原则是指厘定保险费率时，使保险人与投保人之间及各投保人之间要体现公平合理。公平合理有两方面含义：

第一，保险人与投保人之间的公平合理。保险人与投保人之间的公平合理，要求纯费率的厘定必须以损失概率（寿险纯费率根据生命表上的死亡率和生存率以及预定利率）为依据，使保险人收取的保费应与其承担的风险相当，而制定附加费率时对业务费用和预期利润的估算均须适当。因为保险费率不能偏高，否则，会使投保人负担太重，损害投保人利益，而使保险公司获得过多的利润，当然这也降低了该保险产品的价格优势。保险费率也不能过低，否则，会影响保险人的财务稳定性和偿付能力，最终还是伤害了投保方的利益。

第二，各投保人之间的公平合理。这是指保险人向投保人收取的保险费，应当与保险标的所面临的危险程度相适应。要按照危险性的大小，相应地分担保险的损失与费用。对危险程度高的保险标的，按较高的保险费率收取保险费；对危险程度低的保险标的，按较低的费率收取保险费。

（二）保险财务稳定性与偿付能力

所谓保险财务稳定性，是指保险人在正常年景情况下，向投保人收取的保险费是否足以应付赔付支出。如果足以支付，则表示财务稳定性是良好的；反之则较差。保险偿付能力是指发生超出正常年景的赔付时，保险人是否具有赔付能力。此原则又称为充足性原则，即保险费率应高至足以弥补预计发生的各项赔付及有关费用。

保险费是补偿保险标的损害的资金来源，保险人按保险费率向投保人收取的保险费，必须足以应付赔付支出及各种经营费用。如果费率过低，就会影响保险财务稳定，导致保险公司缺乏偿付能力，最终严重损害被保险人的利益。

在竞争激烈的保险市场上，为了提高自己的竞争力，保险人常常不惜降低保险费率以招徕顾客，这种恶性竞争的结果，会影响保险人的财务稳定性和偿付能力。为了保证保险经营的健康发展，维护被保险人的利益，很多国家的保险监管部门对保险费率要实施监管。

（三）相对稳定原则

相对稳定原则是指在一定时期内应保持费率的稳定，避免过于频繁的变动。因为：第一，经常变动费率，会给客户一种保险人业务发展不稳定、经营管理不善的感觉，导致投保人对保险人的不信任，影响保险业务的开展。第二，不稳定费率，当其呈现下降趋势时，可能诱使投保人为追求低费率而中途解约；当费率呈现上涨趋势时，可能会使长期性的保险合同数量骤增，影响保险业务的健康发展。因此，在制定费率上，要遵循相对稳定原则。但这一原则并不是指保险费率一成不变，当风险环境、保险责任以及保险需求状况发生变化时，费率应及时进行调整。

（四）促进防灾防损原则

从减少保险人的赔付支出和减少整个社会财富的损失考虑，保险费率的制定应有利于促进防灾防损。具体而言，就是对注重防灾防损工作的被保险人采取较低的费率；对不注重防灾防损工作的被保险人采取较高的费率。比如机动车辆保险对在保险期内无赔款发生的客户，续保时可享受无赔款优待费率。

第二节　财产保险费率计算原理

一、财产保险费率的构成

财产保险的保险费率，可分解为纯费率和附加费率两部分。其中纯费率是基本的，由保险金额损失率和稳定系数来确定，它对应于每单位保险金额可能的赔偿金额。按照纯费率收取的保费即纯保费，构成赔偿基金，用于补偿被保险人由于发生保险事故所致保险财产及其保险利益的损失。附加费率，对应的是保险人每单位保险金额的经营费用。按附加费率收取的保费即附加保费，用于保险人的各项业务开支和预期利润。

二、纯费率的确定

（一）保险金额损失率是确定纯费率的基本因素

依纯费率所收取的保险费既然是用于保险赔偿支出的，那么确定纯费率的基本因素必是财产的损失概率。根据损失概率确定的纯费率所收取的纯保险费，恰好足以补偿保险财产的损失。

在财产保险费率计算中，保险金额损失率就是反映损失概率的一个综合指标。保险金额损失率是各类财产在一定时期内的赔款支出和总保险金额的比率，它是制定纯费率的基础，其计算公式为：

$$\text{保险金额损失率}=\frac{\text{总赔款支出}}{\text{总保险金额}}\times 100‰$$

保险金额损失率的计算不能依据短期或少量的资料，必须依据长期的大量统计资料。

关于保险金额损失率的概念，应当注意：

首先，保险金额损失率不是保险标的损失额与保险金额之比，而是保险赔款额与保险金额之比。事实上，在财产保险实务中，保险人并不是对所有的保险标的损失都予以赔偿。由于各种赔偿方式和保险责任的具体规定，保险人实际赔偿的损失即赔偿金额与标的实际损失金额常常是不同的，所以，计算保险金额损失率时应采用赔偿金额而不是保险标的损失额。

其次，保险财产的损失率常常要高于社会平均财产损失率，所以，计算未来保险金额损失率，须根据保险公司的经验数据，而不是根据全社会的财产损失统计资料。

（二）影响保险金额损失率的因素

确定纯费率，需要运用历史经验数据，对未来有效索赔额的规律做出统计分析。从理论上讲，保险金额损失率主要受下列四项因素的影响：

第一，各类保险发生灾害事故的频率$\frac{C}{A}$（承保数量的出险次数）；

第二，损毁率$\frac{D}{C}$（每次出险的受灾数量）；

第三，损毁程度$\frac{F}{E}$（每一保险金额受灾财产所支出的赔偿金额）；

第四，风险比例$\frac{E}{D}:\frac{B}{A}$（受灾财产与保险财产两者的平均保险金额之比）。

将以上四项因素相乘：

$$\frac{C}{A}\times\frac{D}{C}\times\frac{F}{E}\times\left(\frac{E}{D}\div\frac{B}{A}\right)=\frac{F}{B}$$

其中：A 为承保数量；B 为保险金额；C 为出险次数；D 为受灾数量；E 为受

灾财产的保险金额；F 为赔偿金额。

从以上公式得出保险金额损失率为$\frac{F}{B}$。由于各种灾害事故的出险频率和各种物质损毁程度不同，上述四项因素的变动都将引起保险金额损失率的变动。

（三）纯费率的测定

1. 历年保险金额损失率的选择

保险金额损失率是构成纯费率的基本因素。但每年的保险金额损失率不一样，如果把过去若干年保险金额损失率平均，可得出以往年份的平均保险金额损失率。为使平均保险金额损失率能替代损失概率，必须选择适当的历年保险金额损失率。因为对于过去的真实情况反映越是准确，它与未来损失概率就越接近。所谓“适当”即指：①必须有足够的年数。一般来说，至少需要有保险事故发生比较正常的连续五年的保险金额损失率。②每年的保险金额损失率的测定必须基于大量的统计资料。③这一组保险金额损失率必须是稳定的。④适当从动态角度考虑损失率的逐年变化规律。

现举一个比较简单的例子来说明。如某类财产，据统计其以前五年的保险金额损失率分别为：1.40‰，1.34‰，0.98‰，1.20‰和 1.08‰。根据这些数据，计算过程如表 9-1 所示：

表 9-1　　某类财产计算过程

年份	保险金额损失率 x	偏差 $x-\bar{x}$	偏差平方 $(x-\bar{x})^2$
1	1.40	0.2	0.04
2	1.34	0.14	0.019 6
3	0.98	-0.22	0.048 4
4	1.20	0	0
5	1.08	-0.12	0.014 4
$\sum$	$\sum x=6.00$	0	0.122 4

均值为 $\bar{x}=\frac{\sum x}{n}=\frac{6.00}{5}=1.20$（‰）

均方差为 $\sigma=\sqrt{\frac{\sum(x-\bar{x})^2}{n-1}}=\frac{\sqrt{0.122\,4}}{2}=\frac{0.349\,9}{2}\approx 0.175$（‰）

2. 附加均方差

根据一组适当的保险金额损失率，我们可以得到纯费率的近似值——平均保险金额损失率，但还不能直接把它定为纯费率。因为它既然是以往各年份数据的平均值，那就必然有一些年份保险金额损失率比它高。如果以平均保险金额损失率作为纯费率，一般说来，赔偿金额超过当年纯保费的可能性是很大的。

为了减少不利年份（即赔偿金额超过纯保费的年份）的出现，通常采用在平均保险金额损失率的基础上附加这组年度保险金额损失率的一次、二次或若干次均方差的方法来确定纯费率。

若上例附加一次均方差，则纯费率为：

$1.20‰+0.175‰=1.375‰$

若附加二次均方差，则纯费率为：

$1.20‰+2×0.175‰=1.55‰$

纯费率中究竟应包括多大的风险附加较为合适呢？从保险人的角度讲，风险附加越大财务越稳定，但从投保人角度来讲风险附加越大负担越重。为减轻被保险人的负担，一般宜采用较低限度的风险附加。一般认为，所附加的均方差与平均保险金额损失率之比，以10%~20%为宜。

三、附加费率的测定

附加费率的计算，可以按照统计资料求出的各项费用开支总额与保险金额总数之间的比率计算，也可在纯费率基础上附加适当的百分比作为附加费率。其计算公式如下：

$$附加费率=\frac{附加费用}{保险金额}\times 1\ 000‰$$

第三节 人寿保险保费计算原理

一、人寿保险费概述

（一）人寿保险费的构成和分类

人寿保险费和财产保险费一样也由两部分构成：纯保险费和附加保险费。与财产保险不同的是人寿保险大多采用分期交付的方式交付保险费，被保险人所缴纳的纯保费部分可分为储蓄保费和危险保费。前者在利率作用下，使责任准备金积累；后者则用于在已累积的准备金基础上弥补应付的保险金的缺口。附加保费用于保险经营中的一切费用开支。纯保费和附加保费构成了营业保费，它是寿险公司实际收取的保费。

以缴费方法为依据，寿险保费可分为自然纯保费、趸缴纯保费和均衡纯保费。自然保费是以死亡率为缴付标准计算的一年更新一次的一年期定期寿险的保险费，它按年收取。随着年龄的增大，被保险人死亡的概率越来越高，需缴纳的保费也越来越多，因此，这种缴费方式年轻人乐于接受，而老年人则不希望采用这种方式。趸缴保费是在投保之日便一次性缴清的保费，从趸缴保费中扣除附加保险费，就得到了趸缴纯保费。计算趸缴保费时，要考虑到货币的时间价值，要把各个年岁应缴的保费折合成现值。在现实生活中，很少有人一次性缴清所有保险费。均衡保险费是指在某一期限内，被保险人按固定数额缴纳的保费，从均衡保险费中扣除附加保险费，就是均衡纯保险费。与自然纯保费和趸缴纯保费相比，均衡纯保费更能让人接受，在保险业中得到了广泛的运用。

（二）人寿保险费计算的原则

寿险保费计算的基本原则是收支平衡原则，“收”是指保险公司收取的保费总额；“支”是指保险公司的保险金给付和支出的各项经营费用。这里所说的收支平衡，并不是数学意义上的简单相等，它要考虑货币的时间价值、生存或死亡概率等一些重要因素。收支平衡总是建立在一定的时点上。寿险收支平衡关系的时点一般是在投保生效日。在这一时点上保险公司收进的保费的精算现值总额与保险人给付的保险金和各项费用的精算现值总额平衡。由于保费的收取和保险金的给付总是分离的，因此二者的平衡是精算意义上的平衡，用等式表示就是：

保险费的精算现值=保险金额的精算现值+各项业务费用的精算现值

二、寿险保费计算的影响因素

寿险保费仍然由纯保费和附加费用组成。影响纯保费的因素主要有生命表上的死亡率或生存率以及预定利率，影响附加费用的因素主要是预定费用率。

（一）生命表

1. 生命表的意义

生命表是根据一定时期某一国家或地区的特定人群有关生存、死亡规律的统计资料，加以分析整理而形成的一种表格，它是人寿保险测定风险的工具，是寿险精算的数理基础，是厘定人寿保险纯费率的基本依据。生命表以年龄为纲，全面地反映某一国家和地区一定人群的生死状况。在生命表中，最重要的是计算每个年龄段的死亡率。

以死亡统计的对象为标准，生命表可分为国民生命表和经验生命表。国民生命表是根据全体国民或某一特定地区人口的死亡资料编制而成的。经验生命表是根据保险机构有关人寿保险业务的死亡记录编制而成的。在人寿保险的精算过程中，一般选用经验生命表，因为国民生命表统计的范围很大，老弱病残无所不包，而经验生命表所统计的对象仅为被保险人，他们只有在身体合格的情况下，才能参加人寿保险。因此，相对国民生命表而言，经验生命表的死亡率更低，对保险机构更具有实际意义。

2. 生命表的内容

一张完整的生命表应包括如表 9-2 所示内容：

表 9-2 **生命表**

年龄 x	年初生存人数 I_x	年内死亡人数 d_x	生存率 p_x	死亡率 q_x
35	972 396	1 028	0. 998 943	0. 001 051
36	971 386	1 113	0. 998 854	0. 001 146
37	970 255	1 212	0. 998 751	0. 001 249
38	969 043	1 324	0. 998 634	0. 001 366
39	967 719	1 449	0. 998 503	0. 001 497

x 表示年龄。

I_x 表示生存数，是指从初始年龄一般为 0 岁至满 x 岁尚生存的人数，也即 x 岁的生存人数。例如，I_{35} 表示在初始年龄定义的基数中有 I_{35} 人活到了 35 岁，或者说 35 岁的生存人数为 I_{35}。这是时点数。I_0 称为生命表基数，本书中取 $I_0=1\ 000\ 000$，也可取 $I_0=100\ 000$。

d_x 表示死亡数，是指 x 岁的人在一年内死亡的人数，即在 x 岁至 $x+1$ 岁的年龄间死亡的人数。如 d_{36} 表示 36 岁至 37 岁的年龄间死亡的人数。这是时期数。

p_x 表示生存率，是指 x 岁的人在一年内仍生存的概率，即 x 岁的人生存到 $x+1$ 岁的概率。

q_x 表示死亡率，是指 x 岁的人在一年内的死亡率。

3. 生命表中的几个关系式

（1）$I_x-d_x=I_{x+1}$

上式表示，x 岁的人年初的生存数 I_x 与年内的死亡数 d_x 的差额就是次年 $x+1$ 岁的人的生存人数 I_{x+1}；上式也可写作：

$$d_x=I_x-I_{x+1}$$

即来年死亡人数是本年初生存人数与次年初生存人数之差。

（2）$d_x+d_{x+1}+\cdots+d_{x+n-1}=I_x-I_{x+n}$

该式表示连续数年死亡人数之和等于第一年年初生存人数与最后一年年初生存人数之差。

（3）$p_x=I_{x+1}/I_x$

该式给出了生存率与存活人数之间的关系。生存率是次年年初生存人数与本年年初生存人数之比，它表示 x 岁的人能生存到 $x+1$ 岁的 概率。

同理，可以推导出另一个关系式：

$${}_np_x=I_{x+n}/I_x$$

该式表示 x 岁的人存活到 $x+n$ 岁的生存率。

（4）$q_x=d_x/I_x$

死亡率是年内生存人数和年初生存人数的比率。显然：

$$q_x=(I_x-I_{x+1})/I_x$$

同理，可推导出 x 岁的人在 $x+n$ 年间的死亡率关系式：

$${}_nq_x=(I_x-I_{x+n})/I_x$$

不难发现，x 岁的人在未来一年间的生存率与死亡率之和为 1。

$$p_x+q_x=1$$

（5） ${}_{t|u}q_x$

${}_{t|u}q_x$ 表示 x 岁的人在生存了 t 年之后，于 u 年内死亡的概率。

$${}_{t|u}q_x = (I_{x+t}-I_{x+t+u})\ I_x$$

（二）利息

1. 利息的含义

利息是资金所有者由于借出资金而获得的报酬，它来自于利润。利息广泛存在于现代生活之中，已成为衡量经济效益的一个尺度。利息率是指借贷期间所形成的利息额与所贷资金的比值。以不同的标准，可以划分出各种各样的利率类别。以计算利息的期限单位为标准，利率可划分为年利率、月利率和日利率。年利率是以年为单位计算利息，月利率、日利率分别是以月、日为单位计算利息。

以利息本身是否生息来划分，利息分为单利和复利。人寿保险保费的计算中采用的是复利。

2. 单利的计算

单利计算公式为：

$$I=P\cdot i\cdot n$$

$$S=P(1+i\cdot n)$$

其中：I 为利息额，P 为本金，i 表示利息率，n 表示借贷期限，S 表示本利和。

如一笔为期 3 年、年利率为 5%的 10 000 元存款，利息额为 10 000×5%×3=1 500 元，本息和为 10 000×(1+5%×3)= 11 500 元。

3. 复利的计算

复利是一种将上期利息转化为本金一并计算利息的方法。即上期的利息在本期也生息，如按年计息，第一年按本金算出利息，第二年计算利息时，要把第一年利息加在本金之上，然后再计算，如此类推，直到期满。复利计算的公式是：

$$S=P(1+i)^n$$

$$I=S-P$$

用复利计算上述实例的利息：

$S=10\ 000\times(1+0.05)^3\approx11\ 576$（元）

$I=11\ 576-10\ 000=1\ 576$（元）

可见，用复利计算，利息多出了 76 元。

4. 终值和现值的计算

在人寿保险费率的厘定过程中，常常会遇到终值和现值的问题。终值又称将来值，是现在一定量的货币，在确定的利率下在未来某一时点上的价值，也即本利和。在上例中，三年后的本利和 11 500 元就是终值。

现值又称本金，是指未来某一时点上的一定量的货币，在确定的利率下折合到现在的价值。如上例中 3 年后的 11 500 元折合到现在的价值为 10 000 元，这 10 000 元就是现值。

以上都是在以单利计算的情况下讨论的终值和现值。在以复利计算时，终值可表示为：

$$终值=P(1+i)$$

现值可表示为：

$$现值=终值/(1+i)$$

令 $V=1/(1+i)$，V 被称为贴现因子。

5. 确定复利率下，确定年金的现值与终值

年金是有规则地收付一定款项的方法。确定年金是年金的一种形式。确定年金的给付与年金领取人的生命无关，年金支付总期间事前确定，以预定利率作为累积或折现基础。确定年金有多种分类，鉴于期首付年金和期末付年金在厘订保险费率时较为常用，因此下面介绍这两种年金的计算。

（1）期末付确定年金的计算

期末付确定年金是指在约定年金期间内，每逢期末收付一次确定年金。通常期末付确定年金的现值和终值用符号 $a_{\overline{n}|i}$ 和 $S_{\overline{n}|i}$ 来表示。仍然以 n 表示确定年金支付的期间，用 i 表示利率，支付额为 1 元，则有：

$$a_{\overline{n}|i}=V+V^2+\cdots+V^n$$

$$=V\cdot\frac{1-V^n}{1-V}$$

$$=\frac{1-V^n}{i}$$

$$S_{\overline{n}|i}=(1+i)^{n-1}+(1+i)^{n-2}+\cdots+1$$

$$=\frac{(1+i)^n-1}{(1+i)-1}$$

$$=\frac{(1+i)^{n-1}-1}{i}$$

上述关系中 $a_{\overline{n}|i}$ 和 $S_{\overline{n}|i}$ 有如下关系：

$$S_{\overline{n}|i}=(1+i)^n\cdot a_{\overline{n}|i}$$

$$\frac{1}{a_{\overline{n}|i}}=\frac{1}{S_{\overline{n}|i}}+i$$

（2）期首付确定年金的计算

期初付确定年金是指在约定年金期间内，每期期初收付一次的确定年金。以 n 表示年金支付的期间，用 i 表示利率，求期初支付额为 1 元的该年金的现值和终值。如果用符号 $\ddot{a}_{\overline{n}|i}$ 和 $\ddot{S}_{\overline{n}|i}$ 分别表示期首付确定年金的现值和终值，便有：

$$\ddot{a}_{\overline{n}|i}=1+V+\cdots+V^{n-1}$$

$$=\frac{1-V^n}{1-V}$$

$$=(1+i)\cdot\frac{1-V^n}{i}$$

$$=(1+i)\cdot a_{\overline{n}|i}$$

$$\ddot{S}_{\overline{n}|i}=(1+i)^n+(1+i)^{n-1}+\cdots+(1+i)$$

$$=(1+i)\cdot\frac{(1+i)^n-1}{i}$$

$$=(1+i)\cdot S_{\overline{n}|i}$$

$\ddot{a}_{\overline{n}|i}$和$\ddot{S}_{\overline{n}|i}$具有如下关系：

$$\ddot{S}_{\overline{n}|i}=(1+i)^n\cdot\ddot{a}_{\overline{n}|i}$$

$$\frac{1}{\ddot{a}_{\overline{n}|i}}=\frac{1}{\ddot{S}_{\overline{n}|i}}+i\cdot V$$

（三）寿险业务费用

寿险业务费用是保险人在经营寿险业务过程中所发生的各项费用。这部分费用也应由被保险人负担，因此业务费用也是寿险保费计算的一项重要内容。按不同的标准可将寿险业务费用分成不同的类别。按经营过程各环节的费用发生分为承保费用和维持费用等。

寿险业务费用的实际发生在未来，保费计算时通过分析同类业务过去长期发生的费用来确定一个预定费用的额度，因此预定费用（率）的高低会影响寿险保费的计算。一般而言，在其他条件不变的情况下，预定费用率高，保费增加；反之预定费用率低，则保费降低。

（四）换算基数及换算基数表

由于寿险保费计算涉及众多的符号和关系，直接计算往往使运算繁杂，公式表达冗长，所以人们通过长期的实践，总结出用于计算的换算基数及其换算基数表。

常见的换算基数有：

$$D_x=V^x\cdot I$$

$$N_x=D_x+D_{x+1}+\cdots$$

$$S_x=N_x+N_{x+1}+\cdots$$

$$C_x=V^{x+1}\cdot D_x$$

$$M_x=C_x+C_{x+1}+\cdots$$

$$R_x=M_x+M_{x+1}+\cdots$$

$$\bar{C}_x = \bar{V}^{x+\frac{1}{2}} \cdot \bar{d}_x$$

$$\bar{M}_x = \bar{C}_x + \bar{C}_{x+1} + \cdots$$

$$\bar{R}_x = \bar{M}_x + \bar{M}_{x+1} + \cdots$$

将上述换算基数的数值列成表就是换算基数表。在计算寿险保费时可直接查表计算。

三、寿险纯保费的计算

寿险保费的缴付有趸缴和分期缴付两种。趸缴是指投保人将保费一次缴清；分期缴付是指在一定期限内按某一数额缴付保费，而分期缴付的周期一般以年为单位。因此纯保费的计算分趸缴纯保费的计算和年缴纯保费的计算。

（一）趸缴纯保费的计算

根据不同的险种，对趸缴纯保费的计算，分别加以介绍。

1. 纯生存保险趸缴纯保费的计算

纯生存保险是以被保险人生存到保险期满为条件给付保险金的一种人寿保险。

设被保险人投保时的年龄为 x 岁，保险期限为 n 年，保险金额 1 元，x 岁的人在投保时一次性应缴的纯保费为，则计算步骤为：

第一步，计算保险人应承担的给付责任的现值。根据纯生存保险的定义，保险人只对生存到 $x+n$ 岁的被保险人给付 1 元的保险金，其给付的保险金总额为 I_{x+n}元，此金额在 x 岁的现值为 $V^n \cdot I_{x+n}$。

第二步，计算投保人在投保时一次性缴付的纯保费的现值。在 x 岁的所有投保人在投保时应缴付的趸缴纯保费总额为 $I_x \cdot A_{x:\frac{1}{n|}}$ 元。

第三步，根据收支平衡原则列出计算式。

根据收支平衡原则有：

$$I_x \cdot A_{x:\frac{1}{n|}} = V^n I_{x+n}$$

$$A_{x:\frac{1}{n|}} = V^n \cdot \frac{I_{x+n}}{I_x} = V^n {}_n p_x$$

第四步，利用换算基数对计算式进行化简。在分子分母上同乘以 V^x，根据 $D_x = V^x \cdot I_x$ 有：

$$A_{x:\frac{1}{n|}} = \frac{D_{x+n}}{D_x}$$

这里的 $V^n {}_n p_x$ 称为 x 岁的人在 n 年期满生存时获得的生存金 1 元的精算现值。

2. 定期死亡保险趸缴纯保险费的计算

定期死亡保险又叫定期人寿保险，是以被保险人在保险期限内死亡为条件支付保险金的一种人寿保险。也就是说，只有当被保险人在保险期限内死亡时，保

险人才支付保险金，如若继续存活，则不予支付。同上面的计算原理一样，设 x 岁的人投保保险金额为 1 元，于死亡时立即支付保险金的 n 年定期死亡保险的趸缴纯保费为 $\bar{A}^1_{x:\overline{n}|}$，根据收支平衡原则则有：

$$I_x\bar{A}^1_{x:\overline{n}|}=V^{\frac{1}{2}}\cdot d_x+V^{1\frac{1}{2}}\cdot d_{x+1}+\cdots+V^{(n-1)\frac{1}{2}}\cdot d_{x+n-1}$$

$$\bar{A}^1_{x:\overline{n}|}=\frac{V^{\frac{1}{2}}\cdot d_x+V^{1\frac{1}{2}}\cdot d_{x+1}+\cdots+V^{(n-1)\frac{1}{2}}\cdot d_{x+n-1}}{I_x}$$

$$=\frac{\bar{C}_x+\bar{C}_{x+1}+\cdots+\bar{C}_{x+n-1}}{D_x}$$

$$=\frac{\bar{M}_x-\bar{M}_{x+n}}{D_x}$$

3. 终身死亡保险趸缴纯保费的计算

终身死亡保险是指投保以后，无论被保险人何时死亡，保险人都得给付合同约定的保险金。同样设 x 岁的人投保保险金额为 1 元，于死亡时立即支付保险金的终身死亡保险的趸缴纯保费为 $\bar{A}_x$。

那么根据收支平衡原则有：

$$I_x\bar{A}_x=V^{\frac{1}{2}}\cdot d_x+V^{1\frac{1}{2}}\cdot d_{x+1}+\cdots$$

$$\bar{A}_x=\frac{V^{\frac{1}{2}}\cdot d_x+V^{1\frac{1}{2}}\cdot d_{x+1}+\cdots}{I_x}$$

$$=\frac{V^{x+\frac{1}{2}}\cdot d_x+V^{x+1+\frac{1}{2}}\cdot d_{x+1}+\cdots}{V^xI_x}$$

$$=\frac{\bar{C}_x+\bar{C}_{x+1}+\cdots}{D_x}=\frac{\bar{M}_x}{D_x}$$

4. 两全保险趸缴纯保费的计算

两全保险是一种生死合险，如果被保险人在保险期内死亡，保险人给付保险金；如果被保险人生存到期满，保险人仍给付保险金。因此，该保险可以看作是纯生存保险和定期死亡保险的混合，既然被保险人无论生死均能请求支付保险金，那么，其应缴的保费应是纯生存保险费和定期死亡保险费之和。设两全保险趸缴纯保费为 ，则有：

$$\bar{A}_{x:\overline{n}|}=\bar{A}^1_{x:\overline{n}|}+A_{x:\overset{1}{\overline{n}|}}$$

$$=\frac{\bar{M}_x-\bar{M}_{x+n}+D_{x+n}}{D_x}$$

（二）年缴纯保费的计算

由于趸缴纯保费往往需要投保人一次缴纳大量的保险费，会给投保人带来一定的经济困难，投保人难以接受，因此现实业务中，人寿保险大多采用分期缴付的方法，而其中又以年缴为多，所以这里我们只讨论年缴纯保费的计算。

1. 纯生存保险年缴纯保费的计算

仍然假设 x 岁的人投保保险金额为 1 元，期限为 n 年的年缴纯保费为 $P_{x:\overline{n|}}^{\ 1}$。其计算步骤：

第一步，计算保险人在保期满时给付责任的现值，共有 I_{x+n} 人生存到期满，保险人在期满时给付保险金的现值为 $V^n \cdot I_{x+n}$。

第二步，计算投保人在保期内每年缴付纯保费的现值。每年年初活着的被保险人都得缴纳纯保费，而且是在每年的年初缴纳，因此保期内投保人年缴的纯保费的现值为：

$$P_{x:\overline{n|}}^{\ 1} \cdot I_x + P_{x:\overline{n|}}^{\ 1} \cdot V \cdot I_{x+1} + \cdots + P_{x:\overline{n|}}^{\ 1} \cdot V^{n-1} \cdot I_{x+n-1}$$
$$= P_{x:\overline{n|}}^{\ 1} \cdot (I_x + V \cdot I_{x+1} + \cdots + V^{n-1} \cdot I_{x+n-1})$$

第三步，根据收支平衡原则，列出计算式：

$$P_{x:\overline{n|}}^{\ 1} \cdot (I_x + V \cdot I_{x+1} + \cdots + V^{n-1} \cdot I_{x+n-1}) = V^n \cdot I_{x+n}$$

$$P_{x:\overline{n|}}^{\ 1} = \frac{V^n \cdot I_{x+n}}{I_x + V \cdot I_{x+1} + \cdots + V^{n-1} \cdot I_{x+n-1}}$$

第四步，用换算基数对计算式进行化简，分子分母同乘以 V^x，则有：

$$P_{x:\overline{n|}}^{\ 1} = \frac{D_{x+n}}{N_x - N_{x+n}}$$

2. 定期死亡保险年缴纯保费的计算

设 x 岁的人投保期限为 n 年，保险金额为 1 元的定期死亡保险的年缴纯保费为 $P(A_{x:\overline{n|}}^{1})$。类似前面的分析有：

$$P(\bar{A}_{x:\overline{n|}}^{1}) = \frac{\bar{M}_x - \bar{M}_{x+n}}{N_x - N_{x+n}}$$

3. 终身缴费的终身死亡保险年缴纯保费的计算

设终身死亡保险的年缴纯保费为 $P(\bar{A}_x)$，投保人的年龄为 x，保险金额为 1 元。根据前面的分析则有：

$$P(\bar{A}_x) = \frac{\bar{M}_x}{N_x}$$

4. 两全保险年缴纯保费的计算

两全保险年缴纯保费是生存保险与定期死亡保险的年缴纯保费之和。设 $P(\bar{A}_{x:\overline{n|}})$ 为两全保险年缴纯保费，则有下式成立：

$$P(\bar{A}_{x:\overline{n|}}) = \frac{\bar{M}_x - \bar{M}_{x+n} + D_{x+n}}{N_x - N_{x+n}}$$

毛保费是由纯保费和附加保费构成的。计算毛保费，一般可使用三种方法。

1. 三元素法

三元素法把附加费用分为三类：原始费用、维持费用、收费费用。原始费用是保险公司为招揽新合同，在第一年度支出的一切费用。在这里，我们把单位保险金额的原始费用设为 P。维持费用是指整个保险期间为使合同维持保全的一切费用，它应分摊于各期。可把单位保险金额的维持费用设为 P_2。收费费用是指收取保费时的支出。与维持费用一样，它也分摊于各期，单位保险金额的费用可设为 P_3。然后，把将来年份的附加费用折合成精算现值，就可得到附加保费的精算现值之和。再根据“毛保费精算现值=纯保费精算现值+附加保费精算现值”的原理来计算总保费。三元素法的优点是计算结果准确，缺点是计算过程复杂、烦琐。

2. 比例法

比例法假设附加保费为毛保费的一定比例 K。这一比例通常是根据经验来确定的。设毛保费为 $\bar{P}$，纯保费为 P，附加保费比例为 K，则有：

$$\bar{P}=P+K\bar{P}$$

整理得：

$$\bar{P}=\frac{P}{1-K}$$

比例法的优点是计算简便，不足之处在于 K 值的确定缺乏合理性。

3. 比例常数法

比例常数法是根据每张保单的平均保险金额确定出的每单位保险金额所必须支付的费用，并把其作为一个固定常数。然后，再确定一个毛保费的比例作为附加保费。设固定常数为 C，则可得：

$$\bar{P}=P+K\bar{P}+C$$

整理得：

$$\bar{P}=\frac{P+C}{1-K}$$

复习思考题

1. 保险费率主要由哪两部分构成？
2. 简述保险费率厘定的原则。
3. 财产保险确定纯费率的基本因素是什么？
4. 寿险保费计算的基本影响因素有哪些？
5. 什么是生命表？其内容有哪些？
6. 寿险保费计算的基本原则是什么？
7. 简述寿险保费计算的步骤。
8. 寿险毛保费计算的方法有哪些？

附录 中华人民共和国保险法(2015年修正本)

（1995年6月30日第八届全国人民代表大会常务委员会第十四次会议通过，根据2002年10月28日第九届全国人民代表大会常务委员会第三十次会议《全国人民代表大会常务委员会关于修改〈中华人民共和国保险法〉的决定》第一次修正，根据2009年2月28日第十一届全国人民代表大会常务委员会第七次会议第二次修正，根据2014年8月31日第十二届全国人民代表大会常务委员会第10次会议《全国人民代表大会常务委员会关于修改〈中华人民共和国保险法〉等五部法律的决定》第三次修正，根据2015年4月24日第十二届全国人民代表大会常务委员会第十四次会议《全国人民代表大会常务委员会关于修改〈中华人民共和国计量法〉等五部法律的决定》第四次修正）

目　录

第一章　总则
第二章　保险合同
　第一节　一般规定
　第二节　人身保险合同
　第三节　财产保险合同
第三章　保险公司
第四章　保险经营规则
第五章　保险代理人和保险经纪人
第六章　保险业监督管理
第七章　法律责任
第八章　附则

第一章　总则

第一条　为了规范保险活动，保护保险活动当事人的合法权益，加强对保险业的监督管理，维护社会经济秩序和社会公共利益，促进保险事业的健康发展，制定本法。

第二条　本法所称保险，是指投保人根据合同约定，向保险人支付保险费，保险人对于合同约定的可能发生的事故因其发生所造成的财产损失承担赔偿保险金责任，或者当被保险人死亡、伤残、疾病或者达到合同约定的年龄、期限等条件时承担给付保险金责任的商业保险行为。

第三条　在中华人民共和国境内从事保险活动，适用本法。

第四条　从事保险活动必须遵守法律、行政法规，尊重社会公德，不得损害社会公共利益。

第五条　保险活动当事人行使权利、履行义务应当遵循诚实信用原则。

第六条　保险业务由依照本法设立的保险公司以及法律、行政法规规定的其他保险组织经营，其他单位和个人不得经营保险业务。

第七条　在中华人民共和国境内的法人和其他组织需要办理境内保险的，应当向中华人民共和国境内的保险公司投保。

第八条　保险业和银行业、证券业、信托业实行分业经营、分业管理，保险公司与银行、证券、信托业务机构分别设立。国家另有规定的除外。

第九条　国务院保险监督管理机构依法对保险业实施监督管理。

国务院保险监督管理机构根据履行职责的需要设立派出机构。派出机构按照国务院保险监督管理机构的授权履行监督管理职责。

第二章　保险合同

第一节　一般规定

第十条　保险合同是投保人与保险人约定保险权利义务关系的协议。

投保人是指与保险人订立保险合同，并按照合同约定负有支付保险费义务的人。

保险人是指与投保人订立保险合同，并按照合同约定承担赔偿或者给付保险金责任的保险公司。

第十一条　订立保险合同，应当协商一致，遵循公平原则确定各方的权利和义务。

除法律、行政法规规定必须保险的外，保险合同自愿订立。

第十二条 人身保险的投保人在保险合同订立时，对被保险人应当具有保险利益。

财产保险的被保险人在保险事故发生时，对保险标的应当具有保险利益。

人身保险是以人的寿命和身体为保险标的的保险。

财产保险是以财产及其有关利益为保险标的的保险。

被保险人是指其财产或者人身受保险合同保障，享有保险金请求权的人。投保人可以为被保险人。

保险利益是指投保人或者被保险人对保险标的具有的法律上承认的利益。

第十三条 投保人提出保险要求，经保险人同意承保，保险合同成立。保险人应当及时向投保人签发保险单或者其他保险凭证。

保险单或者其他保险凭证应当载明当事人双方约定的合同内容。当事人也可以约定采用其他书面形式载明合同内容。

依法成立的保险合同，自成立时生效。投保人和保险人可以对合同的效力约定附条件或者附期限。

第十四条 保险合同成立后，投保人按照约定交付保险费，保险人按照约定的时间开始承担保险责任。

第十五条 除本法另有规定或者保险合同另有约定外，保险合同成立后，投保人可以解除合同，保险人不得解除合同。

第十六条 订立保险合同，保险人就保险标的或者被保险人的有关情况提出询问的，投保人应当如实告知。

投保人故意或者因重大过失未履行前款规定的如实告知义务，足以影响保险人决定是否同意承保或者提高保险费率的，保险人有权解除合同。

前款规定的合同解除权，自保险人知道有解除事由之日起，超过三十日不行使而消灭。自合同成立之日起超过二年的，保险人不得解除合同；发生保险事故的，保险人应当承担赔偿或者给付保险金的责任。

投保人故意不履行如实告知义务的，保险人对于合同解除前发生的保险事故，不承担赔偿或者给付保险金的责任，并不退还保险费。

投保人因重大过失未履行如实告知义务，对保险事故的发生有严重影响的，保险人对于合同解除前发生的保险事故，不承担赔偿或者给付保险金的责任，但应当退还保险费。

保险人在合同订立时已经知道投保人未如实告知的情况的，保险人不得解除合同；发生保险事故的，保险人应当承担赔偿或者给付保险金的责任。

保险事故是指保险合同约定的保险责任范围内的事故。

第十七条 订立保险合同，采用保险人提供的格式条款的，保险人向投保人提供的投保单应当附格式条款，保险人应当向投保人说明合同的内容。

对保险合同中免除保险人责任的条款，保险人在订立合同时应当在投保单、保险单或者其他保险凭证上作出足以引起投保人注意的提示，并对该条款的内容以书面或者口头形式向投保人作出明确说明；未作提示或者明确说明的，该条款不产生效力。

第十八条 保险合同应当包括下列事项：

（一）保险人的名称和住所；

（二）投保人、被保险人的姓名或者名称、住所，以及人身保险的受益人的姓名或者名称、住所；

（三）保险标的；

（四）保险责任和责任免除；

（五）保险期间和保险责任开始时间；

（六）保险金额；

（七）保险费以及支付办法；

（八）保险金赔偿或者给付办法；

（九）违约责任和争议处理；

（十）订立合同的年、月、日。

投保人和保险人可以约定与保险有关的其他事项。

受益人是指人身保险合同中由被保险人或者投保人指定的享有保险金请求权的人。投保人、被保险人可以为受益人。

保险金额是指保险人承担赔偿或者给付保险金责任的最高限额。

第十九条 采用保险人提供的格式条款订立的保险合同中的下列条款无效：

（一）免除保险人依法应承担的义务或者加重投保人、被保险人责任的；

（二）排除投保人、被保险人或者受益人依法享有的权利的。

第二十条 投保人和保险人可以协商变更合同内容。

变更保险合同的，应当由保险人在保险单或者其他保险凭证上批注或者附贴批单，或者由投保人和保险人订立变更的书面协议。

第二十一条 投保人、被保险人或者受益人知道保险事故发生后，应当及时通知保险人。故意或者因重大过失未及时通知，致使保险事故的性质、原因、损失程度等难以确定的，保险人对无法确定的部分，不承担赔偿或者给付保险金的责任，但保险人通过其他途径已经及时知道或者应当及时知道保险事故发生的除外。

第二十二条 保险事故发生后，按照保险合同请求保险人赔偿或者给付保险金时，投保人、被保险人或者受益人应当向保险人提供其所能提供的与确认保险事故的性质、原因、损失程度等有关的证明和资料。

保险人按照合同的约定，认为有关的证明和资料不完整的，应当及时一次性通知投保人、被保险人或者受益人补充提供。

第二十三条 保险人收到被保险人或者受益人的赔偿或者给付保险金的请求

后，应当及时作出核定；情形复杂的，应当在三十日内作出核定，但合同另有约定的除外。保险人应当将核定结果通知被保险人或者受益人；对属于保险责任的，在与被保险人或者受益人达成赔偿或者给付保险金的协议后十日内，履行赔偿或者给付保险金义务。保险合同对赔偿或者给付保险金的期限有约定的，保险人应当按照约定履行赔偿或者给付保险金义务。

保险人未及时履行前款规定义务的，除支付保险金外，应当赔偿被保险人或者受益人因此受到的损失。

任何单位和个人不得非法干预保险人履行赔偿或者给付保险金的义务，也不得限制被保险人或者受益人取得保险金的权利。

第二十四条 保险人依照本法第二十三条的规定作出核定后，对不属于保险责任的，应当自作出核定之日起三日内向被保险人或者受益人发出拒绝赔偿或者拒绝给付保险金通知书，并说明理由。

第二十五条 保险人自收到赔偿或者给付保险金的请求和有关证明、资料之日起六十日内，对其赔偿或者给付保险金的数额不能确定的，应当根据已有证明和资料可以确定的数额先予支付；保险人最终确定赔偿或者给付保险金的数额后，应当支付相应的差额。

第二十六条 人寿保险以外的其他保险的被保险人或者受益人，向保险人请求赔偿或者给付保险金的诉讼时效期间为二年，自其知道或者应当知道保险事故发生之日起计算。

人寿保险的被保险人或者受益人向保险人请求给付保险金的诉讼时效期间为五年，自其知道或者应当知道保险事故发生之日起计算。

第二十七条 未发生保险事故，被保险人或者受益人谎称发生了保险事故，向保险人提出赔偿或者给付保险金请求的，保险人有权解除合同，并不退还保险费。

投保人、被保险人故意制造保险事故的，保险人有权解除合同，不承担赔偿或者给付保险金的责任；除本法第四十三条规定外，不退还保险费。

保险事故发生后，投保人、被保险人或者受益人以伪造、变造的有关证明、资料或者其他证据，编造虚假的事故原因或者夸大损失程度的，保险人对其虚报的部分不承担赔偿或者给付保险金的责任。

投保人、被保险人或者受益人有前三款规定行为之一，致使保险人支付保险金或者支出费用的，应当退回或者赔偿。

第二十八条 保险人将其承担的保险业务，以分保形式部分转移给其他保险人的，为再保险。

应再保险接受人的要求，再保险分出人应当将其自负责任及原保险的有关情况书面告知再保险接受人。

第二十九条 再保险接受人不得向原保险的投保人要求支付保险费。

原保险的被保险人或者受益人不得向再保险接受人提出赔偿或者给付保险金的请求。

再保险分出人不得以再保险接受人未履行再保险责任为由，拒绝履行或者迟延履行其原保险责任。

第三十条 采用保险人提供的格式条款订立的保险合同，保险人与投保人、被保险人或者受益人对合同条款有争议的，应当按照通常理解予以解释。对合同条款有两种以上解释的，人民法院或者仲裁机构应当作出有利于被保险人和受益人的解释。

第二节 人身保险合同

第三十一条 投保人对下列人员具有保险利益：

（一）本人；

（二）配偶、子女、父母；

（三）前项以外与投保人有抚养、赡养或者扶养关系的家庭其他成员、近亲属；

（四）与投保人有劳动关系的劳动者。

除前款规定外，被保险人同意投保人为其订立合同的，视为投保人对被保险人具有保险利益。

订立合同时，投保人对被保险人不具有保险利益的，合同无效。

第三十二条 投保人申报的被保险人年龄不真实，并且其真实年龄不符合合同约定的年龄限制的，保险人可以解除合同，并按照合同约定退还保险单的现金价值。保险人行使合同解除权，适用本法第十六条第三款、第六款的规定。

投保人申报的被保险人年龄不真实，致使投保人支付的保险费少于应付保险费的，保险人有权更正并要求投保人补交保险费，或者在给付保险金时按照实付保险费与应付保险费的比例支付。

投保人申报的被保险人年龄不真实，致使投保人支付的保险费多于应付保险费的，保险人应当将多收的保险费退还投保人。

第三十三条 投保人不得为无民事行为能力人投保以死亡为给付保险金条件的人身保险，保险人也不得承保。

父母为其未成年子女投保的人身保险，不受前款规定限制。但是，因被保险人死亡给付的保险金总和不得超过国务院保险监督管理机构规定的限额。

第三十四条 以死亡为给付保险金条件的合同，未经被保险人同意并认可保险金额的，合同无效。

按照以死亡为给付保险金条件的合同所签发的保险单，未经被保险人书面同意，不得转让或者质押。

父母为其未成年子女投保的人身保险，不受本条第一款规定限制。

第三十五条 投保人可以按照合同约定向保险人一次支付全部保险费或者分期支付保险费。

第三十六条 合同约定分期支付保险费，投保人支付首期保险费后，除合同另有约定外，投保人自保险人催告之日起超过三十日未支付当期保险费，或者超过约定的期限六十日未支付当期保险费的，合同效力中止，或者由保险人按照合同约定的条件减少保险金额。

被保险人在前款规定期限内发生保险事故的，保险人应当按照合同约定给付保险金，但可以扣减欠交的保险费。

第三十七条 合同效力依照本法第三十六条规定中止的，经保险人与投保人协商并达成协议，在投保人补交保险费后，合同效力恢复。但是，自合同效力中止之日起满二年双方未达成协议的，保险人有权解除合同。

保险人依照前款规定解除合同的，应当按照合同约定退还保险单的现金价值。

第三十八条 保险人对人寿保险的保险费，不得用诉讼方式要求投保人支付。

第三十九条 人身保险的受益人由被保险人或者投保人指定。

投保人指定受益人时须经被保险人同意。投保人为与其有劳动关系的劳动者投保人身保险，不得指定被保险人及其近亲属以外的人为受益人。

被保险人为无民事行为能力人或者限制民事行为能力人的，可以由其监护人指定受益人。

第四十条 被保险人或者投保人可以指定一人或者数人为受益人。

受益人为数人的，被保险人或者投保人可以确定受益顺序和受益份额；未确定受益份额的，受益人按照相等份额享有受益权。

第四十一条 被保险人或者投保人可以变更受益人并书面通知保险人。保险人收到变更受益人的书面通知后，应当在保险单或者其他保险凭证上批注或者附贴批单。

投保人变更受益人时须经被保险人同意。

第四十二条 被保险人死亡后，有下列情形之一的，保险金作为被保险人的遗产，由保险人依照《中华人民共和国继承法》的规定履行给付保险金的义务：

（一）没有指定受益人，或者受益人指定不明无法确定的；

（二）受益人先于被保险人死亡，没有其他受益人的；

（三）受益人依法丧失受益权或者放弃受益权，没有其他受益人的。

受益人与被保险人在同一事件中死亡，且不能确定死亡先后顺序的，推定受益人死亡在先。

第四十三条 投保人故意造成被保险人死亡、伤残或者疾病的，保险人不承担给付保险金的责任。投保人已交足二年以上保险费的，保险人应当按照合同约定向其他权利人退还保险单的现金价值。

受益人故意造成被保险人死亡、伤残、疾病的，或者故意杀害被保险人未遂的，该受益人丧失受益权。

第四十四条 以被保险人死亡为给付保险金条件的合同，自合同成立或者合同效力恢复之日起二年内，被保险人自杀的，保险人不承担给付保险金的责任，但被保险人自杀时为无民事行为能力人的除外。

保险人依照前款规定不承担给付保险金责任的，应当按照合同约定退还保险单的现金价值。

第四十五条 因被保险人故意犯罪或者抗拒依法采取的刑事强制措施导致其伤残或者死亡的，保险人不承担给付保险金的责任。投保人已交足二年以上保险费的，保险人应当按照合同约定退还保险单的现金价值。

第四十六条 被保险人因第三者的行为而发生死亡、伤残或者疾病等保险事故的，保险人向被保险人或者受益人给付保险金后，不享有向第三者追偿的权利，但被保险人或者受益人仍有权向第三者请求赔偿。

第四十七条 投保人解除合同的，保险人应当自收到解除合同通知之日起三十日内，按照合同约定退还保险单的现金价值。

第三节　财产保险合同

第四十八条 保险事故发生时，被保险人对保险标的不具有保险利益的，不得向保险人请求赔偿保险金。

第四十九条 保险标的转让的，保险标的的受让人承继被保险人的权利和义务。

保险标的转让的，被保险人或者受让人应当及时通知保险人，但货物运输保险合同和另有约定的合同除外。

因保险标的转让导致危险程度显著增加的，保险人自收到前款规定的通知之日起三十日内，可以按照合同约定增加保险费或者解除合同。保险人解除合同的，应当将已收取的保险费，按照合同约定扣除自保险责任开始之日起至合同解除之日止应收的部分后，退还投保人。

被保险人、受让人未履行本条第二款规定的通知义务的，因转让导致保险标的的危险程度显著增加而发生的保险事故，保险人不承担赔偿保险金的责任。

第五十条 货物运输保险合同和运输工具航程保险合同，保险责任开始后，合同当事人不得解除合同。

第五十一条 被保险人应当遵守国家有关消防、安全、生产操作、劳动保护等方面的规定，维护保险标的的安全。

保险人可以按照合同约定对保险标的的安全状况进行检查，及时向投保人、被保险人提出消除不安全因素和隐患的书面建议。

投保人、被保险人未按照约定履行其对保险标的的安全应尽责任的，保险人有权要求增加保险费或者解除合同。

保险人为维护保险标的的安全，经被保险人同意，可以采取安全预防措施。

第五十二条 在合同有效期内，保险标的的危险程度显著增加的，被保险人应当按照合同约定及时通知保险人，保险人可以按照合同约定增加保险费或者解除合同。保险人解除合同的，应当将已收取的保险费，按照合同约定扣除自保险责任开始之日起至合同解除之日止应收的部分后，退还投保人。

被保险人未履行前款规定的通知义务的，因保险标的的危险程度显著增加而发生的保险事故，保险人不承担赔偿保险金的责任。

第五十三条 有下列情形之一的，除合同另有约定外，保险人应当降低保险费，并按日计算退还相应的保险费：

（一）据以确定保险费率的有关情况发生变化，保险标的的危险程度明显减少的；

（二）保险标的的保险价值明显减少的。

第五十四条 保险责任开始前，投保人要求解除合同的，应当按照合同约定向保险人支付手续费，保险人应当退还保险费。保险责任开始后，投保人要求解除合同的，保险人应当将已收取的保险费，按照合同约定扣除自保险责任开始之日起至合同解除之日止应收的部分后，退还投保人。

第五十五条 投保人和保险人约定保险标的的保险价值并在合同中载明的，保险标的发生损失时，以约定的保险价值为赔偿计算标准。

投保人和保险人未约定保险标的的保险价值的，保险标的发生损失时，以保险事故发生时保险标的的实际价值为赔偿计算标准。

保险金额不得超过保险价值。超过保险价值的，超过部分无效，保险人应当退还相应的保险费。

保险金额低于保险价值的，除合同另有约定外，保险人按照保险金额与保险价值的比例承担赔偿保险金的责任。

第五十六条 重复保险的投保人应当将重复保险的有关情况通知各保险人。

重复保险的各保险人赔偿保险金的总和不得超过保险价值。除合同另有约定外，各保险人按照其保险金额与保险金额总和的比例承担赔偿保险金的责任。

重复保险的投保人可以就保险金额总和超过保险价值的部分，请求各保险人按比例返还保险费。

重复保险是指投保人对同一保险标的、同一保险利益、同一保险事故分别与两个以上保险人订立保险合同，且保险金额总和超过保险价值的保险。

第五十七条 保险事故发生时，被保险人应当尽力采取必要的措施，防止或者减少损失。

保险事故发生后，被保险人为防止或者减少保险标的的损失所支付的必要的、合理的费用，由保险人承担；保险人所承担的费用数额在保险标的损失赔偿金额以外另行计算，最高不超过保险金额的数额。

第五十八条 保险标的发生部分损失的，自保险人赔偿之日起三十日内，投保人可以解除合同；除合同另有约定外，保险人也可以解除合同，但应当提前十五日通知投保人。

合同解除的，保险人应当将保险标的未受损失部分的保险费，按照合同约定扣除自保险责任开始之日起至合同解除之日止应收的部分后，退还投保人。

第五十九条 保险事故发生后，保险人已支付了全部保险金额，并且保险金额等于保险价值的，受损保险标的的全部权利归于保险人；保险金额低于保险价值的，保险人按照保险金额与保险价值的比例取得受损保险标的的部分权利。

第六十条 因第三者对保险标的的损害而造成保险事故的，保险人自向被保险人赔偿保险金之日起，在赔偿金额范围内代位行使被保险人对第三者请求赔偿的权利。

前款规定的保险事故发生后，被保险人已经从第三者取得损害赔偿的，保险人赔偿保险金时，可以相应扣减被保险人从第三者已取得的赔偿金额。

保险人依照本条第一款规定行使代位请求赔偿的权利，不影响被保险人就未取得赔偿的部分向第三者请求赔偿的权利。

第六十一条 保险事故发生后，保险人未赔偿保险金之前，被保险人放弃对第三者请求赔偿的权利的，保险人不承担赔偿保险金的责任。

保险人向被保险人赔偿保险金后，被保险人未经保险人同意放弃对第三者请求赔偿的权利的，该行为无效。

被保险人故意或者因重大过失致使保险人不能行使代位请求赔偿的权利的，保险人可以扣减或者要求返还相应的保险金。

第六十二条 除被保险人的家庭成员或者其组成人员故意造成本法第六十条第一款规定的保险事故外，保险人不得对被保险人的家庭成员或者其组成人员行使代位请求赔偿的权利。

第六十三条 保险人向第三者行使代位请求赔偿的权利时，被保险人应当向保险人提供必要的文件和所知道的有关情况。

第六十四条 保险人、被保险人为查明和确定保险事故的性质、原因和保险标的的损失程度所支付的必要的、合理的费用，由保险人承担。

第六十五条 保险人对责任保险的被保险人给第三者造成的损害，可以依照法律的规定或者合同的约定，直接向该第三者赔偿保险金。

责任保险的被保险人给第三者造成损害，被保险人对第三者应负的赔偿责任确定的，根据被保险人的请求，保险人应当直接向该第三者赔偿保险金。被保险人怠于请求的，第三者有权就其应获赔偿部分直接向保险人请求赔偿保险金。

责任保险的被保险人给第三者造成损害，被保险人未向该第三者赔偿的，保险人不得向被保险人赔偿保险金。

责任保险是指以被保险人对第三者依法应负的赔偿责任为保险标的的保险。

第六十六条 责任保险的被保险人因给第三者造成损害的保险事故而被提起仲裁或者诉讼的，被保险人支付的仲裁或者诉讼费用以及其他必要的、合理的费用，除合同另有约定外，由保险人承担。

第三章 保险公司

第六十七条 设立保险公司应当经国务院保险监督管理机构批准。

国务院保险监督管理机构审查保险公司的设立申请时，应当考虑保险业的发展和公平竞争的需要。

第六十八条 设立保险公司应当具备下列条件：

（一）主要股东具有持续盈利能力，信誉良好，最近三年内无重大违法违规记录，净资产不低于人民币二亿元；

（二）有符合本法和《中华人民共和国公司法》规定的章程；

（三）有符合本法规定的注册资本；

（四）有具备任职专业知识和业务工作经验的董事、监事和高级管理人员；

（五）有健全的组织机构和管理制度；

（六）有符合要求的营业场所和与经营业务有关的其他设施；

（七）法律、行政法规和国务院保险监督管理机构规定的其他条件。

第六十九条 设立保险公司，其注册资本的最低限额为人民币二亿元。

国务院保险监督管理机构根据保险公司的业务范围、经营规模，可以调整其注册资本的最低限额，但不得低于本条第一款规定的限额。

保险公司的注册资本必须为实缴货币资本。

第七十条 申请设立保险公司，应当向国务院保险监督管理机构提出书面申请，并提交下列材料：

（一）设立申请书，申请书应当载明拟设立的保险公司的名称、注册资本、业务范围等；

（二）可行性研究报告；

（三）筹建方案；

（四）投资人的营业执照或者其他背景资料，经会计师事务所审计的上一年度财务会计报告；

（五）投资人认可的筹备组负责人和拟任董事长、经理名单及本人认可证明；

（六）国务院保险监督管理机构规定的其他材料。

第七十一条 国务院保险监督管理机构应当对设立保险公司的申请进行审查，自受理之日起六个月内作出批准或者不批准筹建的决定，并书面通知申请人。决定不批准的，应当书面说明理由。

第七十二条 申请人应当自收到批准筹建通知之日起一年内完成筹建工作；筹建期间不得从事保险经营活动。

第七十三条 筹建工作完成后，申请人具备本法第六十八条规定的设立条件的，可以向国务院保险监督管理机构提出开业申请。

国务院保险监督管理机构应当自受理开业申请之日起六十日内，作出批准或者不批准开业的决定。决定批准的，颁发经营保险业务许可证；决定不批准的，应当书面通知申请人并说明理由。

第七十四条 保险公司在中华人民共和国境内设立分支机构，应当经保险监督管理机构批准。

保险公司分支机构不具有法人资格，其民事责任由保险公司承担。

第七十五条 保险公司申请设立分支机构，应当向保险监督管理机构提出书面申请，并提交下列材料：

（一）设立申请书；

（二）拟设机构三年业务发展规划和市场分析材料；

（三）拟任高级管理人员的简历及相关证明材料；

（四）国务院保险监督管理机构规定的其他材料。

第七十六条 保险监督管理机构应当对保险公司设立分支机构的申请进行审查，自受理之日起六十日内作出批准或者不批准的决定。决定批准的，颁发分支机构经营保险业务许可证；决定不批准的，应当书面通知申请人并说明理由。

第七十七条 经批准设立的保险公司及其分支机构，凭经营保险业务许可证向工商行政管理机关办理登记，领取营业执照。

第七十八条 保险公司及其分支机构自取得经营保险业务许可证之日起六个月内，无正当理由未向工商行政管理机关办理登记的，其经营保险业务许可证失效。

第七十九条 保险公司在中华人民共和国境外设立子公司、分支机构、代表机构，应当经国务院保险监督管理机构批准。

第八十条 外国保险机构在中华人民共和国境内设立代表机构，应当经国务院保险监督管理机构批准。代表机构不得从事保险经营活动。

第八十一条 保险公司的董事、监事和高级管理人员，应当品行良好，熟悉与保险相关的法律、行政法规，具有履行职责所需的经营管理能力，并在任职前取得保险监督管理机构核准的任职资格。

保险公司高级管理人员的范围由国务院保险监督管理机构规定。

第八十二条 有《中华人民共和国公司法》第一百四十七条规定的情形或者下列情形之一的，不得担任保险公司的董事、监事、高级管理人员：

（一）因违法行为或者违纪行为被金融监督管理机构取消任职资格的金融机

构的董事、监事、高级管理人员，自被取消任职资格之日起未逾五年的；

（二）因违法行为或者违纪行为被吊销执业资格的律师、注册会计师或者资产评估机构、验证机构等机构的专业人员，自被吊销执业资格之日起未逾五年的。

第八十三条 保险公司的董事、监事、高级管理人员执行公司职务时违反法律、行政法规或者公司章程的规定，给公司造成损失的，应当承担赔偿责任。

第八十四条 保险公司有下列情形之一的，应当经保险监督管理机构批准：

（一）变更名称；

（二）变更注册资本；

（三）变更公司或者分支机构的营业场所；

（四）撤销分支机构；

（五）公司分立或者合并；

（六）修改公司章程；

（七）变更出资额占有限责任公司资本总额百分之五以上的股东，或者变更持有股份有限公司股份百分之五以上的股东；

（八）国务院保险监督管理机构规定的其他情形。

第八十五条 保险公司应当聘用经国务院保险监督管理机构认可的精算专业人员，建立精算报告制度。

保险公司应当聘用专业人员，建立合规报告制度。

第八十六条 保险公司应当按照保险监督管理机构的规定，报送有关报告、报表、文件和资料。

保险公司的偿付能力报告、财务会计报告、精算报告、合规报告及其他有关报告、报表、文件和资料必须如实记录保险业务事项，不得有虚假记载、误导性陈述和重大遗漏。

第八十七条 保险公司应当按照国务院保险监督管理机构的规定妥善保管业务经营活动的完整账簿、原始凭证和有关资料。

前款规定的账簿、原始凭证和有关资料的保管期限，自保险合同终止之日起计算，保险期间在一年以下的不得少于五年，保险期间超过一年的不得少于十年。

第八十八条 保险公司聘请或者解聘会计师事务所、资产评估机构、资信评级机构等中介服务机构，应当向保险监督管理机构报告；解聘会计师事务所、资产评估机构、资信评级机构等中介服务机构，应当说明理由。

第八十九条 保险公司因分立、合并需要解散，或者股东会、股东大会决议解散，或者公司章程规定的解散事由出现，经国务院保险监督管理机构批准后解散。

经营有人寿保险业务的保险公司，除因分立、合并或者被依法撤销外，不得解散。

保险公司解散，应当依法成立清算组进行清算。

第九十条 保险公司有《中华人民共和国企业破产法》第二条规定情形的，经国务院保险监督管理机构同意，保险公司或者其债权人可以依法向人民法院申请重整、和解或者破产清算；国务院保险监督管理机构也可以依法向人民法院申请对该保险公司进行重整或者破产清算。

第九十一条 破产财产在优先清偿破产费用和共益债务后，按照下列顺序清偿：

（一）所欠职工工资和医疗、伤残补助、抚恤费用，所欠应当划入职工个人账户的基本养老保险、基本医疗保险费用，以及法律、行政法规规定应当支付给职工的补偿金；

（二）赔偿或者给付保险金；

（三）保险公司欠缴的除第（一）项规定以外的社会保险费用和所欠税款；

（四）普通破产债权。

破产财产不足以清偿同一顺序的清偿要求的，按照比例分配。

破产保险公司的董事、监事和高级管理人员的工资，按照该公司职工的平均工资计算。

第九十二条 经营有人寿保险业务的保险公司被依法撤销或者被依法宣告破产的，其持有的人寿保险合同及责任准备金，必须转让给其他经营有人寿保险业务的保险公司；不能同其他保险公司达成转让协议的，由国务院保险监督管理机构指定经营有人寿保险业务的保险公司接受转让。

转让或者由国务院保险监督管理机构指定接受转让前款规定的人寿保险合同及责任准备金的，应当维护被保险人、受益人的合法权益。

第九十三条 保险公司依法终止其业务活动，应当注销其经营保险业务许可证。

第九十四条 保险公司，除本法另有规定外，适用《中华人民共和国公司法》的规定。

第四章 保险经营规则

第九十五条 保险公司的业务范围：

（一）人身保险业务，包括人寿保险、健康保险、意外伤害保险等保险业务；

（二）财产保险业务，包括财产损失保险、责任保险、信用保险、保证保险等保险业务；

（三）国务院保险监督管理机构批准的与保险有关的其他业务。

保险人不得兼营人身保险业务和财产保险业务。但是，经营财产保险业务的保险公司经国务院保险监督管理机构批准，可以经营短期健康保险业务和意外伤害保险业务。

保险公司应当在国务院保险监督管理机构依法批准的业务范围内从事保险经营活动。

第九十六条 经国务院保险监督管理机构批准，保险公司可以经营本法第九十五条规定的保险业务的下列再保险业务：

（一）分出保险；

（二）分入保险。

第九十七条 保险公司应当按照其注册资本总额的百分之二十提取保证金，存入国务院保险监督管理机构指定的银行，除公司清算时用于清偿债务外，不得动用。

第九十八条 保险公司应当根据保障被保险人利益、保证偿付能力的原则，提取各项责任准备金。

保险公司提取和结转责任准备金的具体办法，由国务院保险监督管理机构制定。

第九十九条 保险公司应当依法提取公积金。

第一百条 保险公司应当缴纳保险保障基金。

保险保障基金应当集中管理，并在下列情形下统筹使用：

（一）在保险公司被撤销或者被宣告破产时，向投保人、被保险人或者受益人提供救济；

（二）在保险公司被撤销或者被宣告破产时，向依法接受其人寿保险合同的保险公司提供救济；

（三）国务院规定的其他情形。

保险保障基金筹集、管理和使用的具体办法，由国务院制定。

第一百零一条 保险公司应当具有与其业务规模和风险程度相适应的最低偿付能力。保险公司的认可资产减去认可负债的差额不得低于国务院保险监督管理机构规定的数额；低于规定数额的，应当按照国务院保险监督管理机构的要求采取相应措施达到规定的数额。

第一百零二条 经营财产保险业务的保险公司当年自留保险费，不得超过其实有资本金加公积金总和的四倍。

第一百零三条 保险公司对每一危险单位，即对一次保险事故可能造成的最大损失范围所承担的责任，不得超过其实有资本金加公积金总和的百分之十；超过的部分应当办理再保险。

保险公司对危险单位的划分应当符合国务院保险监督管理机构的规定。

第一百零四条 保险公司对危险单位的划分方法和巨灾风险安排方案，应当报国务院保险监督管理机构备案。

第一百零五条 保险公司应当按照国务院保险监督管理机构的规定办理再保险，并审慎选择再保险接受人。

第一百零六条 保险公司的资金运用必须稳健，遵循安全性原则。

保险公司的资金运用限于下列形式：

（一）银行存款；

（二）买卖债券、股票、证券投资基金份额等有价证券；

（三）投资不动产；

（四）国务院规定的其他资金运用形式。

保险公司资金运用的具体管理办法，由国务院保险监督管理机构依照前两款的规定制定。

第一百零七条 经国务院保险监督管理机构会同国务院证券监督管理机构批准，保险公司可以设立保险资产管理公司。

保险资产管理公司从事证券投资活动，应当遵守《中华人民共和国证券法》等法律、行政法规的规定。

保险资产管理公司的管理办法，由国务院保险监督管理机构会同国务院有关部门制定。

第一百零八条 保险公司应当按照国务院保险监督管理机构的规定，建立对关联交易的管理和信息披露制度。

第一百零九条 保险公司的控股股东、实际控制人、董事、监事、高级管理人员不得利用关联交易损害公司的利益。

第一百一十条 保险公司应当按照国务院保险监督管理机构的规定，真实、准确、完整地披露财务会计报告、风险管理状况、保险产品经营情况等重大事项。

第一百一十一条 保险公司从事保险销售的人员应当品行良好，具有保险销售所需的专业能力。保险销售人员的行为规范和管理办法，由国务院保险监督管理机构规定。

第一百一十二条 保险公司应当建立保险代理人登记管理制度，加强对保险代理人的培训和管理，不得唆使、诱导保险代理人进行违背诚信义务的活动。

第一百一十三条 保险公司及其分支机构应当依法使用经营保险业务许可证，不得转让、出租、出借经营保险业务许可证。

第一百一十四条 保险公司应当按照国务院保险监督管理机构的规定，公平、合理拟订保险条款和保险费率，不得损害投保人、被保险人和受益人的合法权益。

保险公司应当按照合同约定和本法规定，及时履行赔偿或者给付保险金义务。

第一百一十五条 保险公司开展业务，应当遵循公平竞争的原则，不得从事不正当竞争。

第一百一十六条 保险公司及其工作人员在保险业务活动中不得有下列行为：

（一）欺骗投保人、被保险人或者受益人；

（二）对投保人隐瞒与保险合同有关的重要情况；

（三）阻碍投保人履行本法规定的如实告知义务，或者诱导其不履行本法规定的如实告知义务；

（四）给予或者承诺给予投保人、被保险人、受益人保险合同约定以外的保险费回扣或者其他利益；

（五）拒不依法履行保险合同约定的赔偿或者给付保险金义务；

（六）故意编造未曾发生的保险事故、虚构保险合同或者故意夸大已经发生的保险事故的损失程度进行虚假理赔，骗取保险金或者牟取其他不正当利益；

（七）挪用、截留、侵占保险费；

（八）委托未取得合法资格的机构或者个人从事保险销售活动；

（九）利用开展保险业务为其他机构或者个人牟取不正当利益；

（十）利用保险代理人、保险经纪人或者保险评估机构，从事以虚构保险中介业务或者编造退保等方式套取费用等违法活动；

（十一）以捏造、散布虚假事实等方式损害竞争对手的商业信誉，或者以其他不正当竞争行为扰乱保险市场秩序；

（十二）泄露在业务活动中知悉的投保人、被保险人的商业秘密；

（十三）违反法律、行政法规和国务院保险监督管理机构规定的其他行为。

第五章　保险代理人和保险经纪人

第一百一十七条 保险代理人是根据保险人的委托，向保险人收取佣金，并在保险人授权的范围内代为办理保险业务的机构或者个人。

保险代理机构包括专门从事保险代理业务的保险专业代理机构和兼营保险代理业务的保险兼业代理机构。

第一百一十八条 保险经纪人是基于投保人的利益，为投保人与保险人订立保险合同提供中介服务，并依法收取佣金的机构。

第一百一十九条 保险代理机构、保险经纪人应当具备国务院保险监督管理机构规定的条件，取得保险监督管理机构颁发的经营保险代理业务许可证、保险经纪业务许可证。

第一百二十条 以公司形式设立保险专业代理机构、保险经纪人，其注册资本最低限额适用《中华人民共和国公司法》的规定。

国务院保险监督管理机构根据保险专业代理机构、保险经纪人的业务范围和经营规模，可以调整其注册资本的最低限额，但不得低于《中华人民共和国公司法》规定的限额。

保险专业代理机构、保险经纪人的注册资本或者出资额必须为实缴货币资本。

第一百二十一条 保险专业代理机构、保险经纪人的高级管理人员，应当品行良好，熟悉保险法律、行政法规，具有履行职责所需的经营管理能力，并在任职前取得保险监督管理机构核准的任职资格。

第一百二十二条 个人保险代理人、保险代理机构的代理从业人员、保险经纪人的经纪从业人员，应当品行良好，具有从事保险代理业务或者保险经纪业务所需的专业能力。

第一百二十三条 保险代理机构、保险经纪人应当有自己的经营场所，设立专门账簿记载保险代理业务、经纪业务的收支情况。

第一百二十四条 保险代理机构、保险经纪人应当按照国务院保险监督管理机构的规定缴存保证金或者投保职业责任保险。

第一百二十五条 个人保险代理人在代为办理人寿保险业务时，不得同时接受两个以上保险人的委托。

第一百二十六条 保险人委托保险代理人代为办理保险业务，应当与保险代理人签订委托代理协议，依法约定双方的权利和义务。

第一百二十七条 保险代理人根据保险人的授权代为办理保险业务的行为，由保险人承担责任。

保险代理人没有代理权、超越代理权或者代理权终止后以保险人名义订立合同，使投保人有理由相信其有代理权的，该代理行为有效。保险人可以依法追究越权的保险代理人的责任。

第一百二十八条 保险经纪人因过错给投保人、被保险人造成损失的，依法承担赔偿责任。

第一百二十九条 保险活动当事人可以委托保险公估机构等依法设立的独立评估机构或者具有相关专业知识的人员，对保险事故进行评估和鉴定。

接受委托对保险事故进行评估和鉴定的机构和人员，应当依法、独立、客观、公正地进行评估和鉴定，任何单位和个人不得干涉。

前款规定的机构和人员，因故意或者过失给保险人或者被保险人造成损失的，依法承担赔偿责任。

第一百三十条 保险佣金只限于向保险代理人、保险经纪人支付，不得向其他人支付。

第一百三十一条 保险代理人、保险经纪人及其从业人员在办理保险业务活动中不得有下列行为：

（一）欺骗保险人、投保人、被保险人或者受益人；

（二）隐瞒与保险合同有关的重要情况；

（三）阻碍投保人履行本法规定的如实告知义务，或者诱导其不履行本法规定的如实告知义务；

（四）给予或者承诺给予投保人、被保险人或者受益人保险合同约定以外的利益；

（五）利用行政权力、职务或者职业便利以及其他不正当手段强迫、引诱或者限制投保人订立保险合同；

（六）伪造、擅自变更保险合同，或者为保险合同当事人提供虚假证明材料；

（七）挪用、截留、侵占保险费或者保险金；

（八）利用业务便利为其他机构或者个人牟取不正当利益；

（九）串通投保人、被保险人或者受益人，骗取保险金；

（十）泄露在业务活动中知悉的保险人、投保人、被保险人的商业秘密。

第一百三十二条 本法第八十六条第一款、第一百一十三条的规定，适用于保险代理机构和保险经纪人。

第六章 保险业监督管理

第一百三十三条 保险监督管理机构依照本法和国务院规定的职责，遵循依法、公开、公正的原则，对保险业实施监督管理，维护保险市场秩序，保护投保人、被保险人和受益人的合法权益。

第一百三十四条 国务院保险监督管理机构依照法律、行政法规制定并发布有关保险业监督管理的规章。

第一百三十五条 关系社会公众利益的保险险种、依法实行强制保险的险种和新开发的人寿保险险种等的保险条款和保险费率，应当报国务院保险监督管理机构批准。国务院保险监督管理机构审批时，应当遵循保护社会公众利益和防止不正当竞争的原则。其他保险险种的保险条款和保险费率，应当报保险监督管理机构备案。

保险条款和保险费率审批、备案的具体办法，由国务院保险监督管理机构依照前款规定制定。

第一百三十六条 保险公司使用的保险条款和保险费率违反法律、行政法规或者国务院保险监督管理机构的有关规定的，由保险监督管理机构责令停止使用，限期修改；情节严重的，可以在一定期限内禁止申报新的保险条款和保险费率。

第一百三十七条 国务院保险监督管理机构应当建立健全保险公司偿付能力监管体系，对保险公司的偿付能力实施监控。

第一百三十八条 对偿付能力不足的保险公司，国务院保险监督管理机构应当将其列为重点监管对象，并可以根据具体情况采取下列措施：

（一）责令增加资本金、办理再保险；

（二）限制业务范围；

（三）限制向股东分红；

（四）限制固定资产购置或者经营费用规模；

（五）限制资金运用的形式、比例；

（六）限制增设分支机构；

（七）责令拍卖不良资产、转让保险业务；

（八）限制董事、监事、高级管理人员的薪酬水平；

（九）限制商业性广告；

（十）责令停止接受新业务。

第一百三十九条 保险公司未依照本法规定提取或者结转各项责任准备金，或者未依照本法规定办理再保险，或者严重违反本法关于资金运用的规定的，由保险监督管理机构责令限期改正，并可以责令调整负责人及有关管理人员。

第一百四十条 保险监督管理机构依照本法第一百三十九条的规定作出限期改正的决定后，保险公司逾期未改正的，国务院保险监督管理机构可以决定选派保险专业人员和指定该保险公司的有关人员组成整顿组，对公司进行整顿。

整顿决定应当载明被整顿公司的名称、整顿理由、整顿组成员和整顿期限，并予以公告。

第一百四十一条 整顿组有权监督被整顿保险公司的日常业务。被整顿公司的负责人及有关管理人员应当在整顿组的监督下行使职权。

第一百四十二条 整顿过程中，被整顿保险公司的原有业务继续进行。但是，国务院保险监督管理机构可以责令被整顿公司停止部分原有业务、停止接受新业务，调整资金运用。

第一百四十三条 被整顿保险公司经整顿已纠正其违反本法规定的行为，恢复正常经营状况的，由整顿组提出报告，经国务院保险监督管理机构批准，结束整顿，并由国务院保险监督管理机构予以公告。

第一百四十四条 保险公司有下列情形之一的，国务院保险监督管理机构可以对其实行接管：

（一）公司的偿付能力严重不足的；

（二）违反本法规定，损害社会公共利益，可能严重危及或者已经严重危及公司的偿付能力的。

被接管的保险公司的债权债务关系不因接管而变化。

第一百四十五条 接管组的组成和接管的实施办法，由国务院保险监督管理机构决定，并予以公告。

第一百四十六条 接管期限届满，国务院保险监督管理机构可以决定延长接管期限，但接管期限最长不得超过二年。

第一百四十七条 接管期限届满，被接管的保险公司已恢复正常经营能力的，由国务院保险监督管理机构决定终止接管，并予以公告。

第一百四十八条 被整顿、被接管的保险公司有《中华人民共和国企业破产法》第二条规定情形的，国务院保险监督管理机构可以依法向人民法院申请对该保险公司进行重整或者破产清算。

第一百四十九条 保险公司因违法经营被依法吊销经营保险业务许可证的，或者偿付能力低于国务院保险监督管理机构规定标准，不予撤销将严重危害保险市场秩序、损害公共利益的，由国务院保险监督管理机构予以撤销并公告，依法及时组织清算组进行清算。

第一百五十条 国务院保险监督管理机构有权要求保险公司股东、实际控制人在指定的期限内提供有关信息和资料。

第一百五十一条 保险公司的股东利用关联交易严重损害公司利益，危及公司偿付能力的，由国务院保险监督管理机构责令改正。在按照要求改正前，国务院保险监督管理机构可以限制其股东权利；拒不改正的，可以责令其转让所持的保险公司股权。

第一百五十二条 保险监督管理机构根据履行监督管理职责的需要，可以与保险公司董事、监事和高级管理人员进行监督管理谈话，要求其就公司的业务活动和风险管理的重大事项作出说明。

第一百五十三条 保险公司在整顿、接管、撤销清算期间，或者出现重大风险时，国务院保险监督管理机构可以对该公司直接负责的董事、监事、高级管理人员和其他直接责任人员采取以下措施：

（一）通知出境管理机关依法阻止其出境；

（二）申请司法机关禁止其转移、转让或者以其他方式处分财产，或者在财产上设定其他权利。

第一百五十四条 保险监督管理机构依法履行职责，可以采取下列措施：

（一）对保险公司、保险代理人、保险经纪人、保险资产管理公司、外国保险机构的代表机构进行现场检查；

（二）进入涉嫌违法行为发生场所调查取证；

（三）询问当事人及与被调查事件有关的单位和个人，要求其对与被调查事件有关的事项作出说明；

（四）查阅、复制与被调查事件有关的财产权登记等资料；

（五）查阅、复制保险公司、保险代理人、保险经纪人、保险资产管理公司、外国保险机构的代表机构以及与被调查事件有关的单位和个人的财务会计资料及其他相关文件和资料；对可能被转移、隐匿或者毁损的文件和资料予以封存；

（六）查询涉嫌违法经营的保险公司、保险代理人、保险经纪人、保险资产管理公司、外国保险机构的代表机构以及与涉嫌违法事项有关的单位和个人的银行账户；

（七）对有证据证明已经或者可能转移、隐匿违法资金等涉案财产或者隐匿、伪造、毁损重要证据的，经保险监督管理机构主要负责人批准，申请人民法院予以冻结或者查封。

保险监督管理机构采取前款第（一）项、第（二）项、第（五）项措施的，应当经保险监督管理机构负责人批准；采取第（六）项措施的，应当经国务院保险监督管理机构负责人批准。

保险监督管理机构依法进行监督检查或者调查，其监督检查、调查的人员不得少于二人，并应当出示合法证件和监督检查、调查通知书；监督检查、调查的人员少于二人或者未出示合法证件和监督检查、调查通知书的，被检查、调查的单位和个人有权拒绝。

第一百五十五条 保险监督管理机构依法履行职责，被检查、调查的单位和个人应当配合。

第一百五十六条 保险监督管理机构工作人员应当忠于职守，依法办事，公正廉洁，不得利用职务便利牟取不正当利益，不得泄露所知悉的有关单位和个人的商业秘密。

第一百五十七条 国务院保险监督管理机构应当与中国人民银行、国务院其他金融监督管理机构建立监督管理信息共享机制。

保险监督管理机构依法履行职责，进行监督检查、调查时，有关部门应当予以配合。

第七章 法律责任

第一百五十八条 违反本法规定，擅自设立保险公司、保险资产管理公司或者非法经营商业保险业务的，由保险监督管理机构予以取缔，没收违法所得，并处违法所得一倍以上五倍以下的罚款；没有违法所得或者违法所得不足二十万元的，处二十万元以上一百万元以下的罚款。

第一百五十九条 违反本法规定，擅自设立保险专业代理机构、保险经纪人，或者未取得经营保险代理业务许可证、保险经纪业务许可证从事保险代理业务、保险经纪业务的，由保险监督管理机构予以取缔，没收违法所得，并处违法所得一倍以上五倍以下的罚款；没有违法所得或者违法所得不足五万元的，处五万元以上三十万元以下的罚款。

第一百六十条 保险公司违反本法规定，超出批准的业务范围经营的，由保险监督管理机构责令限期改正，没收违法所得，并处违法所得一倍以上五倍以下的罚款；没有违法所得或者违法所得不足十万元的，处十万元以上五十万元以下的罚款。逾期不改正或者造成严重后果的，责令停业整顿或者吊销业务许可证。

第一百六十一条 保险公司有本法第一百一十六条规定行为之一的，由保险监督管理机构责令改正，处五万元以上三十万元以下的罚款；情节严重的，限制其业务范围、责令停止接受新业务或者吊销业务许可证。

第一百六十二条 保险公司违反本法第八十四条规定的，由保险监督管理机构责令改正，处一万元以上十万元以下的罚款。

第一百六十三条 保险公司违反本法规定，有下列行为之一的，由保险监督管理机构责令改正，处五万元以上三十万元以下的罚款：

（一）超额承保，情节严重的；

（二）为无民事行为能力人承保以死亡为给付保险金条件的保险的。

第一百六十四条 违反本法规定，有下列行为之一的，由保险监督管理机构责令改正，处五万元以上三十万元以下的罚款；情节严重的，可以限制其业务范围、责令停止接受新业务或者吊销业务许可证：

（一）未按照规定提存保证金或者违反规定动用保证金的；

（二）未按照规定提取或者结转各项责任准备金的；

（三）未按照规定缴纳保险保障基金或者提取公积金的；

（四）未按照规定办理再保险的；

（五）未按照规定运用保险公司资金的；

（六）未经批准设立分支机构或者代表机构的；

（七）未按照规定申请批准保险条款、保险费率的。

第一百六十五条 保险代理机构、保险经纪人有本法第一百三十一条规定行为之一的，由保险监督管理机构责令改正，处五万元以上三十万元以下的罚款；情节严重的，吊销业务许可证。

第一百六十六条 保险代理机构、保险经纪人违反本法规定，有下列行为之一的，由保险监督管理机构责令改正，处二万元以上十万元以下的罚款；情节严重的，责令停业整顿或者吊销业务许可证：

（一）未按照规定缴存保证金或者投保职业责任保险的；

（二）未按照规定设立专门账簿记载业务收支情况的。

第一百六十七条 违反本法规定，聘任不具有任职资格的人员的，由保险监督管理机构责令改正，处二万元以上十万元以下的罚款。

第一百六十八条 违反本法规定，转让、出租、出借业务许可证的，由保险监督管理机构处一万元以上十万元以下的罚款；情节严重的，责令停业整顿或者吊销业务许可证。

第一百六十九条 违反本法规定，有下列行为之一的，由保险监督管理机构责令限期改正；逾期不改正的，处一万元以上十万元以下的罚款：

（一）未按照规定报送或者保管报告、报表、文件、资料的，或者未按照规定提供有关信息、资料的；

（二）未按照规定报送保险条款、保险费率备案的；

（三）未按照规定披露信息的。

第一百七十条 违反本法规定，有下列行为之一的，由保险监督管理机构责令改正，处十万元以上五十万元以下的罚款；情节严重的，可以限制其业务范围、责令停止接受新业务或者吊销业务许可证：

（一）编制或者提供虚假的报告、报表、文件、资料的；

（二）拒绝或者妨碍依法监督检查的；

（三）未按照规定使用经批准或者备案的保险条款、保险费率的。

第一百七十一条 保险公司、保险资产管理公司、保险专业代理机构、保险经纪人违反本法规定的，保险监督管理机构除分别依照本法第一百六十条至第一百七十条的规定对该单位给予处罚外，对其直接负责的主管人员和其他直接责任人员给予警告，并处一万元以上十万元以下的罚款；情节严重的，撤销任职资格或者从业资格。

第一百七十二条 个人保险代理人违反本法规定的，由保险监督管理机构给予警告，可以并处二万元以下的罚款；情节严重的，处二万元以上十万元以下的罚款，并可以吊销其资格证书。

未取得合法资格的人员从事个人保险代理活动的，由保险监督管理机构给予警告，可以并处二万元以下的罚款；情节严重的，处二万元以上十万元以下的罚款。

第一百七十三条 外国保险机构未经国务院保险监督管理机构批准，擅自在中华人民共和国境内设立代表机构的，由国务院保险监督管理机构予以取缔，处五万元以上三十万元以下的罚款。

外国保险机构在中华人民共和国境内设立的代表机构从事保险经营活动的，由保险监督管理机构责令改正，没收违法所得，并处违法所得一倍以上五倍以下的罚款；没有违法所得或者违法所得不足二十万元的，处二十万元以上一百万元以下的罚款；对其首席代表可以责令撤换；情节严重的，撤销其代表机构。

第一百七十四条 投保人、被保险人或者受益人有下列行为之一，进行保险诈骗活动，尚不构成犯罪的，依法给予行政处罚：

（一）投保人故意虚构保险标的，骗取保险金的；

（二）编造未曾发生的保险事故，或者编造虚假的事故原因或者夸大损失程度，骗取保险金的；

（三）故意造成保险事故，骗取保险金的。

保险事故的鉴定人、评估人、证明人故意提供虚假的证明文件，为投保人、被保险人或者受益人进行保险诈骗提供条件的，依照前款规定给予处罚。

第一百七十五条 违反本法规定，给他人造成损害的，依法承担民事责任。

第一百七十六条　拒绝、阻碍保险监督管理机构及其工作人员依法行使监督检查、调查职权，未使用暴力、威胁方法的，依法给予治安管理处罚。

第一百七十七条　违反法律、行政法规的规定，情节严重的，国务院保险监督管理机构可以禁止有关责任人员一定期限直至终身进入保险业。

第一百七十八条　保险监督管理机构从事监督管理工作的人员有下列情形之一的，依法给予处分：

（一）违反规定批准机构的设立的；

（二）违反规定进行保险条款、保险费率审批的；

（三）违反规定进行现场检查的；

（四）违反规定查询账户或者冻结资金的；

（五）泄露其知悉的有关单位和个人的商业秘密的；

（六）违反规定实施行政处罚的；

（七）滥用职权、玩忽职守的其他行为。

第一百七十九条　违反本法规定，构成犯罪的，依法追究刑事责任。

第八章　附则

第一百八十条　保险公司应当加入保险行业协会。保险代理人、保险经纪人、保险公估机构可以加入保险行业协会。

保险行业协会是保险业的自律性组织，是社会团体法人。

第一百八十一条　保险公司以外的其他依法设立的保险组织经营的商业保险业务，适用本法。

第一百八十二条　海上保险适用《中华人民共和国海商法》的有关规定；《中华人民共和国海商法》未规定的，适用本法的有关规定。

第一百八十三条　中外合资保险公司、外资独资保险公司、外国保险公司分公司适用本法规定；法律、行政法规另有规定的，适用其规定。

第一百八十四条　国家支持发展为农业生产服务的保险事业。农业保险由法律、行政法规另行规定。

强制保险，法律、行政法规另有规定的，适用其规定。

第一百八十五条　本法自 2009 年 10 月 1 日起施行。

主要参考文献

1. 孙蓉，王凯. 保险法概论［M］. 3 版. 成都：西南财经大学出版社，2014.

2. 特瑞斯·普雷切特，琼·丝米特，海伦·多平豪斯，詹姆斯·艾瑟林. 风险管理与保险［M］. 孙祁祥，等译. 北京：中国社会科学出版社，1998.

3. 吴小平. 保险原理与实务［M］. 北京：中国金融出版社，2002.

4. 林义. 风险管理［M］. 成都：西南财经大学出版社，1988.

5. 小阿瑟·威廉姆斯，理查得·M. 汉斯. 风险管理与保险［M］. 张清寿，等，译. 北京：中国商业出版社，1990.

6. 唐运祥. 保险经纪理论与实务［M］. 北京：中国社会科学出版社，2000.

7. 魏华林，李继熊. 保险专业知识与实务（中级）［M］. 北京：经济管理出版社，2000.

8. 魏华林，林宝清. 保险学［M］. 北京：高等教育出版社，1999.

9. 中国保险学会. 中国保险史［M］. 北京：中国金融出版社，1998.

10. 韦生琼. 人身保险［M］. 成都：西南财经大学出版社，2005.

11. 刘冬娇. 人身保险［M］. 2 版. 北京：中国金融出版社，2010.

12. 李虹. 涉外保险［M］. 成都：西南财经大学出版社，2003.

13. 曾立新. 海上保险学［M］. 北京：对外经济贸易出版社，2001.

14. 穆林林. 出口信贷与保险［M］. 北京：中国对外经济贸易出版社，1996.